TRAITÉ MÉTHODIQUE

SUR L'ACCOMPLISSEMENT

DES FORMALITÉS HYPOTHÉCAIRES.

AVIS.

Tout exemplaire non signé, soit par l'auteur, soit par M. Henry, vérificateur des domaines à Paris, qui lui a procuré divers documens, sera réputé contrefait.

Prix : 6 francs; et par la poste, franc de port, 7 francs 25 cent.

IMPRIMERIE DE FAIN,
PLACE DE L'ODÉON.

TRAITÉ MÉTHODIQUE

SUR L'ACCOMPLISSEMENT

DES FORMALITÉS HYPOTHÉCAIRES;

INDIQUANT

Les lois y relatives, les obligations qu'elles imposent aux particuliers, les avis du Conseil d'État, la jurisprudence de la Cour de Cassation et des Cours Royales, enfin l'organisation des Bureaux d'Hypothèques, la manutention et les devoirs des Conservateurs.

Par J.-F. BAUDOT,

INSPECTEUR DE L'ENREGISTREMENT AU DÉPARTEMENT DE L'EURE.

Hypotheca non dividitur : tota est in toto, tota in quálibet parte rei.

PARIS,

HENRY, RUE DE LA TOUR D'AUVERGNE, N°. 30 ;
P. MONGIE AINÉ, LIBRAIRE, BOULEVART POISSONNIÈRE, N°. 18.

1822.

OBSERVATIONS

PRÉLIMINAIRES.

Plusieurs jurisconsultes ont écrit sur les hypothèques; ils nous ont fait connaître les lois anciennes et nouvelles, les variations qu'elles ont éprouvées; et, appliquant leurs dispositions à toutes les circonstances dans lesquelles l'homme peut se trouver placé, ils lui ont dit les précautions qu'il devait prendre pour mettre ses intérêts à couvert; ils ont rappelé les devoirs du tuteur, de l'époux, de l'administrateur, et n'ont rien négligé pour éclairer les particuliers sur des formalités qu'il leur est si important de remplir.

Mais leurs ouvrages ne présentent plus maintenant l'état de la législation, qui a subi quelques changemens, et surtout celui de la jurisprudence, qui a résolu, depuis qu'ils ont été mis au jour, un grand nombre de questions alors non prévues. Ces ouvrages, d'ailleurs, concernent presque exclusivement les droits des parties ; ils ne traitent du matériel des formes que pour indiquer aux créanciers, aux nouveaux possesseurs, aux fonctionnaires de l'ordre judiciaire, celles que les lois commandent; et, pleins de confiance dans les agens chargés de l'exécution du régime hypothécaire, les auteurs ne se sont point occupés de la manutention de ces préposés.

Un recueil destiné à présenter les principes, à retracer les obligations des particuliers et les devoirs des conservateurs , pourra donc paraître utile : il facilitera aux employés la recherche des instructions qui les guident, recherche qui leur fait souvent perdre un temps précieux ; il mettra les parties, et ceux qui agissent pour elles, à portée de prévenir les erreurs, et fournira aux personnes peu versées dans cette matière les renseignemens qui leur manqueraient.

Enfin il aura l'avantage de rappeler les différens articles des lois qui constituent le régime hypothécaire, les avis du conseil d'état
qui en ont fixé le sens, les arrêts rendus sur
des questions douteuses, et d'offrir en même
temps un grand nombre de solutions émanées
de l'autorité.

Ce recueil sera divisé en trois parties :

La première aura pour objet l'organisation
des bureaux, la manutention et les devoirs
des conservateurs, et l'accomplissement des
formalités dont la régularité est si importante
pour les intérêts particuliers.

C'est surtout dans cette première partie que
les créanciers et les nouveaux possesseurs pui-
seront les moyens de remplir les formalités
avec sécurité.

La seconde fera connaître les droits auxquels les formalités donnent ouverture pour
le compte du trésor.

La troisième indiquera les salaires attribués aux conservateurs, les certificats, états, et autres pièces à fournir aux parties : elle sera suivie de tarifs concernant les droits et les salaires.

TRAITÉ MÉTHODIQUE

SUR

L'ACCOMPLISSEMENT DES FORMALITÉS

HYPOTHÉCAIRES.

PREMIÈRE PARTIE.

CHAPITRE PREMIER.

Origine et définition de l'hypothèque. — Distinction entre l'hypothèque et le privilége. — Base du régime hypothécaire. — Lois qui ont été en vigueur depuis 1790.

§ Iᵉʳ. *Origine et définition de l'hypothèque.*

1°. La faculté d'assurer par des garanties l'exécution, des engagemens que l'on contracte remonte à la plus haute antiquité : en usage chez les Grecs qui lui ont donné son nom (υποτιθημι, *je place sur*), et chez les Romains, elle avait, pour ces peuples, une grande latitude, puisqu'elle s'appliquait aux meubles comme aux immeubles, et que, prenant quelquefois le caractère du gage, elle rendait, à défaut de paiement, le créancier propriétaire de l'objet sur lequel il avait placé.

2°. Les lois modernes ont introduit une jurisprudence plus conforme à nos mœurs et plus douce envers les débiteurs ; l'hypothèque a cessé d'être assimilée au gage et de frapper sur les meubles qui peuvent en quelques heures changer plusieurs fois de mains : elle est aujourd'hui « un droit réel sur les immeubles affectés à l'acquittement » d'une obligation ; elle est de sa nature indivisible et

» subsiste en entier sur les immeubles affectés , sur cha-
» cun et sur chaque portion de ces immeubles. » (Article 2114 du Code civil.)

3°. L'effet de l'indivisibilité de l'hypothèque est tel ,
que, quand même une portion de l'immeuble aurait été,
par des circonstances extraordinaires, vendue franche et
libre , le créancier conserverait le droit de poursuivre ,
pour la totalité de sa créance , les détenteurs des autres
portions qui n'étaient tenus qu'hypothécairement. (Arrêt
de la cour de cassation du 6 mai 1818 (1)).

4°. Le créancier a aussi la faculté, lorsque son débiteur
a aliéné une partie seulement de l'immeuble , d'exiger le
remboursement de la créance entière. (Autre arrêt de la
même cour du 9 janvier 1810.)

§ 2. *Distinction entre le privilége et l'hypothèque.*

Quelquefois subordonnés l'un à l'autre , et souvent
confondus par les parties , le privilége et l'hypothèque
diffèrent essentiellement. Tandis que l'hypothèque est un
droit réel sur les immeubles qui en sont affectés , le privilége est au contraire « un droit que la qualité de la
» créance donne au créancier d'être préféré aux autres
» créanciers même hypothécaires. » (Article 2095 du
Code.)

L'hypothèque ne peut grever que les immeubles ; le
privilége atteint , soit les meubles et les immeubles , soit
les immeubles seulement. Il existe indépendamment de
toute inscription , pour les créances énoncées en l'article 2101 du Code (2); l'article 2107 les dispense de cette
formalité qui n'est obligatoire que pour les autres privi-

---

(1) Cet arrêt est relatif à la vente faite par l'état d'une portion de
biens qui lui était échue par suite d'un partage de présuccession.

(2) Ces créances sont les frais de justice , les frais funéraires , ceux
quelconque de la dernière maladie , les salaires des gens de service
pour l'année échue , et ce qui est dû sur l'année courante , les fournitures de subsistances faites au débiteur et à sa famille pendant les six

légiés désignés dans les articles 2103 (1) et 2098 (2). L'hypothèque ne s'acquiert qu'en vertu d'un titre authentique, et qu'en accomplissant les formalités déterminées par la loi. Il y a donc, entre les créanciers privilégiés et les créanciers ordinaires, cette différence que les premiers sont préférés aux autres.

§ 3. *Base du régime hypothécaire.*

Institué pour conserver les priviléges et hypothèques, et pour consolider la propriété sur la tête du nouveau possesseur, le régime hypothécaire, en atteignant ce double but, offre à ceux qui veulent s'y conformer, toute la sécurité désirable. Rendre publiques les hypothèques qui grèvent les biens de chaque propriétaire, de manière qu'en traitant avec lui on ne puisse être trompé, tel est l'objet principal de la loi actuelle : sa base fondamentale est donc la publicité. Un ministre, dont la France chérit le souvenir (Colbert), essaya vainement de faire adopter cette base; la crainte de compromettre l'honneur ou les intérêts des familles, détermina à faire bientôt révoquer l'édit de mars 1673, édit qui était le fruit de profondes méditations; et les inconvéniens attachés aux hypothèques occultes subsistèrent. Enfin le système de la publicité a prévalu; « les conservateurs des hypothèques sont tenus » de délivrer, à tous ceux qui le requièrent, copie des » actes transcrits sur leurs registres et celle des inscrip- » tions subsistantes, ou certificat qu'il n'en existe au- » cune. » (Art. 2196 du Code.)

---

derniers mois par les marchands en détail, et pendant la dernière année pour les maîtres de pension et les marchands en gros.

(1) Le vendeur pour le paiement du prix, celui qui a fourni des deniers pour l'acquisition, les cohéritiers pour la garantie des partages et des soultes, les architectes pour construction ou réparations, enfin ceux qui ont prêté des deniers pour payer et rembourser les ouvriers.

(2) Le trésor public, dont le privilége et l'ordre dans lequel il s'exerce, sont réglés par les lois qui le concernent.

Ainsi quand un particulier veut contracter avec un autre, il peut, en s'adressant au conservateur, connaître la situation hypothécaire de l'individu avec lequel il négocie, et juger par lui-même s'il ne s'expose à aucun danger (1).

§ 4. *Lois qui ont été en vigueur depuis 1790.*

1°. L'édit de 1771 a conservé sa force jusqu'au 1er. nivôse an 4, époque à laquelle le décret du 9 messidor an 3 devait recevoir son exécution : sous l'empire de cet édit les hypothèques n'étaient point publiques : on ne les connaissait guère que par les oppositions formées lorsque les extraits des contrats de vente restaient exposés, pendant deux mois, dans les greffes des tribunaux.

2°. Le décret du 9 messidor an 3 ordonna la publicité des hypothèques et prescrivit d'en ouvrir les registres à tout requérant : il créa un conservateur général et des conservateurs particuliers. Mais ce décret, qui avait introduit le système des emprunts par cédules hypothécaires, parut dans des temps calamiteux ; le créancier, à la merci de son débiteur, redoutait moins la perte de l'hypothèque que celle du capital : il craignait, en faisant inscrire, de provoquer un remboursement en papier. Le décret ne reçut dès lors qu'une exécution très-incomplète, et qui fut même sous différens rapports suspendue.

3°. La loi du 11 brumaire an 7 fut ensuite publiée (2) ; ses dispositions qui pour la plupart se trouvent dans le

---

(1) La publicité de l'hypothèque a pris naissance chez les peuples anciens : un poteau ou d'autres signes extérieurs placés sur l'immeuble, annonçaient que celui-ci n'était pas libre et qu'il formait le gage de quelque créance.

Henri III, en 1581, et Henri IV, en 1606, voulaient aussi rendre publiques les hypothèques en France.

(2) On ne parle point ici de la loi du même jour sur l'expropriation forcée.

Code civil, eurent cela de rigoureux que pendant leur durée la transcription opérait seule le transport des biens immeubles.

4°. Elle fut suivie de la loi organique du 21 ventôse même année.

5°. Enfin le Code civil et celui de procédure ont établi des principes fixes, et qui, balançant tous les droits, leur servent de garantie.

CHAPITRE II.

Création des bureaux d'hypothèques. — Nomination des conservateurs. — Leurs fonctions. — Prestation de serment. — Cautionnement. — Comment et par qui les conservateurs sont suppléés. — Incompatibilité de leurs fonctions. — Ouverture et clôture des bureaux. — Jours de repos. — Arrondissement et démembrement des bureaux. — Inventaires. — Commis à employer.

§ 1er. *Création des bureaux.*

L'article 1er. de la loi du 21 ventôse an 7 a remis la conservation des hypothèques à l'administration de l'enregistrement et l'a chargée d'en confier l'exécution à ses receveurs.

L'article 2 détermine qu'il y aura, par arrondissement, un bureau placé dans la commune où siége le tribunal civil.

§ 2. *Nomination des conservateurs.*

1°. Les conservateurs ont successivement été nommés par l'administration et par M. le directeur général ; l'article 8 de l'ordonnance du roi du 3 janvier 1821, attribue actuellement leur nomination au ministre des finances.

2°. Les employés, ainsi commissionnés, peuvent seuls exercer les fonctions de conservateurs. Les tribunaux n'ont pas la faculté d'en admettre d'autres au serment. (Décision du ministre des finances du 24 fructidor an 7.)

§ 3. *Leurs fonctions.*

Les préposés sont chargés, 1°. de l'exécution des formalités prescrites pour la conservation des hypothèques et la consolidation des mutations de propriétés immobilières ; 2°. de la perception des droits établis au profit du trésor pour chacune de ces formalités. (Art. 3 de la loi du 21 ventôse an 7.)

§ 4. *Prestation de serment.*

1°. Avant d'entrer en exercice, ils doivent faire enregistrer leur commission au greffe du tribunal civil, et prêter serment de fidélité au roi, d'obéissance aux lois du royaume, et celui de remplir avec fidélité et exactitude les fonctions qui leur sont confiées. (Art. 4 de la même loi et décisions du ministre des finances des 5 et 25 mars 1816.)

2°. Sans avoir égard au serment exigé en leur précédente qualité, les préposés de tout grade, nommés conservateurs des hypothèques, doivent en prêter un nouveau. (Décision du ministre des finances du 22 octobre 1819. Instruct. génér. n°. 910.)

3°. Le conservateur qui passe aux mêmes fonctions dans un autre arrondissement, n'est pas tenu de remplir de nouveau cette formalité : il suffit, d'après la décision du 6 pluviôse an 13 (Instruct. génér. n°. 269), qu'il fasse enregistrer au greffe du tribunal dans le ressort duquel il passe, l'acte du serment qu'il a prêté dans son ancienne résidence. (Décision du ministre des finances du 4 août 1820, concertée avec M. le garde des sceaux.)

§ 5. *Cautionnement.*

1°. Outre le cautionnement en numéraire qu'il verse au trésor comme préposé comptable (1) , chaque conservateur en fournit, en immeubles, un autre qui demeure spécialement et exclusivement affecté à sa responsabilité pour les erreurs et omissions dont la loi le rend garant envers les particuliers : ce cautionnement est proportionné à la population de l'arrondissement :

		fr.	c.
Pour 50,000 âmes et au-dessous il est de .	20,000	00
50,000 à 100,000.	30,000	00
100,000 à 150,000.	40,000	00
150,000 à 200,000.	50,000	00
Et pour la ville de Paris, de.	100,000	00

Il est admis par le tribunal civil de la situation des biens, contradictoirement avec le procureur du roi près le même tribunal. (Art. 5 et 11 de la loi du 21 ventôse an 7.)

2°. L'administration est chargée par la loi de veiller à ce que la garantie due aux particuliers pour les erreurs ou omissions à leur préjudice, soit assurée dès l'entrée en fonctions du conservateur et pendant toute la durée de sa responsabilité. (Instruc. génér. du 1er. juillet 1821, n°. 986.)

3°. Le conservateur a le choix de se cautionner lui-même ou de se faire cautionner par des tiers.

4°. Le cautionnement ne peut être admis qu'autant que l'acte qui l'établit renferme les stipulations propres à remplir le vœu de la loi, quant à la nature, à l'étendue et à

---

(1) D'après les articles 92 et 96 de la loi du 28 avril 1816 , le conservateur doit, avant d'être installé, justifier de la quittance de son cautionnement en numéraire. Cette obligation résultait déjà de l'article 13 des ordres généraux et de plusieurs instructions.

la durée des engagemens de la caution. (Instruc. génér. n°. 986 (1).)

5°. Dans le cas où un cautionnement n'aurait été fourni que pour un temps limité, il en serait exigé un nouveau avant l'expiration de ce terme : l'ancien cautionnement continuerait néanmoins de subsister pendant le temps requis par la loi, pour les erreurs commises pendant l'intervalle qui avait été fixé. (Instruc. génér. n°. 986.)

6°. Tout conservateur est tenu de faire recevoir son cautionnement et d'en justifier à l'administration dans le mois de l'enregistrement de sa commission ; il dépose, dans le même délai, une expédition de la réception dudit cautionnement au greffe du tribunal civil dans l'arrondissement duquel il exerce ses fonctions. (Art. 6 de loi du 21 ventôse an 7.)

7°. L'inscription du cautionnement est faite à la diligence et aux frais du préposé (Art. 7.)

8°. L'inscription devait subsister pendant toute la durée de la responsabilité sans avoir besoin d'être renouvelée ; mais cette dernière disposition ne s'étant pas retrouvée dans le Code civil, le conseil d'état après avoir statué, par un premier avis du 15 décembre 1807, que toute inscription doit être renouvelée avant l'expiration du laps de dix ans, a décidé par un nouvel avis, du 18 avril 1809, « que les inscriptions prises sur les im- » meubles affectés au cautionnement des conservateurs » des hypothèques doivent être renouvelées dans les dix » années de leur date. » Une instruction du 8 août 1809,

____

(1) Il est utile de rappeler ; 1°. que le cautionnement n'est pas fourni au profit de la Direction générale, puisqu'il est affecté à la responsabilité de ses agens envers le public ; 2°. que l'acte doit indiquer avec exactitude les titres de la propriété, et la faire remonter à une époque où la possession des immeubles ne soit plus sujette à aucun rouble ; 3°. que le même acte doit encore contenir la déclaration expresse que les biens ne sont grevés d'aucune hypothèque légale résultant de mariage, tutelle et gestion de deniers publics.

n° 445, approuvée par le ministre, détermine en conséquence qu'au moins six mois avant l'expiration du délai décennal, les inscriptions seront, sur les ordres et
sous la surveillance des directeurs qui tiennent à cet
effet un sommier des cautionnemens, renouvelées par
les conservateurs.

9°. Cette mesure est applicable aux inscriptions grevant les biens affectés au cautionnement des ex-conserva-
teurs lorsque la cessation de leurs fonctions ne remonte
pas au delà de dix ans. (Même instruction.)

10°. Si le renouvellement n'avait pas été fait dans le
délai utile, à l'égard de quelques conservateurs hors de
fonctions mais dont la responsabilité n'aurait pas encore
cessé, il doit y être pourvu par une inscription nouvelle,
prise en vertu du titre de cautionnement qui subsiste.
(Instruc. génér. n°. 986.)

11°. Lorsque dans l'hypothèse qui précède, les immeubles affectés ont été grevés d'inscriptions au profit de
tiers créanciers, le conservateur ou ses héritiers sont tenus de fournir un nouveau cautionnement : s'ils refusaient
de satisfaire au vœu de la loi, l'administration exercerait
contre eux une action personnelle pour les faire condam-
ner à fournir un nouveau cautionnement qui tînt lieu
du premier et qui eût les mêmes effets, soit quant à la
quotité, soit à l'égard de ce qui reste du temps fixé par
la loi à la garantie envers les particuliers. (Instruc. génér.
n°. 986.)

12°. « Le passage d'un bureau dans un autre n'emporte
» point l'obligation d'un nouveau cautionnement ; celui
» déjà fourni subsiste pour le nouveau bureau, sauf à
» suppléer s'il y a lieu. » (Art. 10 de la loi du 21 ventôse.)

13°. Cependant si la caution avait borné sa garantie
aux fonctions que le conservateur était appelé à exercer
dans un bureau désigné, le passage de ce préposé à un

autre bureau de conservation donnerait lieu , pour prévenir toutes difficultés, de demander un nouveau cautionnement sans préjudice du premier qui subsisterait
pendant tout le temps requis par la loi pour la gestion
précédente. (Instruc. génér. n°. 986.)

14°. Cette obligation cesserait si la caution , par un
acte authentique qui servirait de titre pour une nouvelle
inscription, prorogeait ses engagemens quant à leur durée
et quant aux fonctions auxquelles ils doivent s'appliquer.
(Instruc. génér. n°. 986.)

15°. Quand après avoir cessé ses fonctions , pour en
accepter d'autres , un conservateur est de nouveau appelé
à un bureau d'hypothèques , il doit ou justifier , par un
consentement exprès de la caution , que le cautionnement
primitif subsiste toujours, ou en fournir un autre. La
raison est qu'on ne peut étendre le cautionnement au delà
des limites dans lesquelles il a été contracté (art. 2015
du Code), et que, sauf la responsabilité établie par l'article 8 de la loi du 21 ventôse , celui primitif avait pris
fin. (Art. 6586 du Journal de l'Enregistrement.) Il doit
être requis une nouvelle inscription. (Instruc. génér.
n°. 986.)

16°. Consulté sur la question de savoir si un cautionnement pouvait être remplacé par un autre, le ministre
de la justice , dont l'opinion a été partagée par celui des
finances, a répondu le 17 avril 1811 ; « Je ne vois rien
» qui s'oppose à ce qu'un cautionnement en immeu-
» bles soit remplacé par d'autres immeubles de même
» valeur et qui présentent la même garantie ; quand ce
» remplacement est fait dans la même forme que le cau-
» tionnement primitif, l'obligation du conservateur se
» trouve remplie. C'est une erreur de prétendre que, mal-
» gré le remplacement, le premier cautionnement n'en
» subsiste pas moins; la loi n'exige qu'un cautionnement
» dont elle a fixé la valeur et la durée ; quand ce cau-
» tionnement existe , son vœu est rempli. »

Ainsi pour que les immeubles primitivement affectés deviennent libres, il faut que ceux qui les remplacent pour tous les effets du cautionnement ne soient pas grevés, que le second cautionnement ait été reçu par le tribunal de la situation contradictoirement avec le procureur du roi et inscrit aux hypothèques ; que l'ancienne caution ait été expressément, et du consentement du ministère public, déchargée par le tribunal qui l'avait admise ; enfin il est besoin encore que le jugement qui aura ordonné la radiation ait acquis la force de chose jugée par sa signification et par l'expiration des délais de l'opposition et de l'appel. (Instruc. génér. n°. 526.)

17°. Toutes les fois que par suite de la réunion d'un canton ou d'une commune, la population de l'arrondissement atteint une ou plusieurs séries supérieures, le conservateur est tenu de fournir un supplément de cautionnement ; il n'y ajoute rien lorsque la progression de la population ne résulte que des recensemens annuels. (Décision du ministre du 29 juillet 1806. Instruc. génér. n°. 316.)

18°. Le cautionnement ne peut être étendu au delà des limites dans lesquelles il a été contracté. (Article 2013 du Code civil.) Le tiers qui l'a fourni ne répond que des actes que l'employé a pu légalement faire en sa qualité.

19°. Ainsi la caution d'un conservateur qui aurait délivré sur lui-même un certificat négatif d'inscriptions, tandis qu'il en existe, ne serait pas tenue des dommages et intérêts envers l'acquéreur qui, sous la foi du certificat, aurait payé en d'autres mains qu'en celles des créanciers inscrits : on ne peut dans l'espèce considérer l'omission comme un fait de charge ; elle a un autre caractère. (Arrêt de la cour de Paris du 13 novembre 1811.)

§ 6. *Comment et par qui les conservateurs sont suppléés ou remplacés.*

1°. Un conservateur ne peut, sous aucun prétexte, se faire remplacer par ses commis ; un délégué n'a pas le droit de déléguer.

2°. Il lui est défendu, même étant démissionnaire, de quitter ses fonctions avant l'installation de son successeur, à peine de répondre de tous dommages et intérêts auxquels la vacance momentanée du bureau pourrait donner lieu. (Art. 14 de la loi du 21 ventôse an 7.)

3°. L'expectative du remplacement ne tient pas lieu de celui-ci. (Décision du ministre des finances du 16 floréal an 7.)

4°. En cas d'absence ou d'empêchément d'un préposé, il est suppléé par un vérificateur, un inspecteur, ou bien, à leur défaut, par le plus ancien surnuméraire du bureau, et il demeure garant de cette gestion, sauf son recours contre ceux qui l'ont remplacé. (Art. 12.)

5°. S'il y a vacance d'un bureau, par mort ou autrement, le cas de démission excepté, il est rempli provisoirement par le vérificateur, l'inspecteur ou le plus ancien surnuméraire. Ils demeurent responsables de leur gestion. (Art. 13.)

6°. Quand il s'agit de formalités qui le concernent personnellement, le conservateur n'a pas qualité pour y procéder ; le certificateur et le certifié sont nécessairement deux personnes distinctes ; nul ne peut être jugé dans sa propre cause ; l'article 12 de la loi du 21 ventôse an 7 s'applique aussi bien aux empêchemens moraux qu'aux empêchemens physiques, et désigne par qui le conservateur doit être remplacé. (Arrêt de la cour royale de Paris du 22 janvier 1810, qui annule un certificat délivré par un conservateur sur lui-même.)

7°. En général les conservateurs doivent être rempla-

cés pour les formalités auxquelles ils ont intérêt : la cour
de Paris a bien , le i3 novembre i8ii , déclaré valide
une inscription faite par un conservateur contre lui-
même ; mais il y aurait de graves inconvéniens à laisser
au préposé la faculté de commettre volontairement des
erreurs et de ruiner ses créanciers.

§ 7. *Incompatibilité de leurs fonctions.*

i°. Il y a incompatibilité entre les fonctions de conservateur, et celles de maire, juge, procureur du roi, notaire , etc. (art. 10 des Ordres de régie); un conservateur ne peut même être suppléant d'un juge de paix ;
il est tenu d'opter. (Décision du ministre des finances
du i4 avril i8ao.)

2°. La qualité de conservateur des hypothèques ne
dispense pas d'être juré ; le Code d'instruction criminelle ayant fixé les exceptions et incompatibilités , l'on
doit s'en tenir à ce qu'il prescrit. (Décision du ministre
de la justice du 25 janvier i8i2.)

§ 8. *Ouverture et clôture des bureaux.*

i°. Comme les receveurs de l'enregistrement , les conservateurs des hypothèques sont obligés d'ouvrir leurs
bureaux, quatre heures le matin et quatre heures l'après-
midi ; ils doivent aussi afficher les heures des séances à
la porte extérieure. (Art. i4 des Ordres généraux de
régie, et art. 11 de la loi du 27 mai 1791.)

§ 9. *Jours de repos.*

i°. L'article 57 de la loi du 18 germinal an 10, qui a
fixé les jours de repos, doit être scrupuleusement observé
par les conservateurs : leurs bureaux sont fermés pour
tout le monde les dimanches et fêtes. (Décision du 22
décembre i8o7. Instruc. génér. n°. 362.)

2°. Les fêtes conservées sont celles indiquées par les

Instructions générales n_{os}. 433 et 494. Savoir : Pâques,
Ascension, Pentecôte, Assomption, Toussaint, Noël,
premier janvier.

2°. Suivant une décision du ministre des finances du
28 octobre 1817 les bureaux doivent être fermés le 25
août, fête de saint Louis.

4°. Ils le sont encore le 21 janvier, en exécution de la
loi du 19 janvier 1816.

5°. Enfin on a l'usage de les clore pendant les services funèbres de nos princes ; mais ils sont ouverts avant
et après le service.

§ 10. *Arrondissement des bureaux. Réunion et démem-*
brement.

1°. En statuant qu'il y aurait un bureau par arrondissement communal, le législateur a prévu le cas où les
démarcations de territoire éprouveraient des changemens : il détermine, par l'article 39 de la loi du 21 ventôse an 7, qu'il sera placé dans chaque bureau un tableau
divisé en trois colonnes.

La première doit contenir, par ordre alphabétique,
les noms des communes de l'arrondissement; la deuxième
désigne l'ancien arrondissement dont chacune d'elles faisait partie, et la troisième indique dans quel bureau de
la nouvelle organisation hypothécaire ont été déposés les
registres des inscriptions et transcriptions antérieures à
sa mise en activité et relatives à chaque commune.

2°. Dès qu'un conservateur a satisfait à cet article, il
ne peut, en aucun cas, devenir responsable de la négligence de l'acquéreur à se transporter dans le bureau où
sont déposés les anciens registres, pour les consulter.

Les tribunaux ne sont pas fondés à exiger que les
conservateurs fassent mention dans leurs certificats d'un
avertissement à cet acquéreur : la loi ne le commande
pas. (Lettre du ministre des finances du 28 germinal an 8.)

Cependant par sa circulaire du 5 germinal an 9, n°. 1979, l'administration, toujours jalouse des procédés, a recommandé aux conservateurs d'avoir cette attention.

3°. Le tableau doit être placé dans le lieu le plus apparent du bureau. (Circulaire n°. 1539.)

4°. Une ordonnance du roi du 24 mai 1816 a déterminé, pour deux cantons de l'ancien arrrondissement de Porentruy, réunis au bureau de Montbéliard, les formalités qui devaient avoir lieu dans les six mois, à la requête des porteurs de bordereaux et de titres précédemment inscrits ou transcrits. Ils ont dû les présenter au conservateur de Montbéliard, afin qu'il les portât sur son registre et qu'il en fît mention sur les pièces.

§ 11. *Inventaire des bureaux.*

1°. D'après les articles 36 et 38 de la loi du 21 ventôse an 7, les conservateurs sont, chacun en ce qui les concerne, garants de toute perte ou soustraction de pièces qui n'auraient pas été comprises dans les inventaires : ils répondent aussi des retards et oppositions qui seraient apportés par eux ou leurs agens, tant à la confection desdits inventaires qu'au dépôt des pièces inventoriées.

2°. Celui qui entre en exercice doit examiner les registres, vérifier s'il y a discontinuation, lacunes, lacérations ou autres défectuosités, et les constater. Cette précaution est nécessaire pour mettre sa responsabilité à couvert. (Circulaire n°. 1539.)

3°. Il est obligé d'avoir la même attention pour les doubles des bordereaux, les pièces produites au soutien des radiations, subrogations, changemens de domicile et en général pour tous les papiers relatifs à son bureau.

§ 12. *Commis.*

1°. Au moyen des émolumens qui leur sont assurés, les conservateurs doivent avoir le nombre nécessaire de bons commis, pour que toutes les parties du service soient tenues dans le plus grand ordre et toujours au courant. (Instruc. génér. n°. 494.)

2°. Ils ne peuvent attacher à leurs opérations que des personnes instruites et dont l'écriture soit correcte ; leur responsabilité y est engagée. (Instruc. génér. n°. 494.)

3°. Chargés du travail que les conservateurs leur confient, les commis doivent rester étrangers à tout maniement de recettes, à toute discussion avec les contribuables et les officiers publics, et ne rien recevoir d'eux à titre de prompte expédition, ou autrement.

CHAPITRE III.

Registres, répertoires, tables et sommiers à tenir par les conservateurs.

Plusieurs registres sont nécessaires : les uns ont été ouverts en exécution des Codes civil et de procédure ; les autres se rapportent à l'ordre : on les distingue en deux parties, selon leur nature.

PREMIÈRE PARTIE.

§ 1er. *Registre dont la tenue est prescrite par les Codes.*

1°. Les formalités hypothécaires exigent cinq registres :

Le premier, ouvert en vertu de l'art. 2200 du Code civil, sert à constater la remise des actes de mutation pour être transcrits, ou des bordereaux pour être inscrits.

Le deuxième, tenu conformément à l'article 2150, est destiné à l'inscription des bordereaux de créances.

Le troisième, prescrit par l'art. 2181, sert à transcrire tous les actes de mutation.

Le quatrième a été ouvert pour la transcription ordonnée par l'art. 677 du Code de procédure, des procès verbaux de saisie immobilière ;

Enfin le cinquième, sur lequel doivent être enregistrés les originaux des procès verbaux de dénonciation de saisie et ceux de notification de placards aux créanciers inscrits, a été formé en vertu des articles 681 et 696 du Code de procédure, et de l'avis du conseil d'état du 18 juin 1809. (Instruc. génér. n°. 443.)

2°. Tous ces registres doivent être cotés et paraphés à chaque page, par première et dernière, par l'un des juges du tribunal dans le ressort duquel le bureau est établi. (Art. 2201 du Code civil.)

3°. Conformément aux mêmes articles, et à une solution du ministre de la justice du 10 février 1807, relative aux saisies immobilières et aux procès verbaux de notification, ils sont tous en papier timbré. (Circulaire du 14 février 1807.)

4°. Chaque espèce de registres a une série particulière. Le numéro est placé au dos des volumes. (Circulaire de l'administration, n°. 1539.)

§ 2. *Obligations qui naissent de la tenue de ces registres.*

1°. Les conservateurs doivent inscrire, jour par jour, et par ordre numérique, sur le registre de dépôt, les remises qui leur sont faites, d'actes de mutation pour être transcrits ou de bordereaux pour être inscrits, et donner au requérant une reconnaissance sur papier timbré, qui rappellera le numéro du registre sur lequel la remise aura été constatée. (Article 2200 du Code civil.)

La première contravention à ces dispositions est punie d'une amende de 200 fr. à 1,000 fr., et la seconde de destitution. (Art. 2202.)

2°. Les registres seront arrêtés chaque jour, comme

ceux de l'enregistrement des actes (art. 2201), sous les peines exprimées ci-dessus (art. 2202.) L'arrêté pour le registre des dépôts doit être placé dans une case de la page à gauche. (Instruc. génér. n°. 443.)

3°. Quelques conservateurs avaient pensé qu'il n'était pas nécessaire que les registres des inscriptions et des transcriptions fussent clos chaque jour ; l'arrêté du registre de dépôt de pièces à inscrire ou à transcrire leur paraissait suffisant pour assurer aux parties la priorité de date.

Leur opinion n'est pas fondée. « La loi, en prescri- » vant l'arrêté journalier de tous les registres de forma- » lités hypothécaires indistinctement, a eu en vue de » prévenir tout abus, toute irrégularité ; elle a égale- » ment voulu multiplier, pour le public, les moyens de » conserver le rang et le privilége des hypothèques ; » toutes les formalités qu'elle a prescrites sont donc » de rigueur, et les conservateurs ne peuvent s'en écar- » ter sous quelque prétexte que ce soit. » (Nombre 9 de l'Instruc. génér. n°. 316.)

4°. En inscrivant pour les jours de fête ou de dimanche les arrêtés sur les registres, les conservateurs doivent avoir soin d'y indiquer le jour férié, indépendamment de la date du mois. (Instruc. génér. n°. 730.)

§ 3. *Enregistremens.*

1°. Les mentions de dépôt, les inscriptions et trans- criptions, sont faites sur les registres, de suite, sans au- cun blanc ni interligne, à peine contre le conservateur de 1,000 fr. à 2,000 fr. d'amende. (Art. 2203.)

2°. Chaque inscription, transcription, enregistrement, déclaration de changement de domicile ou de subroga- tion, doit être signé par le conservateur. (Art. 21 de la loi du 21 ventôse. Circulaire n°. 1539.)

3°. Les actes ou inscriptions sont numérotés suivant le

rang qu'ils occupent dans le registre. (Art. 21 de la loi du 21 ventôse. Circulaire n°. 1539.)

4°. La loi n'attache pas la peine de nullité à l'acte hypothécaire qui n'est point revêtu de la signature du conservateur ; le remplaçant de celui qui a omis de signer, doit délivrer les extraits qu'on lui demande de ses registres, dans l'état où ils lui ont été remis ; il ne peut par-là devenir garant des opérations de son prédécesseur. (Décision du 9 septembre 1809. Journal de l'enregistrement. Art. 3377.)

5°. Toutes les écritures des conservateurs doivent être faites avec soin et netteté. Il importe à ceux-ci d'y donner beaucoup d'attention, puisqu'ils ne pourraient « ni » altérer leurs registres, ni se permettre aucun change- » ment dans le contexte des transcriptions et des inscrip- » tions, sans renverser les bases sur lesquelles repose le » système hypothécaire. » (Instruc. génér. n°. 505.)

§ 4. *Rectification d'erreurs.*

1°. Le conseil d'état, par un avis du 26 décembre 1810, a donné aux conservateurs les moyens de rectifier les erreurs et les irrégularités qu'ils pourraient commettre ; en voici les dispositions : « Considérant qu'une » transcription inexacte des bordereaux remis au con- » servateur des hypothèques par un créancier requérant » inscription, donne à celui-ci, s'il en a souffert quelque » préjudice, une action en garantie contre le conserva- » teur ; mais qu'à l'égard des tiers, la valeur de l'ins- » cription se réduit à ce qui a été transcrit sur le re- » gistre, parce que ce registre est la seule pièce que les » intéressés soient appelés à consulter, et que le créan- » cier qui a requis l'inscription, a plus spécialement à » s'imputer de n'avoir pas veillé à ce que la transcrip- » cription fût exacte ; que du reste, au moment même » où l'on découvre, soit des erreurs, soit des irrégula- » rités dans la transcription faite au registre du conser-

» vateur, il doit, sans doute, y avoir des moyens pour
» empêcher que les effets de l'erreur ne se prolongent ;
» mais que, sans recourir à l'autorité des tribunaux, les-
» quels ne pourraient autoriser à faire sur des registres
» publics, des corrections qui léseraient des droits an-
» térieurement acquis à des tiers, le conservateur n'a
» qu'une voie légitime d'opérer la rectification, en por-
» tant sur ses registres, et seulement à la date courante,
» une nouvelle inscription ou seconde transcription plus
» conforme aux bordereaux remis par les créanciers ;

» Qu'en cet état néanmoins, et pour obvier à tout
» double emploi, la seconde transcription constituant la
» nouvelle inscription, doit être accompagnée d'une note
» relatant la première inscription qu'elle a pour but de
» rectifier, et que le conservateur doit donner aux par-
» ties requérantes des extraits, tant de la première que
» de la deuxième inscription ;

» Est d'avis qu'au moyen de ces explications, il n'y a
» pas lieu de recourir à une autorisation solennelle, ni
» de faire intervenir l'autorité judiciaire en chaque affaire
» où il échéra de rectifier une inscription fautive, et que
» le présent avis soit inséré au Bulletin des lois. »

Cet avis reconnaît que le registre est la seule pièce que
les intéressés soient appelés à consulter ; c'est un motif
de plus pour les conservateurs de faire leurs enregistremens avec la plus grande exactitude. (Instruc. génér.
n°. 505.)

2°. La rectification met à couvert, mais pour l'avenir
seulement, la responsabilité du conservateur ; jusque-
là il peut être tenu de dommages et intérêts proportionnés au préjudice que l'erreur aurait causé pendant sa
durée.

DEUXIÈME PARTIE.

Répertoire. — Sa table. — Table des créances. — Table des majorats. — Registre des salaires. — Journal du visa pour timbre. — Sommier des droits en souffrance.

§ 1er. *Répertoire.*

1°. L'article 18 de la loi du 21 ventose an 7 prescrit de tenir sur papier libre « un registre dans lequel seront » portés par extrait, au fur et à mesure des actes, sous le » nom de chaque grevé, et à la case qui lui est destinée, » les inscriptions à sa charge, les transcriptions, les ra- » diations et les autres actes qui le concernent, ainsi que » l'indication des registres où chacun de ces actes est » porté, et les numéros sous lesquels ils y sont consi- » gnés. »

2°. Ce registre, appelé *répertoire*, offre en quelque sorte le bilan hypothécaire de chaque particulier. Il est divisé par cases : au-dessus de celles-ci, le conservateur place un numéro d'ordre, et écrit, en grosses lettres, le nom de l'individu. (Circulaire n°. 1539.)

3°. L'on ne doit jamais confondre dans la même case plusieurs individus, quoique cohéritiers, codébiteurs ou époux : chacun doit avoir la sienne ; les femmes y sont portées sous leurs noms patronimiques.

4°. La page à gauche présente l'actif, et la page à droite le passif. Les actes de mutation et même les procès verbaux de saisie immobilière, sont mention- nés à gauche. A mesure que les transcriptions ont lieu, la mention s'effectue à la case de chaque vendeur et de chaque acquéreur : on désigne les immeubles, et l'on porte l'article comme acquisition à la case de l'acqué- reur, et comme vente à celle du vendeur. La page droite fait connaître les inscriptions, subrogations, renouvellemens , et tout ce qui est relatif aux créances. (Circulaire n°. 1539.)

5°. L'unité de case pour chaque individu , est l'objet qui doit plus particulièrement fixer l'attention ; sans cette unité , le même particulier aurait deux ou trois comptes ouverts ; chacun de ces comptes se trouverait incomplet, et alors le conservateur serait dans l'impossibilité de présenter la véritable situation de l'individu : ainsi lorsqu'une même inscription ou transcription , ou un même enregistrement concerne plusieurs débiteurs , ou plusieurs vendeurs , ou plusieurs acquéreurs , ou enfin plusieurs saisis , il faut mentionner sur le répertoire l'acte de formalité sous le nom de chacun d'eux , en ouvrant une case pour ceux qui n'en auraient point encore.

Cette règle s'applique également au cas où un individu serait compris dans les actes sous la qualification de solidaire ou de coobligé , d'associé ou de caution , d'héritier ou de copartageant , de colicitant , covendeur ou coacquéreur , etc. Le conservateur ne peut se dispenser de lui ouvrir une case particulière. (Circulaire n°. 1570.).

6°. Quelquefois il arrive qu'une case ou l'un de ses côtés est totalement rempli par les extraits des inscriptions et des actes ; il faut alors en ouvrir une autre par suite , indiquer le volume et le numéro sous lequel elle se trouve , et rappeler en tête de la nouvelle case le volume et le numéro de l'ancienne à laquelle elle fait suite. (Instruc. génér. n°. 316.)

7°. Le répertoire a une série non interrompue de numéros ; ceux-ci sont indiqués au dos de chaque volume.

8°. Les cases sont ouvertes les unes à la suite des autres , sans pouvoir en laisser en blanc.

9°. A mesure qu'une formalité est donnée, le report se fait à l'instant même sur le répertoire par une seule ligne.

10⁰. Toutes les inscriptions quelconques, soit définies ou indéfinies, soit d'office ou autres, y prennent place, et sont désignées, selon leur espèce, par les mots : *légale*, *judiciaire* ou *conventionnelle*. (Circulaire n°. 1570.)

11°. Les renouvellemens doivent y être portés : le conservateur en fait mention par une observation en marge de l'article relatif à l'inscription primitive. (Instr. génér. n°. 316.)

12°. Il indique, dans les colonnes y destinées, les déclarations de changement de domicile, les subrogations et les radiations totales ou partielles.

13°. Le conservateur est tenu d'annoter, du mot *périmée*, toutes les inscriptions qui n'ont pas été renouvelées dans les dix ans : ce mot est placé dans la colonne d'observations.

14°. Quelque modification qu'une formalité éprouve, soit en vertu de jugement, soit par suite d'une convention, le conservateur doit l'indiquer au répertoire, aussitôt que les écritures ont été faites sur les autres registres.

15°. S'il s'agit d'une vente, d'une licitation, d'une donation, d'un échange, d'un partage avec soulte, etc., le conservateur annote l'acte à la page gauche, d'abord sous le nom du nouveau possesseur, et ensuite sous celui de l'ancien : lorsque cet acte n'est point une vente, il indique sa nature dans la colonne qui y est destinée.

16°. Il faut, pour les échanges, opérer une double mention à chaque nom, parce que chaque échangiste aliène en même temps qu'il acquiert. (Circul. n°. 1570.)

17°. Si la transcription n'était requise que par l'un des échangistes, il faudrait énoncer dans la colonne d'observations, que la formalité n'a été demandée que par un tel. (Circulaire n°. 180.)

18°. Les transcriptions des procès verbaux de saisie

immobilière, et les enregistremens des notifications, sont portés, avec les mentions convenables, sur le répertoire. Il en est de même de la radiation totale ou partielle de ces actes, parce que le public a besoin de connaître que toute disposition de biens est ou non interdite. (Circulaire n°. 180.)

19°. C'est sur la bonne tenue du répertoire que repose la sécurité des conservateurs.

La plus légère erreur compromet leur responsabilité, elle les expose à ne pouvoir satisfaire aux demandes des parties, à délivrer des certificats fautifs, à omettre des inscriptions dans les états qu'ils fournissent.

Ils doivent prévenir, avec beaucoup de soin, des inexactitudes qui causeraient infailliblement leur ruine : leur intérêt personnel le leur commande, le but de l'institution des hypothèques l'exige.

§ 2. *Table du répertoire.*

1°. Le répertoire, étant fait à mesure que la formalité est donnée aux actes et bordereaux, ne pouvait être tenu dans un ordre alphabétique : dès lors et sans le secours d'une table qui en facilitât l'usage, les recherches auraient été longues et elles seraient devenues, par le grand nombre de volumes qu'il eût fallu parcourir, en quelque sorte impossibles ; en conséquence, la formation d'une table alphabétique, des noms placés en tête de chaque case du répertoire, a été ordonnée. (Circulaire n°. 1539.)

2°. En distribuant cette table suivant l'ordre de l'alphabet, il faut donner un plus grand nombre de pages aux lettres qui fournissent davantage : on a dû, pour la première distribution, consulter les tables tenues dans les bureaux de l'enregistrement et notamment celles des vendeurs et des acquéreurs. (Circulaire n°. 1570.)

3°. Dans cette même circulaire, l'administration a éten-

du plus loin sa sollicitude ; elle s'exprime ainsi : « Il
» serait avantageux, sans doute, que la table pût être
» faite en forme de dictionnaire, c'est-à-dire, que les
» noms y fussent placés, non-seulement dans l'ordre de
» leur lettre initiale, mais encore dans celui de la seconde
» et des autres lettres du nom ; mais cet arrangement ne
» peut se concilier avec la nécessité de tenir toujours cette
» table à jour ; ce ne serait qu'après qu'un ou plusieurs
» volumes de la table auront été remplis, qu'on pour-
» rait, si on le jugeait nécessaire, en distribuer les ar-
» ticles dans l'ordre d'un dictionnaire. »

4°. Les conservateurs ont donc, dans l'origine, été
obligés de disposer la table du répertoire comme le sont
celles de l'enregistrement ; ils ont eu ensuite la faculté,
lorsqu'ils l'ont jugé nécessaire, et que l'expérience est
venue à leur secours, de suivre le mode qui leur était
conseillé, et c'est ce que la plupart ont fait en opérant
la refonte de la première table.

5°. Si, dans leur intérêt personnel et d'après leur propre opinion, ils avaient agi différemment, ils n'auraient
pu se dispenser de remplir en même temps les ordres
de l'administration ; leurs écritures particulières n'auraient eu alors pour objet que de servir de contrôle à
la table, et non de la remplacer.

6°. Quand il a été fait usage, pour ces écritures particulières, de registres fournis par l'administration, l'employé n'a pas le droit, en quittant le bureau, d'en disposer ; ils ne lui appartiennent point.

7°. Il est indispensable, pour éviter des renvois toujours fatigans et d'ailleurs dangereux lors des recherches, de laisser dans la division des lettres tout l'espace
nécessaire ; il faut aussi écrire les noms en gros caractères, de manière à les rendre très-apparens, et ne point
les trop presser : sans ces précautions, la table n'offre
plus la régularité et l'ordre desquels dépendent la fortune
et la sécurité des conservateurs.

8°. On a imaginé divers moyens pour contrôler cette table et faciliter les recherches. Les uns rédigent des bulletins qu'ils disposent dans des cases divisées et subdivisées alphabétiquement, où tous les noms sont placés suivant l'ordre d'un dictionnaire. Les autres forment sur le plan qu'ils ont jugé le plus commode, et qui se rapproche plus ou moins de celui adopté pour les dictionnaires, des tables séparées et qui présentent les noms d'après les deux, trois et quatre premières lettres. Quelques-uns rangent les noms entiers dans un ordre alphabétique ; d'autres se bornent à diviser chaque lettre de la table en cinq parties correspondant aux cinq voyelles ; en général on a employé des moyens proportionnés à l'importance des conservations (1).

9°. Pour retirer de ce travail particulier tout l'avantage que l'on doit en attendre, il est essentiel que les dépouillemens soient formés sur les répertoires et non sur les tables ; autrement les erreurs qui se trouveraient dans celles-ci, se reproduiraient, soit dans les bulletins, soit dans les tables particulières ; il convient encore que les unes et les autres ne soient pas faites par le même commis, parce qu'il est des noms qui peuvent être lus de deux manières.

---

(1) On a maintenant, dans chaque conservation, des données suffisantes pour adopter le mode le plus convenable et pour distribuer les tables d'une manière régulière : on sait le nombre des formalités requises pendant deux périodes de dix années ; on connaît celui des cases employées aux répertoires, et conséquemment la quantité d'articles dont les tables se composent, et il est facile, en calculant combien il a été ouvert de nouvelles cases et porté de nouveaux noms dans la 2ᵉ période, d'apprécier ce qu'il faudra pour l'avenir. Ainsi dans une conservation dont l'arrondissement renferme. . . o, ooo âmes, il a été ouvert dans les dix premières années . . . . cases : les dix années qui les ont suivies n'ont fourni que. . . . . articles nouveaux. Dans une autre qui a. . o,ooo âmes, la première période a exigé, ... cases, et la seconde. . . . . Or la troisième période doit encore exiger moins de nouveaux articles que la seconde, parce que la plupart des mêmes noms subsistent.

Quand ces précautions ont été prises, il est difficile qu'en faisant une double recherche, le conservateur puisse se tromper.

§ 3. *Table des créances hypothécaires.*

1º. Une instruction du 29 novembre 1809 nº. 455, avait prescrit de former dans chaque bureau d'hypothèque une table alphabétique, sous le nom des créanciers, de toutes les créances constituées ou à terme, inscrites sur les registres, et d'y faire mention des subrogations et radiations.

2º. Cette table a dû remonter au 1ᵉʳ. janvier 1809, en raison des renouvellemens qui se sont opérés pendant la dite année.

3º. Le renouvellement devait donc, comme l'inscription primitive, y être porté avec exactitude : sans lui, la créance eût été considérée comme éteinte et l'on n'aurait plus retiré de la table, les avantages qu'elle procure au trésor.

4º. Les créances indéterminées pouvant se réaliser, il convenait de ne pas les omettre ; les conservateurs y étaient eux-mêmes intéressés, puisque la table leur facilitait la recherche des inscriptions dont les droits devenaient exigibles.

5º. Ils pouvaient encore la faire servir à contrôler leurs opérations. L'expérience prouve qu'en général les individus obérés ont aussi quelqu'actif ; de sorte qu'en recourant à une inscription de créance, le préposé connaissait de suite le volume et l'article du répertoire, et suppléait par ce moyen à une omission ou à une désignation fautive sur la table du répertoire.

6º. Mais l'objet de cette table étant de faire connaître les créances omises dans les déclarations d'héritiers, il fallait que les employés de l'enregistrement se rendissent dans les bureaux d'hypothèques, et le but n'était qu'imparfaitement atteint.

Afin d'éviter les déplacemens et pour faciliter les découvertes, il a été décidé, le 24 juillet 1821, qu'à l'avenir la table des créances hypothécaires serait tenue par les receveurs de l'enregistrement : à cet effet les conservateurs doivent relever, à mesure de l'inscription sur le registre de formalité, chaque créance au profit de particuliers, ainsi que les mentions des radiations et subrogations, et les porter sur des feuilles de rénvoi destinées au bureau de l'enregistrement du domicile des créanciers. Au moyen de ces renvois qui sont remis à l'inspecteur par les conservateurs, ceux-ci sont dispensés de tenir la table alphabétique des créances. (Instruc. génér. n°. 989.)

§ 4. *Table des majorats et des rentes faisant partie des dotations.*

1°. Pour faciliter les recherches et réunir l'indication des transcriptions relatives aux majorats, les conservateurs, indépendamment de leurs autres registres, doivent ouvrir une table de renseignemens conforme au modèle annexé à l'instruction générale n°. 413.

2°. Ils sont également obligés, pour les rentes et redevances faisant partie des dotations, de tenir une table particulière des inscriptions que les donataires ont dû requérir. Chargés par l'article 8 du décret du 22 décembre 1812, de renouveler d'office ces inscriptions, il est de leur intérêt, pour éviter tout oubli, toute omission, et pour n'être pas compromis, de rédiger cette table et de la diviser de la manière prescrite par l'instruc. génér. n°. 625.

§ 5. *Registre des salaires.*

1°. Une circulaire du 7 juin 1809 ordonne de tenir, à compter du 1er. juillet suivant, un registre sur lequel les salaires doivent être portés, article par article, jour par jour, et par ordre de numéros; elle prévient les conservateurs que toute inexactitude de leur part les exposerait à perdre la confiance de l'administration, et leur en-

joint d'émarger leurs quittances de l'article du registre.
Il sera parlé ci-après de la manière de le tenir.

§ 6. *Visa pour valoir timbre.*

1º. Conformément aux dispositions des circulaires numéros 1501, 1506, 1521, 1676, de celle du 7 juin 1806,
et de l'instruction générale n°. 233, les conservateurs ont
un registre sur lequel ils inscrivent le visa pour valoir
timbre, des bordereaux que le ministère public soumet à
la formalité, et de ceux des inscriptions que la loi les
charge de prendre.

2º. Ils y portent aussi le visa gratis des états et certificats qu'ils délivrent, dans certains cas, soit à MM. les
préfets, soit à M. le procureur-général du sceau des titres.

§ 7. *Sommier des droits restés en suspens.*

Par deux circulaires numéros 1454 et 1521, il a été en-
joint aux conservateurs de tenir un sommier, sur lequel
ils portent, par série de numéros, tous les droits suspendus, omis ou recélés : ils comprennent parmi ces droits,
ceux de timbre des deux bordereaux, des duplicata de
quittance, lorsqu'ils en délivrent, et du registre ; ils no-
tent aussi tous les salaires qui leur seraient dus, et ont
soin d'émarger l'enregistrement fait en débet, de l'article
du sommier.

CHAPITRE IV.

DÉPOT.

*Examen des pièces présentées.—Forme des dépôts.
— Reconnaissances à délivrer. — Actes dont la
remise n'est point constatée au livre des dépôts.*

§ 1er. *Examen des pièces.*

Avant de constater de la manière indiquée par les articles 2,200 et 2,203 du Code civil, les remises qui leur

sont faites, les conservateurs doivent examiner avec attention si les pièces présentées peuvent être transcrites ou inscrites : cet examen, qui se rattache purement aux formes, est indispensable ; il a pour objet de prévenir des erreurs, d'éviter aux parties des frais inutiles ; il entre dans les attributions des conservateurs. Le Code leur défend, il est vrai, de refuser ou de retarder les inscriptions ou les transcriptions ; mais il détermine aussi les conditions à remplir par les requérans, et l'accomplissement de ces conditions est un préalable nécessaire.

Ainsi un conservateur ne pourrait admettre : 1°. les bordereaux d'une créance postérieure à la loi du 11 brumaire au 7, si l'expédition en forme authentique du titre qui établit la créance, ne lui était pas produite.

2°. Ceux qui, pour un capital également créé par un acte postérieur à cette loi, contiendraient une spécification d'immeubles qui n'existerait-point dans le titre.

3°. Son refus serait fondé si les biens indiqués par les actes ou les bordereaux, étaient situés hors de son arrondissement, etc.

4°. Il le serait encore dans d'autres circonstances, comme dans celles où il s'agirait d'une donation à cause de mort, et qui ne dépouillerait pas actuellement le donateur, d'une vente de propriétés dépendant d'un majorat, d'une inscription qui serait requise, sans autorisation suffisante, sur les biens d'un mineur, d'un interdit ; de celle que l'on voudrait prendre, soit en vertu d'un jugement rendu en pays étranger, soit en conséquence d'un acte passé dans le même pays, ou de tout autre qui ne conférerait pas hypothèque.

5°. Enfin le conservateur ne pourrait recevoir un titre de créance, si ce titre n'était point accompagné du double bordereau dont la production doit se faire en même temps.

§ 2. *Forme et enregistrement des dépôts.*

1º. Après l'examen dont il vient d'être parlé , le conservateur inscrit , par ordre numérique , la remise des
pièces sur son registre. Il ne peut, sous peine d'amende
et de dommages et intérêts envers les parties , laisser aucun blanc , se permettre aucun interligne.

2º. Il doit écrire en toutes lettres, la date du dépôt ,
celle du titre et le nombre des pièces déposées ; il emploie une case du registre pour chaque dépôt. (Instruc.
génér. nº. 316.)

3º. Si l'acte présenté était une adjudication en détail,
il n'y aurait toujours qu'un seul dépôt , qu'un seul numéro de remise ; mais pour pouvoir établir séparément
les noms de chaque acquéreur , les prix et les droits , le
conservateur emploîrait autant de cases qu'il y aurait
d'acquéreurs distincts. (Journal de l'Enregistrement.
Art. 4483.)

4º. A mesure que les pièces sont déposées pour recevoir , selon leur rang , la formalité de l'inscription ou de
la transcription, le conservateur est tenu d'indiquer, dans
les colonnes qui y sont destinées sur le registre des dépôts , le volume sur lequel le bordereau doit être inscrit
ou l'acte transcrit , et d'en rappeler l'article.

§ 3. *Reconnaissances à délivrer.*

L'article 2200 du Code civil oblige les conservateurs à
donner au requérant, sur papier timbré , une reconnaissance énonçant le numéro du registre sur lequel la remise
des pièces a été inscrite.

L'exécution de cet article, qui a pour objet la tranquillité des individus , et qui leur offre une garantie, a donné
lieu à quelques questions.

1º. On a élevé celle de savoir si l'on peut forcer les requérans à prendre une reconnaissance.

Deux décisions des ministres de la justice et des finances des 14 et 28 ventose an XIII, l'ont résolue de la manière suivante:

« Toutes les fois que le conservateur fait sur-le-champ
» une transcription ou une inscription, en présence de
» la partie qui attend que la formalité soit donnée pour
» remporter l'acte transcrit, ou le double du bordereau
» inscrit, on ne peut obliger cette partie à prendre une
» reconnaissance du dépôt de ses pièces : mais si des cir-
» constances quelconques exigent que les pièces restent
» au bureau, quand ce ne serait que du matin au soir,
» celui qui les y laisse, doit nécessairement prendre la
» reconnaissance et en payer le timbre. Le conservateur
» est en droit de l'exiger avant de faire mention de la re-
» mise des pièces sur le registre à ce destiné, non-seule-
» ment parce que la loi l'oblige à donner cette reconnais-
» sance, mais aussi parce qu'elle est nécessaire pour le
» remettre sur la voie, lorsque l'on vient réclamer l'acte
» transcrit ou inscrit. » (Instruc. génér. ; n. 316.)

2°. Quelques notaires ont essayé de faire rapporter cette décision ; ils demandaient que du moins il fût ordonné aux conservateurs de ne délivrer de bulletin de dépôt que sur la demande expresse des parties. Par les motifs d'ordre et d'intérêt public qui avaient dicté la décision du 28 ventose an 13, le ministre des finances a statué, le 8 août 1821, que cette même décision serait maintenue.

3°. On a ensuite demandé si, quand le même créancier dépose à la fois plusieurs bordereaux à inscrire à son profit contre plusieurs débiteurs, le conservateur peut l'obliger à prendre autant de reconnaissances qu'il y a de bordereaux.

» L'article 23 de la loi du 13 brumaire an VII, défend
» de mettre deux actes à la suite l'un de l'autre ; mais ces
» reconnaissances ne sont pas véritablement des actes ;
» elles ne servent que de renseignemens pour constater la
» remise des pièces et faciliter les recherches ; on ne doit

» donc pas leur appliquer la disposition de cette loi. »
(Lettre du ministre des finances, du 22 novembre 1808,
conforme à l'opinion de celui de la justice. Instruction
générale, n°. 433, § 10.)

4°. Il doit être délivré une reconnaissance du dépôt des
bordereaux d'inscription à requérir sur les comptables
publics, en exécution de la loi du 5 septembre 1807.

Cette reconnaissance est écrite sur papier libre. (Instruc. génér. n°. 350.)

5°. Il n'y a pas lieu à la délivrance d'un bulletin pour
le dépôt des bordereaux d'inscriptions requises par les
préposés de l'administration des impôts indirects sur les
immeubles affectés à leurs cautionnemens, à moins que
ces préposés ne l'exigent. (Instruc. génér. n°. 383.)

6°. Les conservateurs sont tenus d'indiquer, en marge
du registre, les articles pour lesquels il n'aura pas été délivré de bulletin. (Instruc. génér. n°. 316.)

7°. Si un particulier avait égaré son bulletin, le conservateur, pour éviter d'être ultérieurement inquiété,
exigerait la décharge des pièces dont il ferait la remise ;
cette décharge est ordinairement signée par la partie,
en marge de l'article, sur le journal du dépôt.

§ 4. *Actes dont la remise n'est pas inscrite au livre des
dépôts.*

1°. Les actes de mutation pour être transcrits et les bordereaux pour être inscrits, doivent seuls figurer sur le
registre de dépôt ; l'article 2200 du Code civil n'en a pas
désigné d'autres.

Dès lors, 1°. les procès verbaux de saisie immobilière ;
2°. ceux de dénonciation et de notification de placards
aux créanciers inscrits ; 3°. les pièces produites au soutien
des subrogations et changemens de domicile, ne peuvent
pas y être portés. Non-seulement le législateur n'a point
prescrit cette mesure ; mais en statuant par l'article 678
du Code de procédure que « si le conservateur ne peut

» procéder à la transcription de la saisie à l'instant où elle
» lui est présentée, il fera mention sur l'original qui lui
» sera laissé, des heure, jour, mois et an auxquels il
» lui aura été remis. » Il a fixé le mode à suivre pour assurer la date de la présentation des saisies.

Quant aux dénonciations et aux notifications de placards, il n'a ordonné qu'un simple enregistrement, et cet
enregistrement, qui se fait par analyse sur un journal particulier, n'exige pas de dépôt.

Enfin les changemens de domicile et les subrogations
n'ont lieu que par annotations en marge des actes déjà
inscrits; et il serait à la fois superflu et dangereux de les
enregistrer au livre des dépôts, puisqu'il deviendrait impossible d'en remplir toutes les colonnes.

Dans tous les cas, le requérant peut obtenir du conservateur un reçu des pièces qu'il lui laisse.

2° Le dépot des extraits d'une demande en révocation
de donation doit être constaté, non-seulement parce
que la loi donne à la formalité qu'il s'agit de remplir le
nom d'inscription, mais encore parce qu'il est indispensable que la date de sa remise soit invariablement
fixée.

CHAPITRE V.

*Nature de l'hypothèque. — Biens qui peuvent être
hypothéqués. — Nécessité de faire inscrire.*

§ 1er. *Nature de l'hypothèque.*

L'hypothèque est ou légale, ou judiciaire, ou conventionnelle. (Art. 2116 du Code civil.)

1° L'hypothèque légale résulte de la loi. (Art. 2117.)
Les droits et créances auxquels elle est attribuée sont :

Ceux des femmes mariées, sur les biens de leurs
maris;

Ceux des mineurs et interdits, sur les biens de leurs
tuteurs;

Ceux du gouvernement, des communes et des établissemens publics, sur les biens des receveurs et administrateurs comptables. (Art. 2121.)

2°. L'hypothèque judiciaire résulte des jugemens ou actes judiciaires, soit contradictoires, soit par défaut, définitifs ou provisoires. Elle naît aussi des reconnaissances ou vérifications faites en jugement, des signatures apposées à un acte obligatoire sous seing privé. (Art. 2123 du Code civil.)

3°. L'hypothèque conventionnelle est celle qui dépend des conventions et de la forme extérieure des actes et contrats. (Art. 2117 du Code.)

Elle ne peut être consentie que par ceux qui ont la capacité d'aliéner les immeubles qu'ils y soumettent, (article 2124) et que par acte passé en forme authentique devant deux notaires, ou devant un notaire et deux témoins. (Art. 2127.)

§ 2. *Biens qui peuvent être hypothéqués.*

« 1°. Sont seuls susceptibles d'hypothèque, 1°. les biens
» immobiliers qui sont dans le commerce et leurs acces-
» soires réputés immeubles; 2°. l'usufruit des mêmes
» biens et accessoires pendant sa durée. » (Art. 2118 du
Code civil.)

Il a été jugé le 30 janvier 1819, par la cour royale de Dijon, que l'inscription prise sur un bois, affectait aussi la superficie non détachée, et que le créancier avait pu faire saisir immobilièrement cette superficie avec le fonds, quoiqu'alors elle eût été vendue pour être exploitée plus tard.

« 2°. Ceux qui n'ont sur l'immeuble qu'un droit sus-
» pendu par une condition, ou résoluble dans certains
» cas, ou sujet à rescision, ne peuvent consentir qu'une
» hypothèque soumise aux mêmes conditions ou à la
» même rescision. » (Art. 2125 du Code.)

3. La loi du 21 avril 1810, sur l'exploitation des

mines, distingue deux propriétés, celle de la surface et celle de la mine ; toutes les deux sont immeubles : celle de la mine est une propriété nouvelle à laquelle s'unissent les bâtimens, machines, puits, galeries et autres travaux établis à demeure : les chevaux, agrès, outils et ustensiles servant à l'exploitation, sont pareillement immeubles (1).

4°. Les rentes foncières et toutes celles qui, créées avant la loi du 11 brumaire an 7, étaient, d'après les statuts, coutumes et usages de plusieurs provinces, considérées comme immeubles, sont aussi susceptibles d'hypothèque envers les créanciers antérieurs à cette loi. L'article 45 de ladite loi, et les articles 529 et 530 du Code civil, qui les mobilisent, ne disposent que pour l'avenir et ne changent rien aux droits acquis avant leur publication. (Arrêt de la cour de cassation du 3 août 1807. Décision du ministre des finances du 14 avril 1818. Instruct. génér. n°. 832.)

« 5°. Les biens des mineurs, des interdits, et ceux des » absens, tant que la possession n'en est déférée que pro- » visoirement, ne peuvent être hypothéqués que pour » les causes et dans les formes établies par la loi, ou en » vertu de jugement. » (Art. 2126.)

6°. Les biens des majorats ne peuvent être grevés d'aucune hypothèque légale ni judiciaire. (Art. 45 du décret du 1er. mars 1808.)

7°. Les biens meubles ne sont, sous le régime de la loi du 11 brumaire an 7, comme sous l'empire du Code civil, susceptibles d'aucune hypothèque, ni pour le

______

(1) Les objets que le propriétaire d'un fonds y a placés pour le service et l'exploitation de ce fonds, les récoltes pendantes par les racines, les ustensiles d'une usine, et en général tous les meubles réputés immeubles par destination, sont passibles de la même hypothèque que les immeubles desquels ils dépendent : les créanciers hypothécaires peuvent, dans le cas où ils auraient été vendus séparément du fonds, en réclamer le prix. (Arrêt de la cour de Douai du 3 janvier 1815. Autre de celle de cassation du 4 février 1817.)

passé, ni pour l'avenir. (Arrêt de la cour de cassation du 7 mars 1807.)

§ 3. *Nécessité de faire inscrire.*

L'inscription de l'hypothèque peut seule mettre à couvert les intérêts des parties.

1". Les biens du débiteur sont le gage commun de ses créanciers; le prix est distribué entre eux par contribution, à moins qu'il n'y ait des causes légitimes de préférence. (Art. 2093 du Code civil.)

2°. Hormis quelques priviléges qui, comme ceux des femmes, des mineurs et des interdits, existent dans les cas déterminés par la loi, indépendamment de toute formalité, l'hypothèque accordée par des actes ne se conserve que par une inscription régulière et valable.

3°. Elle ne prend rang que du jour où la créance est inscrite.

4°. Quand le débiteur vient à faillir, le créancier qui n'a pas fait inscrire son titre avant les dix jours qui ont précédé l'ouverture de la faillite, ne peut plus remplir cette formalité : l'inscription ne produirait aucun effet. (Art. 2146 du Code civil, et 443 de celui de commerce.) Un arrêt de la cour de cassation du 11 juin 1817 a fait l'application de ce principe.

5°. Si le redevable meurt et que sa succession ne soit acceptée que sous bénéfice d'inventaire, l'inscription faite après le décès n'aurait aucun effet entre les créanciers.

6°. Celui qui, ayant un titre authentique, a négligé de le faire inscrire, vient en concurrence seulement avec les créanciers chirographaires. (Arrêt de la cour de cassation du 19 décembre 1809.)

7°. Enfin le défaut d'inscription s'oppose à ce que le créancier poursuive la vente des biens de son débiteur : il ne peut, lorsque celui-ci les aliène, surenchérir le prix; il est privé de la faculté qu'accordent les articles 1166 du Code civil, et 778 de celui de procédure. Sa condition est donc très-désavantageuse ; il court des dangers imminens, partage les revers de fortune survenus à son débiteur, et devient la victime de fausses spéculations, quand il n'est pas celle de l'inconduite ou de la mauvaise foi.

CHAPITRE VI.

Présentation des bordereaux. — Titres à produire.

§ 1ᵉʳ. *Présentation des bordereaux.*

Le créancier qui requiert une inscription, agit soit par lui-même, soit par un tiers.

On a demandé si le tiers qui, en vertu de l'art. 2148 du Code, se présente au nom du créancier, doit être muni d'un pouvoir.

La loi ne l'ordonne point ; elle n'astreint pas à justifier d'un mandat, et l'on ne peut ajouter une condition qu'elle n'a pas prescrite : d'un autre côté, un pouvoir verbal suffirait, et ce pouvoir est en quelque sorte inhérent à la remise des pièces.

Enfin des bordereaux signés par un tiers qui a pris la qualité de fondé de pouvoir, sans en justifier, n'ont pas été critiqués de ce chef devant la cour de cassation. (Voir un arrêt du 15 mai 1809.)

§ 2. *Titres à produire.*

Le créancier représente l'original en brevet ou une expédition authentique du jugement ou de l'acte qui donne naissance au privilége ou à l'hypothèque. (Article 2148 du Code.)

1°. Cette disposition a fait naître la question de savoir si, pour l'inscription des créances antérieures à la loi du 11 brumaire an 7, les conservateurs ont le droit d'exiger la représentation du titre ; ou si, conformément à l'art. 40 de cette loi, ils doivent, comme par le passé, inscrire sur la simple remise des bordereaux.

« Le silence du Code civil à cet égard, et même les
» dispositions de l'article 2148 sur la représentation du
» titre, auraient pu faire croire à quelques personnes,
» que l'exception, pour les créances anciennes, n'était
» plus autorisée ; mais cette exception subsiste toujours :
» fondée sur des principes de justice, et consacrée par
» une disposition expresse, elle ne pourrait être abrogée
» que par une disposition contraire, et il n'en existe pas
» de cette espèce dans le Code civil : les conservateurs
» doivent donc continuer d'inscrire les créances anciennes
» sur la simple représentation des bordereaux dans la
» forme établie par la loi. » (Lettres des ministres de la
justice et des finances des 10 et 25 nivose an 13. Instruc.
génér. n°. 274.)

2°. Les hypothèques légales résultent de la loi : dès
lors les bordereaux n'ont pas besoin d'être appuyés de
titres.

Les conservateurs ne peuvent donc exiger les actes
de célébration ou de contrats de mariage, ceux de tutelle, etc.

CHAPITRE VII.

Timbre et forme des bordereaux.

§ 1er. *Timbre.*

1°. Le créancier joint deux bordereaux écrits sur papier timbré, dont l'un peut être porté sur l'expédition
du titre. (Art. 2148 du Code.)

2°. L'on a élevé la question de savoir d'abord, si, quand
le titre se trouve sur du papier dont le timbre n'est plus
en usage, l'on peut écrire le bordereau à la suite ; et
en second lieu, si l'on a la faculté de rédiger le double
de ce bordereau sur du papier frappé aux anciens tim-
bres.

L'article 23 de la loi du 13 brumaire an 7 permet évidemment d'écrire le bordereau sur l'acte ; et s'il pouvait

rester quelques doutes, il suffirait pour les lever, de lire l'article 2148 du Code.

3°. Quant au double, le requérant doit se servir du papier timbré en usage à l'époque où l'inscription est requise, puisque le bordereau n'a date et ne devient acte que du jour où le conservateur y fait mention de l'inscription. (Journal de l'Enregistrement, art. 5587.)

§ 2. Forme.

Les bordereaux contiennent : « 1°. les nom, pré-
» noms, domicile du créancier, sa profession s'il en a
» une, et l'élection d'un domicile pour lui dans un lieu
» quelconque de l'arrondissement du bureau ;

» 2°. Les nom, prénoms, domicile du débiteur, sa
» profession, s'il en a une connue, ou une désignation
» individuelle et spéciale, telle, que le conservateur puisse
» reconnaître et distinguer dans tous les cas l'individu
» grevé d'hypothèque;

» 3°. La date et la nature du titre ;

» 4°. Le montant du capital des créances exprimées
» dans le titre, ou évaluées par l'inscrivant, pour les ren-
» tes et prestations, ou pour les droits éventuels, condi-
» tionnels ou indéterminés, dans le cas où cette évalua-
» tion est ordonnée ; comme aussi le montant des acces-
» soires de ces capitaux ;

» 5°. L'époque de l'exigibilité ;

» 6°. L'indication de l'espèce et de la situation des
» biens sur lesquels le créancier entend conserver son
» privilége ou son hypothèque.

» Cette dernière disposition n'est pas nécessaire dans
» le cas des hypothèques légales ou judiciaires : à défaut
» de convention, une seule inscription pour ces hypo-
» thèques frappe tous les immeubles compris dans l'ar-
» rondissement du bureau. »

Nom, prénoms, profession du créancier.

1°. La fausse désignation, soit des prénoms, soit de la profession du créancier, et l'omission de cette profession, ont pendant quelques années excité des débats : on soutenait, d'une part, que ces erreurs ou omissions entraînaient nullité ; on prétendait, de l'autre, que ne pouvant porter aucun préjudice, elles ne viciaient pas l'inscription.

La jurisprudence a été fixée pour la fausse désignation des prénoms, par deux arrêts de la cour suprême des 15 mai 1809 et 15 février 1810, et pour celle de la profession, par un arrêt du 1er. octobre 1810.

Il résulte de ces arrêts, que la fausse désignation dont il s'agit, et même l'omission de la profession du créancier, n'emportent point la nullité de l'inscription.

2°. L'indication de la qualité, en vertu de laquelle on fait inscrire, n'est pas prescrite par la loi : son absence ne vicie point l'inscription. (Arrêt de la cour de cassation du 25 mars 1816.)

3°. Une inscription prise sous une raison de commerce est valide, quoiqu'elle ne rappelle pas les prénoms des principaux associés. (Arrêt de la cour de cassation du 1er. mars 1810.)

4°. Celle requise au nom des héritiers d'une succession restée indivise est bonne, quoique le nom de plusieurs cohéritiers ait été omis : jusqu'au partage, l'intérêt est commun, et un seul des héritiers peut conserver l'hypothèque pour tous. (Arrêt de la cour d'appel de Bruxelles du 19 décembre 1807.)

5°. La cour de cassation a, le 26 mai 1809, confirmé ce principe ; celle de Colmar, par un arrêt du 16 avril 1818, a même déclaré valide une inscription prise sous le nom collectif des héritiers de. . . (Art. 6097 du Journal de l'Enregistrement.)

6°. Dans les pays où, d'après la loi locale, la femme

veuve est usufruitière des biens de son mari et tutrice légale de ses enfans ; cette femme satisfait à la loi en prenant simplement la qualification de veuve du sieur. . . . L'omission des qualités d'usufruitière et de tutrice n'entraîne pas la nullité de l'inscription : elle n'a pu, sous aucun rapport, préjudicier aux tiers, ni les induire à erreur. (Arrêt de la cour de Colmar du 25 avril 1817.)

7°. L'inscription prise au nom d'une administration ecclésiastique, par son receveur, n'est point nulle pour ne pas énoncer les nom et prénoms de celui-ci. Le receveur n'est point le créancier. (Arrêt de la cour de Colmar du 25 avril 1817.)

Domicile du créancier.

1°. La loi exige d'abord que le créancier fasse connaître son domicile réel : elle lui prescrit ensuite d'en élire un dans un lieu quelconque de l'arrondissement du bureau.

2°. La double mention du domicile réel et du domicile élu paraît indispensable. La cour de cassation, par arrêt du 6 juin 1810, a annulé une inscription, parce qu'elle ne contenait pas l'indication du domicile réel : l'arrêt déclare que l'énonciation du domicile élu ne peut être considérée comme un équipollent, puisque la loi exige la mention de l'un et l'autre domiciles. Un second arrêt rendu par la même cour, le 2 mai 1816, au sujet d'une inscription qui énonçait le domicile réel et non le domicile élu, a statué que la nullité de l'inscription avait été régulièrement prononcée : toutefois il n'y aurait pas nullité, si la profession et le domicile réel du créancier étaient suffisamment désignés par des énonciations équivalentes. (Arrêt de la cour de cassation du 17 novembre 1813.)

3°. Quelques jurisconsultes trouvent trop rigoureuse l'observance de ces formes : ils disent que l'élection de domicile n'a pour but que de faciliter les significations; que l'omission de celui réel ne peut porter aucun préjudice aux tiers, et que dès lors l'oubli de ces indications ne devrait pas entraîner la nullité du bordereau.

Leur opinion peut avoir quelque poids, puisqu'elle a été partagée par la cour royale de Paris et par celle de Metz, qui ont jugé, les 16 février 1809 et 2 juillet 1812, que l'omission du domicile réel ne rendait pas l'inscription nulle; cependant il serait dangereux de l'adopter et de courir les chances d'un procès dont la solution pourrait être d'autant moins douteuse, qu'un arrêt de la cour de Besançon, du 21 juin 1808, lui est encore contraire.

4°. L'indication du domicile ne doit pas être ambiguë.

Un particulier avait élu domicile chez un conservateur dont le bureau fut réuni à celui placé dans une autre commune : on lui signifie un contrat de vente au domicile élu, et non pas chez le conservateur en exercice. Ce particulier attaque de nullité la signification, et prétend qu'elle devait être faite au domicile du conservateur en exercice. « Attendu que l'intention d'élire domicile chez le conser- » vateur, quel qu'il fût, n'avait pas été explicitement ex- » primée, et que l'ambiguïté qui se trouvait dans l'élection » devait être expliquée contre celui qui l'avait commise, » la cour de cassation, par arrêt du 8 thermidor an 11, a infirmé celui d'une cour d'appel qui avait accueilli la demande en nullité.|

5°. Quelques conservateurs ont été embarrassés, lorsque transcrivant des actes pour des personnes étrangères à leur arrondissement, et qui n'y avaient point fixé de domicile, ils ont été obligés de prendre des inscriptions d'office.

Le défaut d'élection de domicile ne peut être pour eux un motif de se refuser à inscrire; mais dès qu'ils ont rempli le vœu de la loi, ils ne demeurent pas garans d'un vice de forme qui n'est point leur fait : toutefois ils ont la faculté d'en prévenir les parties, et de les inviter à rectifier en temps utile l'omission qu'elles ont commise. (Art. 3649 du Journal de l'Enregistrement.) (1).

6°. L'inscription prise à la requête de l'agent du trésor royal n'est pas nulle par cela qu'elle n'indique point le domicile de cet agent. (Arrêt de la cour de Rouen du 22 mai 1818.)

Nom, prénoms, profession et domicile du débiteur.

1°. Les formalités qui tiennent à la substance d'une inscription sont de rigueur, et doivent, même dans le silence de la loi, être observées à peine de nullité : il est donc nécessaire, pour opérer régulièrement, de signaler le débiteur de manière à ne laisser aucune incertitude, soit aux tiers qui pourraient avoir à traiter avec lui, soit au conservateur.

2°. Il arrive fréquemment, surtout en matière de commerce, que le porteur d'un billet à ordre, ou d'un autre effet, obtient un jugement qui ne rappelle pas les prénoms du débiteur, parce que le billet ne les indiquait point, et cette circonstance embarrasserait pour la rédaction du bordereau comme pour l'inscription, si la désignation individuelle et spéciale du débiteur n'était pas d'ailleurs clairement énoncée.

Un arrêt de la cour royale de Paris, du 25 janvier 1810, a déclaré valide une inscription dans laquelle le créancier s'était borné à exprimer le nom, la profession et la demeure du grevé ; et a déclaré, pour l'omission des prénoms, que la critique était inadmissible, parce qu'il n'y avait alors dans la commune, qu'un seul individu exerçant la profession indiquée, et que toute méprise était impossible.

---

(1) La transcription du contrat tenant lieu d'inscription au profit des vendeurs, le défaut d'indication du domicile, dans l'inscription d'office, ne serait pas une nullité qui pût entraîner la perte du privilége : la simple transcription suffit pour assurer ce privilége dans toute son intégrité. (*Voyez chap.* 16, *Inscription d'office*, n°. 5 et 6.)

3°. La cour de cassation a implicitement adopté le même principe dans un arrêt du 25 juin 1821 : « considérant » que quand le débiteur porte un de ces noms communs » à plusieurs familles, le créancier est plus étroitement » tenu d'y ajouter une désignation individuelle et spé- » ciale ; que cette obligation s'accroît encore, lorsque le » créancier ayant une hypothèque judiciaire, peut se dis- » penser et se dispense de spécifier les héritages qu'il en- » tend frapper de son hypothèque. »

4°. Les inscriptions sur les biens d'une personne décédée pourront être faites sous la simple désignation du défunt. (Art. 2149 du Code.)

5°. Quelques conservateurs qui admettent le bordereau contre la succession de.... refusent d'inscrire lorsque le créancier emploie ces expressions : contre les héritiers de... Il est évident que la succession est un être moral qui remplace les héritiers, et que si on a la faculté d'inscrire contre la succession de... on l'a également contre les héritiers de.... : dans l'un comme dans l'autre cas, l'inscription greve uniquement les biens du défunt. (Voir les arrêts indiqués précédemment pour les noms des créanciers, et celui de la cour d'Orléans, du 26 janvier 1810, qui a déclaré valable une inscription prise contre les héritiers Duplessis-Richelieu : le pourvoi contre cet arrêt fut rejeté le 2 mars 1812.)

6°. On doit d'ailleurs, d'après deux arrêts de la cour de cassation des 15 mai 1809 et 13 décembre 1813, admettre dans la désignation du débiteur, les modifications et les équipollences autorisées par la loi.

7°. Une inscription n'est point viciée parce qu'elle omet d'indiquer le décès du débiteur. (Même arrêt.)

Date du titre.

1°. Deux arrêts de la cour de cassation, des 22 avril 1807 et 4 avril 1810, décident que l'énonciation de la date du titre, et, à défaut du titre, celle de l'époque à laquelle l'hypothèque a pris naissance, sont indispensables à la validité des inscriptions : sans cette énonciation, le public ne peut vérifier si l'hypothèque a une cause légitime, si elle est privilégiée, etc. ; l'indication du titre de créance et de sa date, ou à défaut, celle de l'hypothèque, sont donc de l'essence d'une inscription, et doivent, sous peine de nullité, se trouver dans celle-ci.

2°. Une erreur, soit dans la date du titre, soit dans l'énoncé de cette date, n'entraîne la nullité de l'inscription, qu'autant qu'il en est résulté quelque préjudice. (Arrêt de la cour de cassation des 17 août 1813 et 9 novembre 1815.)

3°. Quand, en raison des doutes que les écritures laissaient au conservateur, il a dans une inscription inséré une date alternative, par exemple, 1770 ou 1778, et que l'une de ces dates est réellement celle du titre, l'inscription est valable ; les parties pouvaient aisément vérifier l'existence du titre aux deux dates qui se trouvaient indiquées. (Arrêt de la cour de cassation du 17 novembre 1813.)

4°. Si une erreur était suppléée par l'ensemble de l'inscription, de manière qu'il fût impossible de se tromper, l'inscription serait valable. (Arrêt de la même cour du 9 novembre 1815.)

5°. Il ne suffirait pas au cessionnaire d'une créance qui donne lieu à l'hypothèque, d'énoncer dans son bordereau la date du titre en vertu duquel il est devenu propriétaire ; il faut qu'il y rappelle le titre originaire et sa date : il est soumis à la même règle que le créancier primitif et doit s'y conformer. (Arrêt du 4 avril 1810.)

6°. C'est le titre de la créance qui produit l'hypothèque, et non l'acte de cession : on peut même dans l'inscription se dispenser de rappeler celui-ci. (Arrêt de la cour de cassation du 7 octobre 1810.)

7°. Un bordereau qui énoncerait seulement le titre récognitif de la créance serait nul. (Arrêt de la même cour du 6 février 1806.)

8°. Quand plusieurs titres sont corrélatifs et constitutifs d'une même créance, il suffit que celui en vertu duquel on requiert inscription, indique la date et les dispositions des titres antérieurs. (Arrêt de la cour de cassation du 3 février 1819.)

9°. L'inscription prise d'après un acte de subrogation est valable, quoiqu'elle n'énonce pas le titre constitutif du privilége, lorsque d'ailleurs elle se réfère à l'inscription d'office du vendeur, et qu'elle en relate la date, ainsi que le folio du registre sur lequel elle se trouve. (Arrêt de la cour royale de Paris du 15 janvier 1818.)

10°. La prescription du titre primitif n'empêche pas d'inscrire, parce que d'abord le débiteur peut ne point user de la prescription acquise, (Art. 2220 du Code) et que le droit accordé par l'article 2225 aux créanciers, et à toute autre personne qui aurait intérêt de l'opposer, n'est que facultatif ; et puis par la raison que les actes récogni-tifs ne dispensent point de la représentation du titre pri-mitif, (Art. 1337.) Il n'est pas nécessaire que le créancier les indique dans son bordereau.

Enfin le titre n'est point, à proprement parler, pres-crit avant qu'un jugement l'ait déclaré.

11°. Toutefois, l'inscription prise par le créancier n'in-terrompt pas le cours de la prescription établie par la loi en faveur du débiteur. (Art. 2180 du Code.)

12°. Le bordereau de l'inscription que les agens ou syn-dics d'une faillite sont tenus de requérir, conformément à l'article 500 du Code de commerce, sur les biens du failli, énonce simplement qu'il y a faillite, et relate le ju-gement par lequel ils ont été nommés.

13°. Le titre en vertu duquel on inscrit doit être au-thentique : une obligation pour prêt est de sa nature uni-latérale, et peut être passée en brevet, lorsque la somme n'excède pas 300 francs. (Déclaration du roi du 7 décembre 1733.) La signature du prêteur, quoique l'officier public n'en ait pas fait mention dans l'acte, ne vicie point celui-ci. L'inscription prise est valable. (Arrêt de la cour de cassation, du 8 juillet 1818.)

14°. Une constitution d'hypothèque peut être faite par acte authentique, en vertu d'un mandat sous seing privé ; l'inscription requise est bonne : l'hypothèque résulte de l'acte constitutif et non du mandat. (Arrêt de là cour de cassation, du 27 mai 1819.)

15°. Quand, dans son origine, une créance n'emportait pas hypothèque, il faut que le bordereau indique le titre subséquent qui l'a rendue hypothécaire.

Nature du titre.

1°. De ce que l'on doit considérer comme substantielle l'énonciation de la date du titre, il n'en faut pas conclure qu'il soit indispensable d'exprimer la nature de ce titre ; il suffit que l'inscription indique la date de l'acte authentique, le nom du notaire qui l'a reçu, le montant de la créance et l'époque de l'exigibilité. Ces énonciations donnent aux tiers intéressés, connaissance de tout ce qu'il leur importe de savoir, en leur offrant les moyens de prendre tous les renseignemens qu'ils croyent convenables : l'inscription ne saurait les induire en erreur, puisqu'ils peuvent vérifier, quand bon leur semble, le titre qui donne naissance à l'hypothèque. (Arrêt de la cour de cassation, du 11 mars 1816. Autre de la cour royale de Toulouse du 20 mai 1820.)

2°. Il ne suffirait pas pour obtenir une hypothèque conventionnelle et pour la faire inscrire, d'avoir un acte passé devant deux notaires, ou devant un notaire et deux témoins ; il faut que cet acte ait été enregistré : jusque là le titre n'est point en forme authentique ; il n'a, aux termes de l'article 9 de la loi du 19 décembre 1790, que la force d'un acte sous signature privée, et ne peut point conférer l'hypothèque. La cour de cassation a appliqué ce principe le 7 décembre 1807 ; l'arrêt dispose que l'article 9 de la loi du 19 décembre, ainsi conçu : « A défaut d'enregis-» trement, dans les délais prescrits, un acte passé devant » notaire ne pourra valoir que comme acte sous seing » privé, » n'est point abrogé par l'art. 73 de la loi du 22 frimaire an VII, parce que celle-ci n'est relative qu'à la quotité des droits, et qu'elle laisse subsister tout ce qui tend à constater la date des conventions passées devant notaires.

3°. Mais du moment où le contrat est soumis, quoique d'une manière tardive, à l'enregistrement, il acquiert l'authenticité nécessaire : la créance qu'il établit peut être inscrite. Le notaire est toutefois responsable envers les parties, du fait de sa négligence, et il encourt d'ailleurs les peines prononcées par les lois sur l'enregistrement.

Montant du capital des créances exprimées dans le titre,
ou évaluées par l'inscrivant.

1°. Lorsque le capital de la créance ne se rapporte point à des droits dont l'évaluation n'est pas prescrite, parce que l'inscription reste indéfinie, le requérant est tenu d'indiquer le capital exprimé, ou à défaut d'expression dans le titre, l'évaluation qu'il donne à ce capital.

2°. Il faut, quant aux accessoires, distinguer les intérêts échus lors de l'inscription, d'avec ceux à échoir. Les premiers forment une créance exigible, et doivent être énoncés avec une indication précise de leur montant ou de leur évaluation, et de la date de leur exigibilité. Cette obligation est commandée en termes exprès, et par la loi du 11 brumaire an 7, et par le Code civil. (Instruction générale n°. 394.) On peut, pour ceux à échoir, se borner à en indiquer le montant annuel, et l'époque de son échéance, parce qu'aux termes de l'art. 2151 du Code, le créancier a droit d'être colloqué pour deux années et pour l'année courante, au même rang d'hypothèque que pour le capital. (Arrêt de la cour d'appel de

Turin du 5 février 1810, confirmé par celle de cassation le 2 avril 1811.)

3°. On ne peut avoir d'hypothèque, pour les arrérages, autres que ceux des deux dernières années et de l'année courante, qu'en prenant une inscription qui ne confère l'hypothèque que du jour de sa date. (Art. 2151 du Code.)

4°. Cette règle ne s'applique point au privilége du vendeur ; les arrérages conservés viennent dans tous les cas au même rang que le principal. (Arrêt de la cour de cassation du 1er. mai 1817.)

5°. Quoique le créancier n'ait pas pris inscription pour conserver les intérêts antérieurs à ceux des deux dernières années et de l'année courante, les intérêts ne rentrent pas dans la classe des créances chirographaires : l'accessoire suit le sort principal ; ils ont une hypothèque non inscrite. (Arrêt de la cour de Colmar du 15 mars 1817.)

6°. L'inscription qui serait prise contre la caution d'un adjudicataire de coupes de bois, serait nulle, si elle n'exprimait pas le montant de la créance. (Arrêt de la cour de cassation du 5 septembre 1808.) On essaya vainement de faire considérer la créance comme indéfinie.

Époque de l'exigibilité.

1°. L'obligation de mentionner l'époque de l'exigibilité des créances, a été le sujet de difficultés nombreuses ; la loi du 4 septembre 1807 y a pourvu, et a autorisé les rectifications nécessaires ; elle porte :

Art. Ier. « Dans le délai de six mois, à dater de la
» promulgation de la présente loi, tout créancier qui
» aurait, depuis la loi du 11 brumaire an 7, jusqu'au
» jour de ladite promulgation, obtenu une inscription sans
» indication de l'époque de l'exigibilité de sa créance,
» soit que cette époque doive avoir lieu à jour fixe, ou
» après un événement quelconque, est autorisé à repré-

» senter au bureau de la conservation, où son inscrip-
» tion a été faite, son bordereau rectifié, à la vue duquel
» le conservateur indiquera, tant sur son registre, que
» sur le bordereau resté entre ses mains, l'époque de
» l'exigibilité de la créance, le tout en se conformant
» à la disposition de l'article 2200 du Code civil, et sans
» perception d'aucun nouveau droit.

Art. II. » Au moyen de cette rectification, l'inscrip-
» tion primitive sera considérée comme complète et va-
» lable, si d'ailleurs on y a observé les autres formalités
» prescrites.

Art. III. » La présente loi ne s'applique point aux
» inscriptions qui auraient été annulées par jugemens
» passés en force de chose jugée. »

Ces dispositions de la loi étaient obligatoires pour les
conservateurs qui avaient omis d'indiquer sur leurs registres, l'époque de l'exigibilité exprimée dans les bordereaux, et ils ont dû, dans le délai fixé, délai qui a ensuite été prorogé, réparer les omissions, soit qu'elles
les concernassent, soit qu'elles eussent été commises par
leurs prédécesseurs; leur responsabilité, s'ils ne l'avaient
pas fait, serait compromise. (Instruc. génér. n°. 344.)

2°. La fausse mention de l'époque de l'exigibilité a pu,
comme l'omission de cette époque, être validement ré-
parée pendant le délai accordé par la loi du 4 septembre
1807, (arrêt de la cour de cassation du 9 avril 1811,)
« attendu que l'erreur intervenue dans l'inscription,
» relativement à la date de l'exigibilité de la créance,
» la plaçait dans la classe et dans l'ordre des inscrip-
» tions dans lesquelles l'époque de l'exigibilité avait été
» omise. »

3°. La mention inexacte ou insuffisante, de l'époque de
l'exigibilité, ne rend pas l'inscription nulle, si d'ailleurs
cette inexactitude ou cette insuffisance, n'ont causé aucun
préjudice au créancier qui l'oppose. (Arrêt de la cour
de cassation du 3 janvier 1814.)

4°. Il n'est pas nécessaire, pour une rente perpétuelle, d'indiquer l'époque de l'exigibilité : « Attendu que l'in-» scription dont il s'agit, ayant été faite pour sûreté du » paiement d'une rente perpétuelle, le moyen tiré de » l'omission de l'époque de l'exigibilité, est dénué de » tout fondement. » (Arrêt de la cour de cassation du 2 avril 1811.) Ce principe avait déjà été établi par une décision des ministres de la justice et des finances, des 11 juin et 5 juillet 1808. (Instruct. génér. n°. 394.)

5°. Il importe, relativement aux arrérages d'une rente, d'en désigner, non-seulement le taux ou le montant, mais encore l'époque de leur échéance ou exigibilité, cette obligation paraissant commandée en termes exprès. (Même décision.)

6°. Une loi du 3 septembre 1807 porte, article 1er. : « Lorsqu'il aura été rendu un jugement sur une demande » en reconnaissance d'obligation sous seing-privé, formée » avant l'échéance ou l'exigibilité de ladite obligation, » il ne pourra être pris aucune inscription hypothécaire » en vertu de ce jugement, qu'à défaut de paiement de » l'obligation après son échéance, ou son exigibilité, à » moins qu'il n'y ait eu stipulation contraire. »

Les conservateurs ne sont pas, en général, établis pour juger la validité des inscriptions régulièrement requises, et ils ne peuvent refuser de donner les formalités : mais le texte de la loi étant prohibitif, la défense, dans l'espèce, les concerne, comme les requérans. (Instruc. génér. n°. 344.)

7°. Lorsqu'une créance est échue, l'inscription qui porte ces mots : *principal exigible*, est-elle valide ?

La cour de Rouen, après avoir reconnu que cette simple énonciation indiquait une exigibilité actuelle, et avoir fait constater que ces mots, principal exigible, étaient employés à chaque inscription dont l'époque de l'exigibilité était arrivée, a rejeté le moyen de nullité que l'on voulait en tirer.

Les cours de Riom et de Nîmes, par arrêts des 15 janvier, 21 février, et 23 décembre 1810, ont aussi reconnu que le mot exigible, exprimait suffisamment que la créance était échue.

8°. Les créances résultant des jugemens, sont soumises à la règle commune : toute créance exigible, quel que soit le titre qui la constitue, doit être désignée dans l'inscription, non-seulement par son capital et les accessoires, mais encore par l'époque de leur exigibilité. (Décision des 21 juin et 5 juillet 1808. Arrêt de la cour de cassation du 1er. août 1809.)

9°. Un arrêt de la cour de Liége, du 24 août 1809, a jugé qu'il ne suffit pas d'énoncer dans une inscription, que la créance est due en vertu d'un jugement, pour faire connaître qu'elle est exigible.

10°. La cour de Rennes a également statué le 22 juin 1813, pour l'inscription d'une créance résultant d'un jugement, que ces mots : *due et liquide*, qui se trouvaient dans l'inscription, ne faisaient pas une mention suffisante de l'exigibilité. Elle a considéré qu'une créance peut être due, sans qu'elle soit exigible, et que l'expression liquide, n'annonce point que la créance soit payable sans délai.

Le pourvoi contre cet arrêt fut rejeté le 15 janvier 1817, attendu que la cour de Rennes n'était pas formellement contrevenue à la loi.

11°. Cependant si l'inscription relatait que la créance est due en vertu d'un jugement portant condamnation pour billets à ordre protestés, elle énoncerait virtuellement que la créance est exigible. Le 23 juillet 1812 la cour de cassation, en rejetant le pourvoi contre un arrêt qui avait déclaré valable une inscription de l'espèce, s'est ainsi exprimée : « attendu que, dans l'hypothèse » particulière, l'inscription ayant été faite pour cause » de billets de commerce protestés, et en vertu de juge-

» ment portant condamnation du montant desdits billets,
» la cour de..... a pu décider, sans violer la loi, que la
» date de l'exigibilité y était suffisamment exprimée. »

La raison de cette différence est que, quand il s'agit de billets de commerce, les juges n'ont point le droit d'accorder des délais aux débiteurs, tandis qu'en matière ordinaire, la loi les y autorise.

12°. L'inscription que les agens ou syndics du failli requièrent en conformité de l'article 500 du Code de commerce, au nom de la masse des créanciers, sur les biens du failli, est indéterminée et n'a pas besoin d'indiquer l'époque de l'exigibilité de chaque créance. Au surplus l'ouverture de la faillite, rend exigibles toutes les dettes passives non échues. (Art. 448 du Code de commerce.)

13°. Celle que la femme, veuve avant la promulgation du Code civil, était obligée de prendre pour la conservation de ses droits, a dû contenir l'époque de l'exigibilité. (Arrêt de la cour de cassation du 5 décembre 1814.)

Indication de l'espèce et de la situation des biens.

1°. L'obligation d'indiquer l'espèce et la situation des biens ne concerne, comme on le voit, et comme le prouve d'ailleurs l'article 2129, que l'hypothèque conventionnelle qui, pour être valable, doit déclarer spécialement la nature et la situation des immeubles.

2°. Il n'est pas besoin, en faisant connaître la nature et l'espèce des biens, de préciser chaque pièce et d'en indiquer les tenans et aboutissans. (Arrêt de la cour royale de Paris du 10 juillet 1810.) Mais il importe d'en exprimer le nombre, la contenance totale, et de désigner la commune où elles sont situées.

Un arrêt de la cour de cassation du 20 février 1810 s'exprime ainsi. « Attendu qu'il n'y a d'hypothèque vrai-
» ment spéciale que celle qui désigne, non-seulement la
» situation, mais encore la nature des immeubles affectés

» à cette hypothèque…. que Bertail s'est contenté d'énon-
» cer seulement, qu'il affectait tous ses biens présens,
» situés dans la commune de Saint-Genest, sans autre
» distinction, et qu'une semblable désignation n'indiquait
» pas, comme le voulait la loi, la nature des immeubles
» qu'il hypothéquait, d'où il suit que cette hypothèque
» n'était pas spéciale dans le sens de la loi…; que le sys-
» tème hypothécaire est de faire reposer l'hypothèque
» conventionnelle sur cette double base; savoir : la spé-
» cialité et la publicité, et de faire concourir simultané-
» ment l'une et l'autre, de manière que la spécialité est
» insuffisante, si elle n'est pas accompagnée de la publicité,
» comme la publicité est de nul effet, et doit être regardée
» comme non avenue, si elle n'est pas elle-même appuyée
» sur la spécialité. »

3°. C'est d'après ces principes que la cour royale de
Bordeaux a déclaré nulle, parce qu'elle n'indiquait ni
la nature, ni l'espèce des biens hypothéqués, une inscription prise sur un domaine, ou bien de campagne,
appelé *Beau*, « avec ses appartenances et dépendances,
» situé à…. Le pourvoi en cassation fut rejeté le 16 août
» 1815. »

4°. Mais on s'est moins attaché depuis, au sens littéral
de la loi; la cour de Riom a rendu, le 24 février 1816,
un arrêt ainsi conçu :

« Attendu que de la combinaison de plusieurs des
» dispositions des Codes civil et de procédure, et parti-
» culièrement de l'article 2183, n°. 1er. du Code civil,
» avec les articles 2129, 2148, § 5 du même code, il
» résulte que le législateur, lorsqu'il prescrit une dési-
» gnation spéciale d'immeubles, établit une différence
» entre les héritages pris isolément et en particulier, et
» une réunion d'héritages, qu'il prend et considère col-
» lectivement ;

» Attendu qu'il exige au premier cas, et pour remplir
» son but, la désignation de l'espèce et de la nature de

» chaque immeuble; et se contente, au second cas, pour
» remplir le même but, de la désignation générale de
» domaine (corps de ferme ou métairie), avec l'indi-
» cation de la situation ;

» Attendu, dans la réalité, que le débiteur qui con-
» stitue une hypothèque, et les tiers intéressés à connaître
» l'objet hypothéqué, sont aussi bien informés de l'objet,
» par la dénomination générale de domaine, avec indi-
» cation de situation, qu'ils pourraient l'être, relativement
» à un immeuble particulier, par le rappel de la nature et
» de l'espèce de cet immeuble, placé souvent au milieu
» d'un immense territoire ;

» Attendu, dans l'espèce de la cause, que le débiteur
» a, par le titre constitutif de l'hypothèque, déclaré af-
» fecter ses biens en général, et spécialement son domaine
» de Besse, situé au lieu de Besse, commune de Saint-
» Cirgues, arrondissement d'Aurillac, et que le créan-
» cier a calqué son inscription sur les termes et expres-
» sions mêmes, portés en l'acte qui lui a conféré l'hypo-
» thèque ;

» Attendu, dès lors, que Galvainy a suffisamment
» rempli le vœu de la loi sur la spécialité des hypothè-
» ques, etc. »

5°. La même cour a encore jugé, le 31 août 1816,
qu'une inscription prise sur tous les biens du débiteur,
et notamment sur ses propriétés, en maisons, prés et
terres, au terroir de la commune de....., était valide,
et que ces énonciations remplissaient le vœu de la loi.

6°. Celle de Grenoble, par un arrêt du 8 août 1817,
a également déclaré régulière, une inscription prise sur
les immeubles appartenant au débiteur, et situés dans la
commune de..... ; l'arrêt déclare, que si l'inscription
n'avait eu pour objet qu'une partie de ces biens, il eût
alors fallu les indiquer par leur nature et situation.

7°. Un autre arrêt, rendu par la même cour, au sujet
d'une inscription prise sur tous les biens du débiteur,

situés sur le territoire de la commune de......, a déclaré cette inscription valable, attendu qu'elle renfermait, sur l'espèce des biens hypothéqués, des renseignemens suffisans pour éclairer quiconque aurait voulu traiter avec le débiteur.

Le pourvoi contre cet arrêt fut rejeté le 6 mars 1820; la cour de cassation a considéré que, suivant l'arrêt, l'inscription dont il s'agit renfermait implicitement la mention prescrite par la loi, et qu'il était en outre certain, qu'aucun tiers n'avait pu être induit à erreur.

8°. L'inscription désigne suffisamment les immeubles, lorsqu'il y est dit que l'hypothèque est consentie sur un *bien* de tel endroit, composé de tant de domaines et d'une réserve, situés à ......; elle renferme, eu égard à l'acception du mot dans le canton, l'indication de l'espèce et de la situation des biens, voulue par la loi du 11 brumaire an 7. (Arrêt de la cour de cassation du 15 juin 1815, confirmatif d'un arrêt de la cour de Bordeaux.)

9°. Le mot *fermes*, employé dans une inscription, désigne suffisamment la nature et l'espèce de biens : « Attendu qe l'inscription prise par Guyot, conformé- » ment à son titre, sur les fermes de la Gadelière, sises » commune du même nom, désigne bien, et sans qu'il » soit besoin d'autre énonciation, les deux fermes appar- » tenantes à la veuve Dufour et à Charles Dufour; que » dans l'usage on entend par le mot ferme, une certaine » étendue de terres labourables et de prés et herbages » donnés à bail avec les bâtimens servant à leur exploita- » tion et à l'usage du preneur. » (Arrêt de la cour royale de Paris du 6 mars 1815.)

Le même arrêt décide que, par une raison contraire, la désignation de fermes ne comprend pas les bois, encore bien qu'ils se soient, de fait et par accident, trouvés compris au même bail que la ferme.

10°. Quand l'indication de la situation des biens laisse

quelques doutes, c'est à la prudence des juges qu'il appartient de décider si cette indication est valable. (Arrêt de la cour d'Aix du 13 novembre 1812.)

11°. Il n'est pas indispensable d'indiquer l'arrondissement dans lequel les immeubles sont situés ; il suffit que le nom de la commune, sur le territoire de laquelle ils existent, soit rappelé. (Arrêt de la cour de cassation du 9 novembre 1815.)

12°. Lorsque pour une hypothèque conventionnelle, postérieure à la loi du 11 brumaire an 7 , le notaire a omis de désigner dans l'acte la consistance et la situation des biens ; mais que, pour réparer cet oubli, le créancier présente un bordereau dans lequel la consistance et la situation se trouvent ; le conservateur peut-il refuser d'admettre le bordereau?

Le bordereau est l'analyse du titre qui lui sert de base ; s'il s'y trouve une stipulation qui ne soit pas dans le titre, elle devient l'ouvrage du créancier seul ; elle ne peut obliger le débiteur, et dès lors l'inscription n'est pas requise conformément à la loi. Le refus du conservateur serait donc fondé.

13°. Dans les lieux où l'hypothèque générale était admise, et n'aurait pas été restreinte par les conventions des parties, le créancier, dont le titre est antérieur à la loi du 11 brumaire an 7 , n'est point obligé de désigner la nature ni la situation des immeubles. (Loi du 11 brumaire an 7. Circulaire n°. 1986.) Un arrêt de la cour de cassation du 10 décembre 1813 a fait l'application de ce principe.

14°. Il n'est pas même besoin, pour être bonne, que l'inscription ait été requise dans le délai fixé par la loi du 11 brumaire an 7. (Autre arrêt de la même cour du 4 juillet 1815.)

15°. Mais excepté dans le cas d'hypothèque légale, toute inscription, pour être valable, doit être prise par le créancier pendant que l'immeuble est entre les mains de son débiteur, ou dans la quinzaine de la transcription. L'article 834 du Code de procédure est ainsi conçu : « Les » créanciers qui, ayant une hypothèque, aux termes des » articles 2123, 2127 et 2128 du Code civil, n'auront pas » fait inscrire leurs titres, antérieurement aux aliénations » qui seront faites à l'avenir, des immeubles hypothéqués, » ne seront reçus à requérir la mise aux enchères, con- » formément aux dispositions du chapitre VIII du titre XVIII » du Code civil, qu'en justifiant de l'inscription qu'ils » auront prise depuis l'acte translatif de propriété, et au » plus tard dans la quinzaine de la transcription de cet acte.

» Il en sera de même à l'égard des créanciers ayant pri- » vilége sur des immeubles, sans préjudice des autres » droits résultans aux vendeurs et aux héritiers, des ar- » ticles 2108 et 2109 du Code civil. »

Les bordereaux doivent-ils être signés ?

Les détails dans lesquels le législateur est entré, portent plusieurs personnes à croire que son intention n'a pas été d'exiger que les bordereaux fussent revêtus de la signature du requérant ; et elles se dispensent de remplir cette formalité (1).

---

(1) Cependant, lorsque l'on considère que le bordereau est une analyse du titre, et que cette analyse forme elle-même le titre qui lie réciproquement les parties et le conservateur, on est d'abord disposé à penser, que l'espèce d'engagement qui se contracte doit offrir une garantie réciproque : or on ne peut disconvenir que, quand un borde- reau n'est point signé, il ne soit très-facile ou de le remplacer, ou de le modifier de manière à couvrir les irrégularités qui auraient été commises en le transcrivant : à ce moyen le conservateur pourrait tou- jours éviter les effets de la responsabilité ; il ne serait jamais lié.

On objecte que le double bordereau, au pied duquel est portée la relation de l'inscription, rend tout changement impossible : cette objec- tion a peu de poids. Le double remis à la partie ne forme pas dans ses mains une preuve suffisante ; il y aurait eu trop d'inconvéniens à ad- mettre que ce double, qui est l'ouvrage du requérant, et dans le- quel le changement d'une seule lettre d'un nom rendrait valide une inscription nulle, pût être opposé au conservateur. Aussi résulte-t-il

CHAPITRE VIII.

Enregistremens des bordereaux et communications à faire du registre aux parties.

L'inscription est faite sur le registre, de suite, sans aucun blanc, ni interligne. (Art. 2203 du Code.)

1°. Le conservateur doit porter avec exactitude le con-

---

de la jurisprudence adoptée par la cour suprême, que le bordereau déposé au bureau est le seul qui doive faire titre au conservateur, pour prouver que toutes les énonciations y portées ont, ou non, été transcrites sur les registres : d'après cela, le bordereau qui n'est point signé peut compromettre les intérêts de la partie.

A son tour le conservateur est exposé à des dangers multipliés.

1°. Quand l'hypothèque se rattache à une créance antérieure à la loi du 11 brumaire an 7, il n'a pas le droit d'exiger la représentation du titre. Mais qui lui garantira que l'inscription qu'il fait n'a pas pour base un acte supposé, que le nom du créancier qui se présente par lui-même, ou par un tiers, est bien réel, que l'inscription n'est pas requise dans la seule vue de porter atteinte au crédit d'un tiers? Et qui le préservera alors de l'action que le prétendu débiteur pourrait lui intenter?

2°. Les mêmes dangers sont là pour les inscriptions légales : elles se font sans titre de créance et sans autre avance que celle du salaire et du timbre.

3°. Ils existent encore pour les inscriptions que les vendeurs peuvent prendre par suite d'une aliénation par acte sous seing privé enregistré, mais non transcrit, à l'effet de conserver leur privilége sur l'immeuble. Le privilége dans ce cas, est établi par la loi, et l'inscription n'a pas besoin d'être appuyée d'un acte authentique.

4°. Quand les bordereaux offrent, comme cela arrive fréquemment, des ratures, des surcharges, des mots interlignés, le conservateur ne doit-il pas craindre que ces changemens, qui sont quelquefois de la main d'un tiers, ne lui soient imputés ?

Il a donc des motifs majeurs pour mettre à couvert sa responsabilité, en exigeant la signature, et en faisant approuver les ratures, les surcharges et les interlignes.

5°. Lorsque l'acte d'après lequel on inscrit, a été passé en brevet, le conservateur n'a plus de garantie, puisque cet acte est entre les mains d'un tiers.

6°. D'un autre côté, la preuve négative que l'on voudrait trouver dans l'article 2148 du code, est susceptible de discussion et laisse au moins des doutes.

En effet, le législateur s'occupe de l'essence des bordereaux; il indi-

tenu au bordereau, parce qu'il demeure responsable des vices résultant d'une mauvaise analyse ; l'avis du conseil d'état du 26 décembre 1810 le lui prescrit. « Considé-
» rant qu'une transcription inexacte des bordereaux,
» remis au conservateur des hypothèques par un créan-
» cier requérant inscription, donne à celui-ci, s'il en a
» souffert quelque préjudice, une action en garantie
» contre le conservateur ; mais qu'à l'égard des tiers, la

---

que ce qu'ils doivent contenir ; il fixe les règles à suivre et étend sa prévoyance à celles des formes qui jusqu'alors étaient insolites. Mais il ne descend pas dans des détails superflus et qu'il a pu regarder comme inutiles. A-t-il dans un grand nombre de circonstances où il prescrit des formalités de rigueur, déterminé que les pièces seraient signées ? Cependant on ne serait pas admis à les présenter devant les tribunaux avant qu'elles le fussent : il faut donc convenir qu'il n'y a ici qu'une induction tirée du silence, et que cette induction n'est pas suffisamment concluante.

Les ministres, auxquels plusieurs questions ont été soumises sur les changemens de domicile et les subrogations, ont déterminé que les déclarans devaient signer sur les registres, et que s'ils ne savaient pas écrire, il était besoin d'un acte notarié. Une autre décision du 18 germinal an 10 autorise les conservateurs à se faire remettre les expéditions des procurations qui seraient produites pour les *inscriptions* de créances, leur radiation et les annotations de changement de domicile. Ces pièces sont nécessaires pour justifier dans tous les temps la régularité des opérations ; si les conservateurs ne les avaient pas, leur responsabilité pourrait être compromise (voir l'instruction générale, n°. 123). Les précautions autorisées par ces décisions ne doivent-elles pas convaincre qu'il est nécessaire de présenter des bordereaux revêtus de signatures ?

Ainsi, l'ordre public et les intérêts respectifs des conservateurs et des parties se réunissent pour déterminer à exiger que les bordereaux soient signés : si les individus ne savent pas écrire, la personne qui rédigera pourra signer. Des bordereaux de l'espèce n'ont pas, comme on l'a déjà annoncé, été trouvés irréguliers devant la cour de cassation.

Rédaction des bordereaux.

Les conservateurs et leurs commis se chargent assez fréquemment de rédiger ou faire rédiger les bordereaux des créances à inscrire. Cet usage qui a été critiqué dans divers départemens, offre des inconvéniens.

1°. Quand le bordereau est écrit par le conservateur ou par un com-

» valeur de l'inscription se réduit à ce qui a été transcrit
» sur le registre, parce que le registre est la seule pièce
» que les intéressés soient appelés à consulter, et que le
» créancier, qui a requis une inscription, a plus spécia-
» lement à s'imputer de n'avoir pas veillé à ce que la
» transcription soit exacte. »

Il est dès lors préférable, pour les conservateurs, de faire copier, au lieu d'analyser, les bordereaux.

2°. Dans le cas où il se trouverait quelque différence entre le bordereau et le registre, c'est au contenu du registre qu'on s'en rapporte. (Jugement du tribunal civil

---

mis, la responsabilité devient illusoire ; il est toujours facile de rendre le bordereau conforme au registre.

2°. Si ce bordereau présentait un vice, il n'est point douteux que le conservateur duquel il serait l'ouvrage, ne regrettât d'avoir compromis les intérêts de la partie, et ce regret, joint aux justes reproches qu'il aurait mérités, peut suggérer l'idée de quelque changement dans les écritures.

3°. Les émolumens que la rédaction procure peuvent donner au public l'opinion qu'il en résulte, soit des préférences, soit une plus grande promptitude dans l'accomplissement de la formalité.

4°. On admettrait aussi que des commis, pour avoir occasion d'en rédiger d'autres, auraient prétendu que les bordereaux présentés étaient irréguliers.

5°. Un autre abus présumé serait que, sur la simple remise du titre et avant que les bordereaux fussent écrits, on eût fait mention de la créance sur le registre des dépôts, ce qui procurerait au créancier une priorité d'hypothèque.

6°. Au surplus, l'arrêté du ministre des finances du 15 décembre 1820 est applicable aux conservateurs, comme aux autres préposés ; il porte :
« Considérant que ce partage de soins entre des travaux différens,
» lors même qu'ils ne seraient pas incompatibles, ne pourrait qu'être
» préjudiciable au service public ; considérant que, dans ce mélange,
» entre les mains des mêmes individus, des intérêts publics et des in-
» térêts privés, il est à craindre que les uns ne soient sacrifiés aux
» autres, et qu'il n'arrive, même involontairement, que plus de soins
» et de célérité, et d'autres préférences, ne soient accordés aux parti-
» culiers qui ont donné leurs pouvoirs à des employés de bureaux
» chargés de les diriger ; considérant que les plus graves abus pour-
» raient résulter de la tolérance d'un pareil état de choses, etc. » (*Instruction générale*, n°. 964.)

de la Seine du 18 février 1808. Arrêt de la cour de Paris du 31 août 1810.)

3°. Les parties ont donc le droit de veiller à ce que la transcription des bordereaux soit exactement faite : l'avis du conseil d'état les y autorise d'une manière assez explicite.

4°. L'hypothèque ne prend rang que par son inscription dans le registre ; dès lors le conservateur ne peut délivrer aux parties qui requerraient un état, copie des bordereaux qu'il détient. Il importe en conséquence que l'inscription ait lieu sans retard ; autrement le conservateur serait exposé à des dommages et intérêts et à une amende de 200 fr. à 1,000 fr. (Articles 2199 et 2202 du Code civil.)

5°. Le double du bordereau reste entre les mains du préposé, qui l'émarge du numéro du volume, et de celui de l'inscription ; il le place selon son ordre dans des cartons et le conserve avec soin. (Circulaire n°. 1539.)

CHAPITRE IX.

Des Inscriptions.

Les inscriptions sont déterminées ou indéfinies ; on doit les requérir contre les débiteurs directs ; elles ne peuvent, excepté dans certaines circonstances, être cumulatives.

§ 1er. *Nature des inscriptions.*

1°. L'inscription déterminée est celle qui se rapporte à des créances liquides, à des droits certains et qui ne sont pas subordonnés à un événement : sa valeur est indiquée dans les bordereaux, telle que le titre l'exprime, ou par une évaluation que les parties sont tenues de faire.

2°. L'inscription indéfinie a pour objet des droits non ouverts, non déterminés, ou qui dépendent de l'arrivée d'un événement ; la créance n'est point encore existante. (Circulaire n°. 1676.)

3°. Sont rangées dans la classe des inscriptions indéfinies :

1°. Celles au profit des femmes, des mineurs, des interdits, du trésor, pour la conservation de leurs droits éventuels et non liquidés : quoique la dot ait été constituée en argent ou en objets mobiliers dont la valeur est fixée par le contrat de mariage, et qu'alors la créance soit déterminée et le droit de la femme bien défini, l'exercice de ce droit n'en est pas moins subordonné à l'événement. (Instruc. génér. n°. 374.)

2°. Celle requise en exécution de l'article 500 du Code de procédure, sur les immeubles du failli par les agens ou syndics de la faillite. (Instruc. génér. n°. 409.)

3°. Celle du cautionnement des préposés de la direction générale des droits indirects. (Instruction générale n°. 383.)

4°. Celle prise en garantie, pour le cas d'éviction, par l'acquéreur contre son vendeur. (Instruction générale n°. 487.)

5°. L'inscription indéfinie, ne donnant ouverture à aucun droit actuel, le registre des dépôts est émargé de ces mots : *Inscription indéfinie*. (Circulaire n°. 1676.)

§ 2. *Les inscriptions doivent être prises contre les débiteurs directs.*

1°. Le créancier ne doit connaître que son débiteur direct et primordial ; le décès de celui-ci n'empêche pas d'inscrire, puisque l'inscription peut être prise sous la simple dénomination du défunt. (Art. 2149 du Code.)

2°. Il lui est loisible de remplir la formalité contre les héritiers ; mais s'il veut faire inscrire directement contre eux, et non contre la succession, il faut qu'il les désigne.

3°. Il arrive fréquemment qu'un débiteur est substitué à un autre par des arrangemens particuliers, par des ventes, échanges, etc. Si le créancier, qui n'a pas accordé son consentement, voulait inscrire à la fois contre le débiteur primitif et contre celui substitué, il devrait représenter le titre authentique qui lie le débiteur substitué : il ne suffirait pas d'une justification de pièces informes; le conservateur ne pourrait y avoir égard.

4°. Quand la délégation n'est point parfaite, n'est point acceptée, le créancier se compromettrait si, apprenant que la propriété, sur laquelle repose son hypothèque, a été vendue, il requérait inscription contre l'acquéreur, il contreviendrait à la loi; le mot *débiteur* est placé dans le n°. 2 de l'article 2148 du Code, par opposition à celui de *créancier*; cette expression, désigne sans équivoque celui qui a traité avec le créancier, celui qui a créé la dette et l'hypothèque, en un mot le débiteur direct et originaire; les dispositions de la loi n'admettent aucune exception et excluent par conséquent l'idée que l'inscription puisse être valablement prise à la charge du tiers acquéreur, ou tiers détenteur de l'immeuble hypothéqué. (Arrêt de la cour de cassation du 27 mai 1816.)

5°. Un autre arrêt, du 8 juin 1819, décide que l'acquéreur qui s'est obligé de purger d'hypothèques l'immeuble vendu, n'est pas, par cette stipulation, personnellement engagé envers les créanciers hypothécaires.

C'est donc contre le débiteur direct que l'inscription doit être prise.

6°. En vertu de l'article 1166 du Code civil, le créancier peut exercer les droits de son débiteur et requérir, au nom et par représentation de celui-ci, les inscriptions nécessaires à la conservation des mêmes droits; mais il n'a ni la faculté de subroger, ni celle de faire radier.

7°. L'inscription que prend un usufruitier, en ses seuls nom et qualité, se rapporte exclusivement à l'usufruit, et ne conserve point les droits de la nue propriété. (Arrêt de la cour de cassation du 4 frimaire an 14.)

§ 3. *De la validité des inscriptions.*

Il faut, pour la validité d'une inscription, que celle-ci soit requise, ou pendant que l'immeuble est entre les mains du débiteur, ou au plus tard dans la quinzaine de la transcription du titre qui fait sortir la propriété des mains, soit du débiteur, soit de ses acquéreurs.

1°. Les priviléges ne produisent d'effet, à l'égard des immeubles, qu'autant « qu'ils sont rendus publics par » l'inscription sur le registre du conservateur des hypo- » thèques, de la manière déterminée par la loi » (article 2106 du Code civil); d'où il suit évidemment, qu'à défaut d'inscription dans les temps et selon les formes que la loi prescrit, le privilége ou l'hypothèque est éteint.

2°. Suivant le même Code, l'inscription, pour être valable devait être prise par le créancier dans le temps que l'immeuble était entre les mains de son débiteur ; faite postérieurement à l'aliénation de l'immeuble, elle était nulle, soit que l'acte de mutation eût été transcrit, soit qu'il ne l'eût pas été. (Arrêt de la cour de cassation du 13 décembre 1814.)

3°. L'article 834 du Code de procédure a innové à cette règle, en autorisant le créancier à s'inscrire, même après l'aliénation de l'immeuble hypothéqué ; mais à la charge expresse que l'inscription sera faite avant la transcription de l'acte d'aliénation, ou au plus tard quinze jours après.

4°. Il importe dès lors, pour la validité d'une inscription, que celle-ci soit requise pendant que le débiteur est encore hypothécairement connu comme propriétaire, ou, au plus tard, dans les quinze jours de la transcription du contrat qui a fait sortir l'immeuble de ses mains.

5°. Ce principe est encore le même, quoique l'acte d'aliénation par le débiteur ne soit pas transcrit, si l'acquéreur a ensuite revendu l'immeuble à un tiers qui a fait transcrire. La transcription du second contrat a suffisamment arrêté le cours des inscriptions ; l'article 2181 du Code n'impose, à celui qui veut purger un immeuble, que l'obligation de transcrire le contrat qui l'a personnellement rendu propriétaire ; on ne peut exiger de lui qu'il fasse transcrire tous les actes antérieurs qui ne l'auraient pas été. Tel est le sens manifeste de cet article, sens clairement expliqué d'ailleurs, par les n°s. 1 et 2 de l'article 2183. (Même arrêt du 13 décembre 1814.)

§ 4. *Inscriptions requises cumulativement par plusieurs créanciers, ou sur plusieurs débiteurs.*

1°. Il ne faut qu'une seule inscription, quel que soit le nombre des créanciers, lorsqu'il y a unité de droits, et quel que soit celui des débiteurs, lorsqu'ils sont solidaires.

2°. Mais s'il résultait d'un titre qu'un créancier a hypothèque sur plusieurs individus non solidaires, ou que plusieurs créanciers ont des créances distinctes sur un débiteur commun, il faudrait alors une inscription particulière pour chaque créancier ou sur chaque débiteur ; il n'existerait plus d'unité de créance, ni d'obligation solidaire : dans ce cas il y aurait lieu à la pluralité de droits et de salaires ; chaque inscription qu'on n'aurait pas la faculté de réunir en une seule devant son droit particulier. (Lettre du ministre des finances du 16 floréal an 7. Circulaire n°. 1571.) (1).

3°. Plusieurs obligations consenties par une même personne, au profit du même créancier, peuvent, être inscrites par un seul bordereau. (Décision du ministre des finances du 12 janvier 1813.) On a même la faculté d'y comprendre les arrérages antérieurs à ceux conservés.

---

(1) Il résulte évidemment de cette décision, que les conservateurs doivent exiger autant de bordereaux qu'il y a de créances distinctes.

4°. L'inscription requise, conformément à l'article 524 du Code de commerce, en vertu d'un concordat homologué, est faite au nom de la généralité des créanciers : elle est collective ; quoique dérivant de titres divers, les créances ne forment qu'un ; il n'existe plus qu'un titre : chacun des intéressés devient co-créancier ; l'on ne peut diviser l'inscription.

CHAPITRE X.

Des hypothèques légales.

Au profit 1°. des femmes ; 2°. des mineurs et interdits ; 3°. du gouvernement sur les comptables ; 4°. du trésor de la couronne ; 5°. des communes et des établissemens publics.

§ 1er. *Au profit des femmes.*

1°. L'hypothèque existe indépendamment de toute inscription au profit des femmes, pour raison de leurs conventions matrimoniales, sur les immeubles de leur mari, et à compter du jour de leur mariage. (Article 2135 du Code.)

Toutefois elle ne prend date, pour les sommes dotales provenant de successions à elles échues, ou de donations à elles faites pendant le mariage, qu'à compter de l'ouverture des successions, ou du jour que les donations ont leur effet. (Même article.)

Enfin l'hypothèque pour l'indemnité des dettes contractées avec le mari, et pour le remploi des propres aliénés, n'a lieu qu'à partir du jour de l'obligation ou de la vente. (Même article.)

2°. Ces dispositions ne portent aucun préjudice aux droits acquis à des tiers, avant la promulgation de la loi. (Même article.)

3°. La femme, devenue veuve, conserve son droit d'hypothèque légale : il ne lui est fixé aucun délai particulier pour prendre inscription. (Avis du conseil d'état du 8 mai 1812. Instruct. génér. n°. 585.) Ses héritiers ont le même droit.

4°. Plusieurs arrêts avaient statué que l'hypothèque légale n'est accordée que dans les cas spécifiés par la loi, et que dans les autres circonstances la femme n'en jouit plus et devient soumise aux règles ordinaires : la cour royale de Grenoble a décidé, le 18 juillet 1814, pour la créance paraphernale d'une femme, que l'inscription ne prenait rang que du jour où elle avait été requise contre le mari.

Un autre arrêt de la même cour, du 24 août 1814, porte, que la femme n'étant dispensée de s'inscrire que pour sa dot et pour les sommes résultant de ses conventions matrimoniales, elle est obligée, pour la conservation du surplus de ses droits et répétitions, de requérir inscription sur les biens de son mari.

Un troisième arrêt de la cour de Toulouse, du 6 juin 1816, contient les mêmes dispositions.

5°. La cour royale d'Aix a encore décidé que la femme, quoique mariée sous le régime dotal, n'avait pas hypothèque légale dispensée de l'inscription, pour les sommes dont elle est créancière envers son mari par suite de la gestion de biens paraphernaux. (Arrêt du 19 août 1813.)

6°. Mais la cour de Riom, dans un arrêt du 19 août 1817, a établi d'autres principes.

Elle rappelle que lors de la discussion du Code il a été reconnu 1°. que la sûreté de la femme était préférable à celle des acquéreurs et prêteurs du mari; 2°. que la loi devait s'interposer pour ceux qui n'ont pas la capacité ou la liberté de veiller à la conservation de leurs droits. Qu'ainsi il ne saurait y avoir lieu, sous l'empire du Code, en ce qui concerne les hypothèques des femmes, de distinguer, savoir, sous le régime de la communauté, entre les biens réservés à la femme par une clause de séparation de biens et ceux non réservés : sous le régime dotal, entre ceux constitués en dot et ceux réservés comme paraphernaux ou extra-dotaux. Que si, par l'effet d'une clause expresse ou tacite de séparation de biens ou de paraphernalité, la femme retient et conserve la liberté, l'usage de ses droits, sous le rapport de la jouissance et de l'administration, elle reste au moins soumise à l'autorité du mari lorsqu'il s'agit d'actes tendant à l'aliénation de ces biens réservés ou paraphernaux. Qu'elle ne saurait dès lors, et pour ces biens mêmes, être mise à l'instar des créanciers ordinaires du mari, confondue avec eux, et enfin être réputée libre comme eux de prendre à son gré, contre son mari, les précautions, les sûretés qu'exigeraient ses intérêts, lorsque sous l'influence du mari, et même spontanément, elle a consenti la vente d'un propre ou d'un paraphernal.

Que si les lumières de la simple raison conduisent à repousser l'assimilation de la femme aux créanciers ordinaires, si elles repoussent surtout la nécessité d'un acte qui tendrait souvent à compromettre ou troubler la confiance et l'harmonie entre les époux, le législateur, d'après l'ensemble des dispositions de l'article 2193 du Code, ensemble fortifié de la combinaison de cet article avec les articles 2121, 2140, 2144, 2193 et 2195, paraît lui-même avoir senti la nécessité de ne confondre en aucun cas la femme avec les créanciers ordinaires, de ne point la soumettre à la formalité de l'inscription et de lui donner une dispense absolue. Que la disposition de l'article 2135 doit d'autant mieux paraître absolue et s'appliquer à la généralité des droits et reprises de la femme, qu'à côté du principe tendant à dispenser la femme de s'inscrire pour obtenir l'effet de l'hypothèque légale conservée par l'article 2121, le législateur, dans ce même article 2135, a posé les modifications dont il le croyait susceptible et les a concentrées dans un objet unique, celui de nuancer et d'expliquer les rangs qu'aurait la femme, pour son hypothèque légale, selon qu'il s'agirait de choses apportées par le contrat de mariage, de choses obvenues depuis, ou bien d'indemnités pour défaut d'emploi des propres aliénés, etc.

7°. Cette divergence d'opinions entre plusieurs cours royales laissait des incertitudes pénibles; le principe vient enfin d'être fixé : par un arrêt du 13 juin 1822 la cour de cassation, section des requêtes, en adoptant les motifs de la cour de Riom, a statué que la loi attribue l'hypothèque légale, sans inscription, à toutes les créances que les femmes, mariées sous le régime dotal, peuvent avoir sur leurs maris.

8°. La cour de cassation a décidé, le 4 janvier 1815, que l'hypothèque légale n'est acquise à la femme, pour des remboursemens qui lui appartiennent et qui ont été faits à son mari, que du jour de ces remboursemens et non du jour du mariage.

9°. L'article 2135 du Code civil, qui n'accorde aux femmes, pour le remploi de leurs propres aliénés, qu'une hypothèque à compter du jour de la vente, n'est point applicable à celles mariées antérieurement à sa publication, encore bien que les aliénations aient été faites depuis. En conséquence, l'hypothèque remonte au jour du mariage, si telle était la disposition du statut sous lequel le mariage a été contracté. La femme aurait, il est vrai, pu perdre son rang et son droit hypothécaire en négligeant de se conformer à la loi du 11 brumaire an 7 ; les créanciers qui eussent fait inscrire pendant la durée de cette loi l'auraient primée ; mais quand il n'y a eu aucune inscription par des tiers, la loi de brumaire n'a pu porter atteinte aux droits de la femme : ces droits sont restés intacts, et le Code civil, qui ne dispose que pour l'avenir, n'a pu les lui enlever. (Arrêt de la cour de cassation du 10 février 1817.)

10°. Elle a, pour le montant de sa dot, une hypothèque sur les biens de son mari à compter du jour de la publication du Code civil, lorsque le mariage y est antérieur, bien que les quittances de cette dot aient été faites sous signature privée ; il faut toutefois qu'elles ne présentent aucun indice de dol et de fraude. (Arrêt de la cour de cassation du 16 juillet 1817.)

11°. Aux termes de l'article 1446 du Code civil, le créancier d'une femme, dont le mari est en faillite ou en déconfiture, peut exercer les droits de cette femme, encore bien qu'il n'y ait pas de séparation entre elle et son mari. (Arrêt de la cour de cassation du 14 janvier 1817.)

12°. La femme, en vendant solidairement avec son mari, un immeuble appartenant à celui-ci, n'a renoncé qu'en faveur de l'acquéreur seul, à l'hypothèque légale qu'elle avait sur l'immeuble ; les autres créanciers du mari ne peuvent se prévaloir de cette renonciation. (Même arrêt.)

13°. Quand, sous l'empire de la communauté, la femme s'est obligée solidairement avec son mari, ou lorsqu'elle a garanti une aliénation faite par celui-ci, elle ne peut exercer son hypothèque légale au préjudice du tiers envers lequel elle s'est obligée. (Arrêts de la cour de cassation du 12 février 1811 ; autres de la cour de Paris des 11 mars 1813 et 27 juillet 1816.)

14°. La femme, et par suite ses héritiers, ne peuvent profiter du bénéfice de l'hypothèque légale, si le mariage n'a point eu d'existence sous l'empire du Code civil. (Arrêt de la cour de cassation du 9 novembre 1813.)

15°. Lorsque le mariage a été contracté sous l'influence du régime dotal, la femme ne peut renoncer directement ou indirectement à son hypothèque : cette renonciation serait une aliénation du fonds dotal, et une telle aliénation est proscrite par l'article 1554 du Code civil.

16°. La femme, mariée sous la loi ancienne et qui n'est devenue veuve qu'après la promulgation du Code civil, a, à partir de cette promulgation, une hypothèque légale dispensée de toute inscription pour le remploi de ses propres aliénés, soit sous l'empire d'une loi qui ne lui en accordait pas, soit pendant l'existence de celle du 11 brumaire an 7. (Arrêt de la cour de cassation du 8 novembre 1809.)

17°. L'action hypothécaire, que la loi accorde à la femme pour la restitution de sa dot, contre les tiers détenteurs des biens vendus par son mari, est imprescriptible durant le mariage, malgré la séparation de biens, parce que l'action que cette femme exercerait contre les tiers réfléchirait contre le mari. (Arrêt de la cour de cassation du 24 juin 1817.)

18°. L'hypothèque légale de la femme mariée en communauté avant le Code civil, peut, suivant le droit commun de la France, être exercée sur les conquêts de communauté aliénés par le mari, sans le concours de la femme, avant que cette communauté fût dissoute. (Arrêt de la cour d'Orléans du 14 novembre 1817. Autre de la cour de cassation du 8 novembre 1813.)

19°. Cette hypothèque ne peut être contestée à la femme qui renonce à la communauté : en cas de renonciation, les conquêts sont légalement affectés à l'hypothèque légale de la femme; ils n'en sont exceptés par aucune loi. (Arrêt de la cour de cassation du 9 novembre 1819.)

20°. La femme n'a point d'hypothèque légale sur les immeubles appartenant à une société de commerce dont son mari fait partie. (Arrêt de la cour royale de Paris du 25 mars 1811.)

21°. Elle a le droit de faire inscrire elle-même son hypothèque légale (art. 2139 du Code); elle peut également, quoique sous puissance de mari, requérir toutes autres inscriptions dans ses intérêts personnels, parce qu'il suffit pour cela, d'avoir une capacité passive. (Arrêt de la cour royale de Paris du 31 août 1810.)

22°. La femme, devenue veuve avant la promulgation du Code civil, a dû prendre inscription pour conserver

son hypothèque ; la loi du 11 brumaire an 7 ne l'en dispensait pas.

« Considérant qu'aux termes de l'art. 2134 du Code
» civil, l'hypothèque, soit légale, soit judiciaire, soit con-
» ventionnelle, n'a rang que du jour de l'inscription ;

» Que l'art. 2135 ne fait exception à cette règle géné-
» rale, qu'en faveur des femmes qui, à l'époque de la pro-
» mulgation de la loi, étaient mariées ;

» Qu'il n'est pas applicable aux femmes qui, étant
» veuves lorsque le Code civil a été publié, avaient le
» libre exercice de leurs droits, et devaient par consé-
» quent, comme tous les autres créanciers hypothécaires,
» prendre une inscription pour la conservation de leur
» hypothèque. » (Arrêt de la cour de cassation du 20 mai
1817.) Deux arrêts, l'un de la cour royale de Paris du
23 janvier 1810 ; l'autre de celle de cassation du 17 avril
1813, avaient déjà établi le même principe.

23°. D'après l'article 2140 du Code, on peut, par des
conventions matrimoniales entre majeurs, stipuler qu'il
ne sera pris d'inscription que sur un ou sur certains
immeubles du mari, et alors les autres immeubles sont
affranchis de l'hypothèque pour la dot de la femme, pour
ses reprises et conventions matrimoniales.

24°. Lorsqu'il a été pris une inscription pour l'hypothèque légale de la femme, il n'est pas besoin d'en requérir de nouvelles au fur et à mesure que de nouveaux biens
viennent à échoir au mari dans le même arrondissement ;
l'inscription originaire, tant qu'elle n'est pas prescrite,
frappe sur lesdits biens, au moment même ou le mari en
devient propriétaire.

Ce principe, qui est établi par un arrêt de la cour
royale de Rouen du 22 mai 1818, résulte de l'art. 2122
du Code et s'applique aux hypothèques légales comme à
celles judiciaires.

25°. Le mari est tenu de rendre publique l'hypothèque
qui grève ses biens, et de requérir lui-même une inscrip-

tion : il serait réputé stellionataire et contraignable par corps , si n'ayant pas rempli cette formalité, il consentait ou laissait prendre des priviléges ou des hypothèques sur ses immeubles , sans déclarer expressément que ceux-ci sont affectés à l'hypothèque légale de la femme.

A défaut par lui de faire faire l'inscription , elle sera requise par le procureur du roi; enfin les parens du mari, ceux de la femme, et celle-ci, peuvent également la requérir.

Ces dispositions, qui résultent des articles 2136, 2138 et 2139 du Code , ne sont pas tellement impératives qu'il faille toujours requérir des inscriptions : on voit d'abord que le mari , plus spécialement obligé à l'accomplissement des formes , ne s'expose à aucun danger , s'il ne consent et ne laisse prendre aucune hypothèque sur ses biens , et en second lieu , qu'il peut en consentir, en déclarant expressément que les immeubles sont déjà affectés à l'hypothèque légale de la femme.

On remarque ensuite que le droit accordé au ministère public , à la femme, à ses parens et à ceux du mari , est facultatif et ne doit pas être indistinctement exercé.

Voici , à ce sujet, l'opinion émise par le ministre de la justice, dans une circulaire du 15 septembre 1806 à MM. les procureurs du roi.

« Quelques procureurs du roi se sont persuadés , mes-
» sieurs, qu'ils devaient indistinctement et sans nul exa-
» men , prendre d'office des inscriptions hypothécaires
» sur les immeubles des maris , pour la conservation des
» dots, reprises et conventions matrimoniales des femmes ;
» d'autres , sans porter aussi loin leur sollicitude , se sont
» fait une loi de requérir ces inscriptions, toutes les fois
» que le contrat de vente d'un immeuble, appartenant à
» un mari, est déposé au greffe par l'acquéreur , pour
» purger les hypothèques légales.

» Ces deux systèmes, également contraires au texte et à
» l'esprit de la loi , portent atteinte à la foi des contrats

» et au libre exercice du droit de propriété ; il importe,
» en conséquence, de les réformer, en rappelant à la
» stricte observation de la règle ceux qui l'ont outre-
» passée par un excès de zèle.

» En chargeant le ministère public de requérir d'office
» des inscriptions hypothécaires sur les biens des maris,
» soit pour la garantie publique, soit pour la conserva-
» tion des droits des femmes, la loi n'a eu pour but que
» de suppléer à la négligence ou à l'inaction de ceux qui
» doivent, ou qui peuvent prendre ces inscriptions ; c'est
» ce qui résulte des dispositions textuelles des articles
» 2138, 2139 et 2194 du Code civil.

» L'intervention du ministère public, dans les cas
» dont il s'agit, est donc purement subsidiaire et subor-
» donnée au plus ou moins de diligence des parties ; mais
» il importe surtout qu'il n'intervienne qu'en parfaite
» connaissance de cause, et qu'après s'être assuré qu'il y
» a lieu de prendre inscription, afin de ne point exposer
» les époux à des frais frustratoires, et les tiers qui au-
» raient légitimement contracté avec eux, à de vaines dif-
» ficultés et à des lenteurs préjudiciables.

» Ce serait, par exemple, embarrasser fort mal à pro-
» pos les parties contractantes, de requérir d'office des
» inscriptions hypothécaires au profit de la femme sur des
» immeubles qui auraient été affranchis de l'hypothèque
» légale, en vertu des articles 2140 ou 2144 du Code civil.

» L'inscription d'office aurait le même résultat toutes
» les fois que la femme s'est obligée, solidairement avec
» son mari, dans les termes de la loi : tenue, comme tout
» autre, des obligations qu'elle a valablement contractées,
» et par conséquent obligée, comme venderesse solidaire,
» de garantir l'acquéreur de toute éviction qui pourrait
» être provoquée contre lui par des tiers, n'impliquerait-
» il pas contradiction qu'on pût prendre en son nom des
» inscriptions qui tendissent à inquiéter et même à dé
» pouiller cet acquéreur ?

» Le procureur du roi ne doit donc prendre inscrip-
» tion au profit de la femme, qu'après avoir bien constaté
» qu'elle a le droit de se prévaloir de son hypothèque
» légale contre l'acquéreur.

» Dans cette instruction, j'ai particulièrement consi-
» déré le régime de la communauté, qui laisse aux époux
» la liberté de s'obliger et d'aliéner leurs biens pour le
» plus grand avantage de la société conjugale. Sous le
» régime dotal, où les immeubles dotaux ne peuvent être
» aliénés que pour les causes et dans les circonstances
» déterminées par la loi, et où d'ailleurs les intérêts des
» époux ne se confondent point comme dans la commu-
» nauté, la femme a plus rarement occasion de s'obliger
» avec son mari ; mais lorsque le cas se présente, le pro-
» cureur du roi doit suivre la même marche qu'à l'égard
» des femmes communes en biens.

» Je vous recommande, messieurs, en vous pénétrant
» de ces principes, de vous conformer exactement, cha-
» cun en ce qui vous concerne, à la règle qui vous est
» tracée par la loi elle-même, et sur laquelle j'ai cru né-
» cessaire de fixer votre attention. »

Cette instruction peut servir de guide à la femme, à
ses parens et à ceux du mari ; elle leur indique les précautions qu'ils doivent prendre avant de frapper d'inscription les biens du mari et de lui interdire, en quelque sorte,
l'exercice du droit de propriété.

26°. L'hypothèque légale de la femme grève non-seulement les biens présens et à venir du mari, elle atteint
encore les conquêts par lui vendus durant la communauté.
(Arrêt de la cour royale d'Orléans du 14 novembre 1817.)

27°. La renonciation qu'elle fait à cette communauté,
en se séparant de son mari, ne l'empêche point d'exercer
son hypothèque sur les conquêts aliénés par celui-ci avant
la dissolution, à moins que les acquéreurs n'aient purgé
par les voies légales. (Arrêt de la cour de cassation du
9 novembre 1819.)

28°. Quoiqu'aux termes du règlement de 1600 . les femmes normandes , dont le contrat de mariage était sous seing privé, n'aient pas d'hypothèque sur les biens de leur mari , pour l'assurance de leurs apports mobiliers, elles ont, depuis la promulgation des articles 2121 et 2135 du Code civil, une hypothèque légale et indépendante de l'inscription pour ces apports ; mais elle ne remonte qu'au jour de la promulgation , et ne peut ni nuire , ni préjudicier aux droits antérieurement acquis à des tiers. (Arrêt de la cour de Caen du 4 mai 1814. Même arrêt de la cour de cassation du 1er. février 1816.)

29°. La femme mineure ne peut valablement, par contrat de mariage , consentir à la restriction de son hypothèque légale sur les biens du mari ; l'article 2140 du Code n'accorde cette faculté qu'à la femme majeure ; les dispositions spéciales, tenant à l'ordre public et consacrées par la loi, doivent prévaloir sur les principes généraux destinés à régler le sort des conventions ordinaires. (Arrêt de la cour de cassation du 19 juillet 1820.)

30°. Une étrangère qui a épousé , en pays étranger, un mari devenu Français , jouit de l'hypothèque légale. (Arrêt de la cour de Paris du 17 juin 1815.)

§ 2. *Au profit des mineurs et interdits.*

1°. « L'hypothèque existe indépendamment de toute » inscription au profit des mineurs et interdits sur les » immeubles appartenant à leur tuteur , à raison de sa » gestion , du jour de l'acceptation de la tutelle. » (Article 2135 du Code.)

2°. Le mineur qui , à l'époque de la promulgation du Code était devenu majeur, mais auquel il n'avait pas encore été rendu compte de la tutelle , n'a pas sur les biens de son tuteur l'hypothèque dont il s'agit. (Arrêt de la cour de cassation du 14 avril 1816.)

3°. Si la minorité n'avait cessé que depuis la publication du Code , le mineur aurait une hypothèque légale à partir de cette publication ; son hypothèque, quoique née sous l'empire de la loi du 11 brumaire an 7, existerait sans inscription. (Arrêt de la cour de cassation du 12 mars 1811.)

4°. Quand l'hypothèque légale d'un mineur remonte à une date antérieure à la loi de brumaire, et que pendant la durée de cette loi les créanciers n'ont requis aucune inscription, cette hypothèque ne peut plus être primée par des inscriptions postérieures à la promulgation du Code ; elle a une existence légale indépendante de la formalité : le Code l'a fait revivre à son rang primitif. (Arrêt de la cour de Colmar du 22 mars 1816.)

5°. Comme le mari, le tuteur est obligé de rendre publique l'hypothèque légale qui grève ses biens et de la faire inscrire ; il doit, sous peine d'être réputé stellionataire, la déclarer expressément, avant d'en consentir ou laisser prendre d'autres.

Le subrogé tuteur est tenu, par l'article 2137, d'y veiller sous sa responsabilité personnelle et à peine de tous dommages et intérêts ; il doit même faire faire l'inscription. Enfin le ministère public, les parens, et à défaut les amis du mineur, et le mineur lui-même, peuvent la requérir.

6°. Le mineur devenu majeur, et ses héritiers, en cas de décès, jouissent toujours de l'hypothèque légale : il ne leur est assigné aucun délai particulier pour la faire inscrire.

7°. Lorsque les parens, en conseil de famille, auront été d'avis qu'il ne soit pris d'inscription que sur certains immeubles, les autres biens resteront libres. (Art. 2140 et 2141 du Code.)

8°. L'inscription, tant qu'elle n'est pas prescrite, frappe les biens à mesure qu'ils viennent à échoir au tuteur.

9°. Il importe, pour ne pas grever légèrement et sans examen les biens du tuteur, qui déjà a beaucoup d'obligations à remplir gratuitement, de consulter l'instruction ministérielle rappelée au n°. 25 du précédent paragraphe.

10°. La cour royale de Paris avait décidé, le 10 août 1816, que le mineur, habile à contracter mariage, quand il était assisté, dans le contrat, des personnes dont le consentement est nécessaire pour la validité du mariage, pouvait y stipuler toutes les conventions permises au majeur, telles que donation et restriction d'hypothèque légale; mais la cour de cassation, par l'arrêt rappelé au n°. 29 du précédent paragraphe, a établi une jurisprudence contraire. La faculté de restreindre l'hypothèque légale n'est accordée qu'à la femme majeure.

11°. Un arrêt de la cour de cassation, du 3 décembre 1821, a décidé que le mineur n'avait pas d'hypothèque légale sur les biens de son père, pour sûreté de l'administration que celui-ci avait eue, pendant le mariage, des biens personnels dudit mineur. La cour s'est fondée sur ce que l'hypothèque légale étant une mesure spéciale, on ne peut l'étendre au delà des cas prévus par la loi. Les articles 2121 et 2135 du Code déterminent que c'est sur les biens du tuteur que les mineurs exercent cette hypothèque; suivant l'article 389 du même Code, le père n'est que l'administrateur des biens personnels de ses enfans. Enfin, l'article 390 porte que la tutelle n'a lieu qu'après la dissolution du mariage, et jusque-là, les droits du mineur se réduisent à une action personnelle contre son père.

§. 3. *Au profit du gouvernement.*

1°. Le gouvernement a une hypothèque légale sur les biens des receveurs et administrateurs comptables (article 2121 du Code); mais cette hypothèque n'existe pas indépendamment de l'inscription.

2°. L'article 2098 ayant déterminé que le privilége, à raison des droits du trésor, et l'ordre dans lequel il s'exerce, sont réglés par les lois qui le concernent, il a été rendu, le 5 septembre 1807, un décret qui fixe la nature, l'étendue du privilége, et qui prescrit les formalités à remplir par le conservateur.

Les articles 2 et 3, relatifs aux meubles et aux fonds de cautionnement portent : « Le privilége du trésor » public a lieu sur tous les meubles des comptables, » même à l'égard des femmes séparées de biens, pour » les meubles trouvés dans l'habitation du mari, à moins » qu'elles ne justifient légalement que lesdits meubles » leur sont échus de leur chef, ou que les deniers em- » ployés à l'acquisition leur appartenaient : il ne s'exerce » cependant qu'après ceux généraux (1) et particuliers (2), » énoncés aux articles 2101 et 2102 du Code civil.

» Il s'exerce conformément aux lois sur les fonds du » cautionnement. »

Privilége sur les immeubles.

ART. 4. « Le privilége du trésor public a lieu,

1°. » Sur les immeubles acquis à titre onéreux par les » comptables, postérieurement à leur nomination;

» 2°. Sur ceux acquis au même titre et depuis cette » nomination, par leurs femmes, mêmes séparées de » biens.

» Sont exceptées néanmoins, les acquisitions à titre » onéreux faites par les femmes, lorsqu'il sera légale- » ment justifié que les deniers employés à l'acquisition, » leur appartenaient.

ART. 5. » Le privilége du trésor, mentionné en l'art. 4

---

(1) Ceux généraux sont les frais de justice, les frais funéraires, ceux de la dernière maladie, les salaires des gens de service, et les fournitures de subsistances.

(2) Ceux particuliers sont les loyers, la créance sur gage, les frais faits pour la conservation de la chose, le prix d'effets mobiliers non payés, les fournitures d'auberge sur les effets du voyageur, les frais de voiture et les créances résultant d'abus commis dans l'exercice de fonctions publiques.

» ci-dessus, a lieu conformément aux articles 2106 et
» 2113 du Code civil, à la charge d'une inscription qui
» doit être faite dans les deux mois de l'acte translatif de
» propriété (1).

» En aucun cas il ne peut préjudicier,

1°. » Aux créanciers privilégiés, désignés dans l'arti-
» cle 2103 du Code civil, lorsqu'ils auront rempli les
» formalités prescrites pour obtenir privilége (2);

2°. » Aux créanciers désignés aux articles 2101, 2104
» et 2105 du Code civil, dans le cas prévu par le der-
» nier de ces articles (3);

3°. » Aux créanciers du précédent propriétaire qui au-
» raient, sur le bien acquis, des hypothèques légales
» indépendantes de l'inscription, ou toute autre hypo-
» thèque valablement inscrite.

Art. 6. » A l'égard des immeubles des comptables qui
» leur appartenaient avant leur nomination, le trésor
» public a une hypothèque légale à la charge de l'ins-
» cription conformément aux articles 2121 et 2136 du
» Code civil (4).

» Le trésor public a une hypothèque semblable et à la
» même charge sur les biens acquis par le comptable,

---

(1) D'après l'article 2106, le privilége ne produit d'effet qu'à compter
de l'inscription; et aux termes de l'art. 2113, si les formalités prescrites
pour conserver le privilége n'ont pas été accomplies, la créance ne
cesse pas d'être hypothécaire; mais l'hypothèque ne date à l'égard des
tiers, que de l'époque de l'inscription.

(2) Le vendeur pour le paiement du prix, ceux qui ont fourni des
deniers pour l'acquisition, les cohéritiers pour garantie des lots et soulte,
les architectes et autres pour constructions et réparations, enfin ceux
qui ont prêté des fonds pour payer les ouvriers.

(3) A défaut de mobilier, les priviléges indiqués par l'article 2101,
sont payés sur le prix de l'immeuble, en concurrence avec les créanciers privilégiés sur cet immeuble, dans l'ordre suivant: 1°. les frais
de justice et autres nommés audit article 2101; 2°. ceux désignés en
l'article 2103.

(4) Elle n'a rang que du jour de son inscription.

» autrement qu'à titre onéreux, postérieurement à sa
» nomination. »

Le législateur, comme on le voit, établit une distinction bien importante ; tandis qu'il accorde au trésor un
privilége sur les immeubles acquis à titre onéreux depuis
la nomination du comptable, il ne lui attribue sur ceux
qu'il possédait antérieurement, et sur ceux qui lui ont été
transmis depuis à titre gratuit, qu'un droit d'hypothèque
légale : cette distinction, conforme à l'édit du mois d'août
1669, est fondée sur la présomption que le prix de l'acquisition a été payé avec les deniers de la recette.

Mesures prescrites pour la conservation des droits du
trésor sur les immeubles.

ART. 7. « A compter de la publication de la présente loi,
» tous receveurs généraux de département, tous receveurs
» particuliers d'arrondissement, tous payeurs généraux
» et divisionnaires, ainsi que les payeurs de départe-
» ment, des ports et des armées, seront tenus d'énoncer
» leurs titres et qualités dans les actes de vente, d'acqui-
» sition, de partage, d'échange et autres translatifs de
» propriété qu'ils passeront, et ce, à peine de destitution,
» et en cas d'insolvabilité envers le trésor public, d'être
» poursuivis comme banqueroutiers frauduleux.

» Les receveurs de l'enregistrement et les conservateurs
» des hypothèques seront tenus, aussi à peine de desti-
» tution et en outre de tous dommages et intérêts, de
» réquérir ou de faire, au vu desdits actes, l'inscription
» au nom du trésor public, pour la conservation de ses
» droits, et d'envoyer, tant au procureur du roi du tri-
» bunal de première instance de l'arrondissement des biens,
» qu'à l'agent du trésor public à Paris, le bordereau pres-
» crit par les articles 2148 et suivans du Code civil.

» Demeurent néanmoins exceptés les cas où, lorsqu'il
» s'agira d'une aliénation à faire, le comptable aura ob-
» tenu un certificat du trésor public, portant que cette

» aliénation n'est pas sujette à l'inscription de la part du
» trésor. Ce certificat sera énoncé et daté dans l'acte d'a-
» liénation.

Art. 8. » En cas d'aliénation par tout comptable, de
» biens affectés aux droits du trésor public par privi-
» lége ou par hypothèque, les agens du gouvernement
» poursuivront, par voie de droit, le recouvrement des
» sommes dont le comptable aura été constitué rede-
» vable.

Art. 9. » Dans le cas où le comptable ne serait pas ac-
» tuellement constitué redevable, le trésor public sera
» tenu, dans trois mois, à compter de la notification qui
» lui sera faite aux termes de l'article 2183 du Code civil,
» de fournir et de déposer au greffe du tribunal de l'ar-
» rondissement des biens vendus, un certificat constatant
» la situation du comptable ; à défaut de quoi, ledit délai
» expiré, la main levée de l'inscription aura lieu de droit,
» et sans qu'il soit besoin de jugement.

» La main-levée aura également lieu de droit dans le cas
» où le certificat constatera que le comptable n'est pas
» débiteur envers le trésor public.

Art. 10. » La prescription des droits du trésor public,
» établie par l'article 2227 du Code civil, court au profit
» des comptables du jour où leur gestion a cessé. »

Pour l'exécution de l'article 7, il a été prescrit, aux
receveurs de l'enregistrement de rédiger, à l'instant
même où un acte de l'espèce leur est présenté, un tri-
ple bordereau dans la forme prescrite par l'article 2148
et suivans du Code, et de les envoyer, dans les vingt-
quatre heures, au conservateur de la situation des biens :
celui-ci, immédiatement après la réception, fait sur ses
registres l'inscription requise, et expédie au receveur une
reconnaissance, sur papier non timbré, qui rappelle, en
exécution de l'article 2200 du Code, le numéro du registre où le dépôt des pièces aura été inscrit : puis il remet,
dans le jour où l'inscription aura été faite, un des borde-

réaux au procureur du roi, et en adresse un autre à l'a-
gent du trésor.

Chaque enregistrement d'acte est apostillé des mots :
comptable public, et émargé des date et numéro de la
lettre d'envoi au conservateur et de la reconaissance du
dépôt. (Instruct. génér. n°°. 35o et 868.)

De son côté, le conservateur émarge l'inscription sur
son registre, de la date des envois et de celle des accusés
de réception. L'inscription dont il s'agit, n'aurait pas
lieu dans le cas où le comptable aurait obtenu un certificat du trésor public qui l'en aurait dispensé; mais il faut
que le certificat soit énoncé et daté dans l'acte d'aliénation.
(Instruct. génér. n°. 33o.)

Cette mesure, d'abord restreinte aux receveurs généraux de département, aux receveurs particuliers d'arrondissement, aux payeurs généraux et divisionnaires, ainsi
qu'aux payeurs de département, des ports et des armées
(décision du 14 juillet 1809. Instruct. n°. 442), a été
étendue aux comptables envers le trésor de la couronne.

§ 4. *Comptables envers le trésor de la couronne.*

1°. Le trésor de la couronne exerce, sur ses comptables,
les mêmes droits, les mêmes priviléges que le trésor public sur les siens.

Un avis du conseil d'état, du 13 février 1808, les lui
assure et détermine que les articles 2098 et 2121 du Code,
et toutes les dispositions de la loi du 5 septembre 1807,
sont applicables au trésor de la couronne; qu'en conséquence, les articles 7, 8 et 9 de ladite loi sont communs
à tous ses agens comptables.

2°. Dès lors, les trésoriers, receveurs, payeurs du
trésor de la couronne, doivent énoncer leurs qualités
dans les actes translatifs de propriété qu'ils passent; et les
receveurs de l'enregistrement, comme les conservateurs
des hypothèques, sont tenus de remplir, à leur égard,
les mêmes obligations qu'envers les comptables du trésor

public. Ils doivent adresser, tant au procureur du roi qu'à l'agent du trésor de la couronne à Paris, le bordereau prescrit par les articles 2148 et suivans du Code. (Instruct. génér. n°s. 350, 370, 442, 633 et 868.)

§ 5. *Au profit des communes et des établissemens publics.*

1°. L'article 2121 du Code civil accorde aux communes et aux établissemens publics, le droit d'hypothèque légale sur les biens de leurs comptables : c'est aux maires, aux chefs des établissemens, à user de ce droit, lorsque les intérêts qui leur sont confiés l'exigent, et à requérir des inscriptions qui les mettent à couvert.

2°. Aux termes du décret du 15 novembre 1811, l'université de France jouit du même avantage.

3°. Sous l'empire de la loi du 11 brumaire an 7, les établissemens publics n'avaient pas de plein droit une hypothèque sur les biens de leurs fermiers; les baux aux enchères faits sous la même loi n'emportaient point hypothèque sans stipulation : l'hypothèque, dans ce cas, eût été conventionnelle ; il était besoin qu'elle fût spécialement stipulée. (Arrêt de la cour de cassation du 3 juillet 1817.)

4°. Ces principes sont les mêmes depuis le Code, et s'appliquent aux baux des domaines de l'état passés devant l'autorité administrative, sauf, dans ce dernier cas, l'effet hypothécaire des contraintes décernées. (V. chap. xi, § 2.)

CHAPITRE XI.

Hypothèque judiciaire.

§ 1er. *Actes judiciaires.*

1°. L'article 2123 du Code donne la faculté de requérir hypothèque en vertu de jugemens ou actes judiciaires, soit contradictoires, soit par défaut, définitifs ou provisoires : il attribue le même droit aux reconnaissances ou vérifications faites en jugement, de signatures apposées à un acte obligatoire sous seing privé.

2o. Toutefois, et à moins de stipulations contraires, on ne peut requérir hypothèque en vertu d'un jugement portant reconnaissance d'une obligation sous seing privé, lorsque cette obligation n'est pas échue. (Loi du 3 septembre 1807.)

3°. Les décisions arbitrales n'emportent hypothèque qu'autant qu'elles sont revêtues de l'ordonnance judiciaire d'exécution. (Art. 2123 du Code.)

4°. Les droits *éventuels* établis par les jugemens d'arbitres, dûment homologués, sont susceptibles d'inscription. (Arrêt de la cour de Colmar du 16 avril 1818.)

5°. Les jugemens rendus en pays étrangers ne confèrent l'hypothèque que lorsqu'ils ont été déclarés exécutoires par un tribunal français. (Art. 2123 du Code.)

Que doit-on entendre par ce mot *exécutoire*? L'ordonnance de 1669, non abrogée en ce point, le détermine clairement. L'article 121 porte : « Les jugemens rendus, » les contrats et obligations reçus ès royaumes et souve- » rainetés étrangers, pour quelque cause que ce soit, » n'auront aucune hypothèque ni exécution en notre » royaume ; et nonobstant ces jugemens, nos sujets con- » tre lesquels ils auront été rendus pourront de nouveau » débattre leurs droits, comme entiers, pardevant nos » officiers. »

L'exécutoire n'est donc pas dans l'espèce un simple acte de forme, une simple ordonnance *d'exequatur*; il faut pour obtenir la force exécutoire, faire citer la partie devant le tribunal français dont elle est justiciable, et provoquer sa condamnation. Ce principe a été appliqué par la cour de cassation dans un arrêt du 27 août 1812.

6°. Cependant si les jugemens rendus en pays étrangers n'étaient que la suite nécessaire, que l'exécution des décisions émanées des tribunaux et autorités françaises, et que ces décisions emportassent par elles-mêmes hypothèque, il ne serait plus besoin d'aucune révision. (Arrêt de la cour de cassation du 30 juillet 1810.)

7°. On a agité la question de savoir si l'on peut valablement prendre une inscription en vertu d'un jugement par défaut non signifié : La cour de Riom avait prononcé la négative le 9 avril 1807 ; mais d'autres cours, par des arrêts postérieurs, ont consacré le principe que la signification n'est point indispensable : on lit, entre autres, dans celui rendu à Rouen, le 7 décembre 1812 : « Attendu qu'il résulte des articles 3 de la loi du 11 brumaire an 7, et 2123 du Code civil, qu'un jugement même par défaut, qui déclare reconnue la signature de celui qui a souscrit un acte sous seing privé, accorde une hypothèque judiciaire à celui qui l'a obtenu, attendu que l'inscription n'est que le complément de l'hypothèque, un acte conservatoire autorisé par l'article 125 du Code de procédure, etc. » La cour de cassation, par un arrêt du 19 décembre 1820, a confirmé ce principe.

8°. L'article 156 du Code de procédure, qui répute non avenu tout jugement par défaut qui n'aura pas été exécuté dans les six mois de son obtention, s'applique aussi à celui par défaut qui prononce une reconnaissance d'écriture. (Arrêt de la cour de cassation du 22 juin 1818.

9°. L'inscription prise en vertu d'un jugement par défaut est nulle, vis-à-vis des tiers créanciers, lorsque le jugement n'a réellement pas été exécuté dans le sens et suivant les formes prescrites par les articles 156 et 159 du Code de procédure, et qu'il n'est produit aucun acte dont on puisse et doive nécessairement induire cette exécution : dès que la preuve légale de l'exécution manque, le jugement doit être, pour les tiers, considéré comme non avenu. (Arrêt de la cour de cassation du 10 novembre 1817.)

10°. Une inscription prise en vertu d'un jugement

qui, en condamnant le débiteur, ordonnerait néanmoins au créancier d'affirmer la légitimité de sa créance, est valable quand même le créancier qui l'a requise serait décédé sans avoir prêté le serment voulu. (Arrêt de la cour de Douai du 26 mai 1814.)

11°. Le cautionnement fourni au greffe en vertu d'un jugement qui l'ordonne, est un acte judiciaire qui emporte hypothèque, comme le jugement lui-même. (Arrêt de la cour royale de Metz du 27 août 1817.)

12°. L'article 54 du Code de procédure détermine que les conventions des parties, insérées dans un procès verbal de conciliation, n'ont que la force d'obligation privée : dès lors le procès verbal de conciliation ne suffit pas pour inscrire. (Arrêt de cassation du 22 décembre 1806.)

13°. On ne peut considérer comme jugement emportant hypothèque, l'acte d'un juge de paix qui, sans avoir été autorisé par le consentement formel des parties, aurait statué comme juge dans une matière qui sortait de ses attributions et de sa compétence. (Arrêt de la cour de cassation du 22 décembre 1806.)

14°. Une condamnation volontaire confère l'hypothèque générale, comme celle des autres jugemens. (Arrêt de la cour de Bruxelles du 22 août 1807.) Les juges ont toutefois statué qu'en fournissant une hypothèque suffisante, elle pourrait alors n'être que spéciale.

15°. L'hypothèque spéciale devient générale lorsque celle-ci est accordée par un jugement passé en force de chose jugée, surtout quand les biens hypothéqués spécialement, sont insuffisans pour couvrir la totalité de la créance. (Arrêt de la cour de cassation du 4 avril 1808.)

16°. Un créancier chirographaire ne peut, après la mort de son débiteur, acquérir, au préjudice des autres créanciers, une hypothèque judiciaire sur les biens de la succession acceptée purement et simplement. C'est une maxime de tous les temps que la mort fixe le sort des créanciers et l'état des biens de la personne décédée : ainsi il n'est pas au pouvoir des créanciers chirographaires d'une succession de se convertir en créanciers hypothécaires. (Arrêt de la cour de cassation du 19 février 1818.)

17°. Le jugement qui condamne un associé régisseur à rendre compte, est suffisant pour faire inscrire ; la condamnation comprend essentiellement l'obligation de payer le reliquat. Il faut approximativement , et sauf réduction, évaluer celui-ci. (Arrêt de la cour de cassation du 21 août 1810.)

18°. Le commanditaire n'étant pas un associé pur et simple , on ne peut, en vertu d'un jugement qui condamne la société , prendre une inscription contre lui. (Arrêt de la cour de Paris du 5 prairial an 11.)

19°. Quand une condamnation judiciaire est obtenue sur un titre ayant une date certaine antérieure au mariage , le créancier a le droit de requérir une inscription sur les biens dotaux de la femme. (Arrêt de la cour de Limoges du 18 juin 1808.)

20°. L'hypothèque judiciaire est assimilée par le code à l'hypothèque légale ; lorsqu'elle est prise sur les biens présens et à venir, elle frappe sur toutes les propriétés que le débiteur acquiert ou recueille postérieurement à l'inscription : celle-ci les greve à mesure que le débiteur les possède ; la répétition de l'inscription à chaque acquisition que pourrait faire ce débiteur, ne fournirait aucune connaissance nouvelle au public. (Arrêt de la cour de cassation du 3 août 1819.)

§ 2. *Actes administratifs.*

Les arrêtés des préfets qui fixent le débet des comptables des communes et des établissemens publics, les condamnations et les contraintes émanées des administrateurs , dans les cas et pour les matières de leur compétence, confèrent l'hypothèque de la même manière et aux mêmes conditions que celles de l'autorité judiciaire. (Avis du conseil d'état des 16 thermidor an 12, 28 octobre et 12 novembre 1811. Instruction générale n°. 576) (1).

§ 3. *Faillites et concordats.*

1°. Les agens, et ensuite les syndics d'une faillite, sont tenus de prendre inscription, au nom de la masse des créanciers, sur les immeubles du failli dont ils connaîtront l'existence; l'inscription est reçue sur un simple bordereau énonçant qu'il y a faillite, et relatant la date du jugement par lequel ils ont été nommés (art. 500 du Code de commerce); elle rentre dans la classe de celles indéterminées. (Instruct. génér. n°. 409.)

2°. Les conservateurs doivent admettre les bordereaux dans lesquels la date du jugement est énoncée, sans pouvoir exiger la production de l'extrait. (Décisions des ministres de la justice et des finances des 12 et 26 janvier 1813. Instruct. génér. n°. 619.)

3°. Si les inscriptions avaient pour objet des créances appartenant au failli, et qu'elles fussent prises contre les débiteurs de ce failli, il faudrait alors que les agens ou syndics qui sont tenus de les requérir, joignissent aux bordereaux un extrait du jugement qui les a nommés. Les inscriptions sont reçues en leurs noms. (Art. 499 du Code de commerce. Instruct. génér. n°. 409.)

4°. L'inscription prise par un créancier du failli, dans les dix jours qui ont précédé la faillite, est nulle. Ce principe établi par l'article 2146 du Code civil a été

---

(1) L'article 23, titre 13 d'une loi du 22 août 1791, avait déjà accordé à l'administration des douanes une hypothèque sur les immeubles des redevables, à compter du jour où les soumissions ont été faites sur le registre et signées par eux ou leurs facteurs, pourvu que les extraits du registre aient été soumis à l'enregistrement dans le délai fixé pour les actes des notaires.

appliqué par deux arrêts de la cour de cassation des 11 juin 1817 et 16 juillet 1818.

5°. Cependant l'inscription qui n'aurait pas pour objet d'acquérir l'hypothèque, mais de conserver celle obtenue avant la loi du 11 brumaire an 7, serait valide. (Arrêt de la cour de cassation du 4 décembre 1815.)

6°. Il n'y a également point nullité lorsqu'il s'agit du vendeur qui fait transcrire l'acte d'aliénation dans les 10 jours de la faillite; l'inscription d'office, prise lors de cette transcription, pour ce qui reste dû sur le prix, lui conserve son privilége sur les biens par lui vendus au failli. (Arrêt de la cour royale de Paris du 20 mai 1809.)

7°. Le débiteur en déconfiture, mais qui n'est point encore constitué en état de faillite, peut toujours hypothéquer ses biens; il suffit, pour que les inscriptions soient valables, qu'elles aient été requises avant les dix jours qui précèdent l'ouverture de la faillite.

8°. L'homologation du concordat rend celui-ci exécutoire pour tous les créanciers, et conserve à chacun d'eux l'hypothèque sur les immeubles du failli; à cet effet, les syndics sont tenus de faire inscrire aux hypothèques le jugement d'homologation, à moins qu'il n'y ait été dérogé par le concordat. (Art. 524 du Code de commerce.) L'inscription est reçue en leurs noms; le droit est exigible. (Instruct. génér. n°. 409.)

9°. Si le concordat dispensait les syndics de faire inscrire le jugement, et que néanmoins l'inscription par eux prise en vertu de l'art. 500 dût continuer de grever le failli, cette inscription conserverait alors des créances liquidées ; elle cesserait d'être indéfinie, et deviendrait passible du droit proportionnel. (Même instruction.)

10°. Cette même inscription, lorsque, n'y ayant pas de concordat, les créanciers unis poursuivent judiciairement la vente des biens du failli, ne donne pas lieu au droit proportionnel. (Art. 443 et 447, même instruction.)

§ 4. *Séparation de patrimoine.*

1°. Les titres exécutoires contre le défunt, sont pareillement exécutoires contre l'héritier personnellement ; et néanmoins les créanciers ne peuvent en poursuivre l'exécution que huit jours après la signification de ces titres à la personne ou au domicile de l'héritier. (Art. 877 du Code.)

Ils peuvent demander, dans tous les cas et contre tous créanciers, la séparation du patrimoine du défunt d'avec le patrimoine de l'héritier. (Art. 878.)

2°. En formant cette demande, ils conservent leur privilége sur les immeubles de la succession par des inscriptions faites sur chacun de ces biens dans les six mois à compter de l'ouverture de la succession ; avant l'expiration de ce délai, aucune hypothèque ne peut être établie avec effet par les héritiers et représentans, au préjudice des créanciers et légataires. (Art. 2111.)

3°. La faculté de demander la séparation des patrimoines et de faire inscrire , n'étant accordée qu'aux créanciers porteurs de titres exécutoires , ceux chirographaires ne peuvent en user.

§ 5. *Demande en révocation de donation.*

1°. « La révocation (d'une donation) pour cause d'in-
» gratitude ne préjudiciera ni aux aliénations faites par
» le donataire , ni aux hypothèques et autres charges
» réelles qu'il aura pu imposer sur l'objet de la donation,
» pourvu que le tout soit antérieur à l'inscription qui
» aurait été faite de l'extrait de la demande en révocation,
» en marge de la transcription prescrite par l'art. 939. »
(Art. 958 du Code civil.)

2°. La demande en révocation doit être formée dans l'année du délit imputé par le donateur au donataire, ou dans l'année à compter du jour que le délit aura pu être connu par le donateur (art. 957) ; elle est présentée aux tribunaux devant lesquels le donataire est assigné.

3°. C'est l'extrait de cette demande qui est produit au conservateur. Il convient, puisque tout extrait doit être certifié et signé par le fonctionnaire qui le délivre, que celui dont il s'agit soit revêtu de ces formalités.

4°. Le préposé l'inscrit en marge de la transcription de la donation et place au pied le certificat nécessaire. La loi ne l'autorise point à exiger un double de cet extrait.

5°. La formalité prescrite par le Code ayant pour objet de fixer l'époque à partir de laquelle le donataire ne peut plus valablement aliéner ou hypothéquer, et étant d'ailleurs qualifiée inscription, il paraît nécessaire que les pièces soient portées au journal de dépôt; la mention sur ce journal peut seule lui donner une fixité de date trop importante pour la négliger.

§ 6. *Inscription sur le cautionnement fourni en immeubles pour obtenir la liberté provisoire d'un détenu en matière correctionnelle.*

Le procureur du roi et la partie civile peuvent, sans attendre le jugement définitif, prendre inscription sur les immeubles servant de cautionnement, et affectés par privilége, au paiement 1°. des réparations civiles, et des frais avancés par la partie civile; 2°. des amendes; le tout sans préjudice du privilége du trésor, à raison des frais faits par la partie publique. (Art. 121 du Code d'instruction criminelle.)

§ 7. *Jugemens rendus dans les colonies françaises , et autres actes passés en forme authentique dans les mêmes colonies.*

Les jugemens rendus par les tribunaux des colonies françaises , et les autres actes passés en forme authentique dans les mêmes pays , doivent, lorsque les droits de timbre et d'enregistrement n'y étaient pas encore établis, ou lorsqu'ils n'ont point été acquittés, être visés pour timbre et enregistrés , avant qu'on puisse en faire usage en

France; le ministre des finances l'a décidé le 22 ventose an 12. Par un arrêt du 7 décembre 1807, la cour de cassation a confirmé celui d'une cour royale qui avait prononcé la nullité d'une inscription requise en vertu d'un acte passé devant un notaire des colonies, par le motif que cet acte n'avait pas été soumis à l'enregistrement.

§ 8. *Jugemens rendus par des consuls français résidens en pays étrangers.*

Les consuls français en pays étrangers, sont des magistrats revêtus d'une autorité plus ou moins étendue, selon les traités faits avec les puissances chez lesquelles ils résident : institués pour statuer sur les contestations entre négocians français, ils sont juges; leurs décisions ont force de jugement; elles sont exécutoires en France, et doivent conséquemment emporter hypothèque.

CHAPITRE XII.

Hypothèque conventionnelle.

§ 1er. *Actes conventionnels.*

1°. L'hypothèque conventionnelle ne peut être consentie que par ceux qui ont la capacité d'aliéner (1), et que par acte passé devant notaire (2).

2°. Les contrats faits en pays étrangers, ne peuvent donner hypothèque sur les biens de France, s'il n'y a des

---

(1) Cette capacité n'est point paralysée, pendant la guerre, par le séquestre apposé sur les biens des sujets de la puissance ennemie : nonobstant le séquestre, ces sujets peuvent hypothéquer leurs propriétés sises en France. (Arrêt de la cour de cassation du 11 décembre 1816.)

(2) L'hypothèque conventionnelle peut encore être consentie par des actes passés devant l'autorité administrative, pour sûreté des engagemens contractés par des particuliers envers l'état, les départemens ou les communes.

dispositions contraires à ce principe dans les lois politiques ou dans les traités. (Art. 2128 du Code civil.) L'inscription serait nulle. (Arrêt de la cour royale de Paris du 26 mars 1808.)

3°. L'hypothèque conventionnelle repose sur cette double base, spécialité, publicité. Le concours simultané de ces deux conditions est indispensable ; la désignation spéciale des biens serait insuffisante si elle n'était pas accompagnée de la publicité de l'hypothèque, comme la publicité elle-même ne produirait aucun effet si elle n'était appuyée sur la spécialité. Ce principe qui résulte des articles 4 de la loi du 11 brumaire an 7 , et 2129 du Code civil, a été développé dans un arrêt de la cour de cassation du 20 février 1810.

Ainsi, depuis la publication de la loi du 11 brumaire, il ne peut être créé d'hypothèque conventionnelle valable que celle qui , soit dans le titre authentique constitutif de la créance, soit dans un acte authentique postérieur , déclare spécialement la nature et la situation des immeubles appartenant actuellement au débiteur, et sur lesquels il consent l'hypothèque.

4°. Les lois n'ayant pas d'effet rétroactif, il était juste de conserver aux hypothèques conventionnellement acquises avant leur promulgation, toute la latitude dont elles jouissaient : dès lors la publicité pour ces hypothèques , n'a pas besoin d'être appuyée sur la spécialité (arrêt de la cour de cassation du 11 novembre 1812), à moins que les anciens statuts ne l'aient prescrite dans quelques localités.

5°. Ces mêmes hypothèques, anciennement acquises, grevent toutes les propriétés du débiteur, encore bien que les titres qui les ont fait entrer en sa possession ne soient pas transcrits. (Même arrêt.)

6°. Lorsque les biens actuels et libres du débiteur sont insuffisans pour répondre de la créance, on peut obtenir conventionnellement, en exprimant cette insuffisance dans le titre, hypothèque sur les biens que ce débiteur acquerra par la suite. (Art. 2130 du Code.) (1)

7°. Le pouvoir donné au créancier d'inscrire ultérieurement sur l'immeuble que le débiteur acquerra, est une affectation spéciale qui se réalise par l'inscription, lorsque l'immeuble est acquis ; il importe dès-lors de prendre cette inscription ; sans elle on ne pourrait exercer d'hypothèque sur les biens.

8°. Il est nécessaire de remplir les intentions du législateur sur la spécialité. Un grand nombre de contestations roulent uniquement sur l'insuffisance des désignations, et sur l'omission, soit de la nature, soit de la situation des biens. (V. chap. 7, § 2, pag. 54 et suiv.)

9°. Le créancier qui a hypothèque sur un bien vendu, ne peut prendre inscription que sur ce bien, et non pas sur les autres propriétés que l'acquéreur aurait affectées à la sûreté du payement du prix envers le vendeur, attendu que cette dernière affectation ne lui donne aucun titre personnel et direct contre l'acquéreur. (Arrêt de la cour d'appel de Paris du 3 germinal an 11.)

10°. Le rétablissement d'une inscription hypothécaire qui, sous le régime de la loi du 11 brumaire an 7, avait été radiée en vertu d'un jugement infirmé trois ans après en appel, ne peut nuire aux créanciers inscrits dans un

---

(1) Cette stipulation serait-elle autorisée si le débiteur ne possédait pas de biens présens ?

La cour de Besançon, par un arrêt du 29 août 1811, a prononcé l'affirmative : elle établit que l'exception ne doit pas être restreinte au cas où le débiteur possède et hypothèque ses biens présens qui sont insuffisans ; mais qu'elle doit avoir lieu, et à bien plus forte raison dans le cas où il ne possède présentement aucun immeuble qu'il puisse offrir pour sûreté à son créancier, parce qu'il y a alors insuffisance entière et absolue ; que le législateur en modifiant la défense d'hypothéquer les biens à venir, a voulu venir au secours du débiteur dont les facultés actuelles sont trop faibles, et qu'il n'a certainement pas entendu refuser cette faveur à celui qui, n'ayant aucune fortune présente, se trouve dans une position d'autant plus favorable, qu'elle est malheureuse.

7

temps où cette inscription n'existait plus. (Arrêt de la cour royale de Paris du 15 avril 1811.)

11°. Le dépôt dans l'étude d'un notaire, d'un acte sous-seing-privé contenant stipulation d'hypothèque, n'a point le caractère nécessaire pour valider une inscription, à moins que ce dépôt ne soit fait par toutes les parties contractantes, avec stipulation nouvelle de l'hypothèque. (Art. 6014 du journal de l'enregistrement.)

12°. Cependant une inscription requise en vertu d'un bail sous-seing-privé, et qui d'après une de ses clauses, fut déposé chez un notaire, a été jugée valable par la cour de cassation le 11 juillet 1815. Le dépôt qu'en firent les débiteurs, a rendu le bail authentique ; l'hypothèque convenue a été légalement constituée ; les deux actes se sont identifiés.

13°. Elle est encore bonne lorsqu'elle a pour objet le privilége du vendeur qui aliène par acte sous-seing-privé non transcrit, parce qu'alors le privilége dérive de la loi, et n'a pas besoin d'être fondé sur un titre authentique. (Arrêt de la cour de cassation du 6 juillet 1807.) Il importe toutefois que l'acte ait été soumis à l'enregistrement : Si cette formalité est de rigueur pour les actes que l'avis du conseil d'état du 12 floréal an 13, autorise à faire transcrire, elle ne l'est pas moins pour assurer la date du privilége, et empêcher l'effet des hypothèques qui résulteraient de jugemens... (Arrêt de la cour de Colmar du 11 mars 1817.)

14°. L'obligation que le fondé de pouvoir par acte privé contracte devant notaire, emporte hypothèque ; l'inscription est valide, parce que le mandat peut être donné par acte sous signature-privée. (Arrêt de la cour de cassation du 27 mai 1819.)

15°. Quelques notaires sont dans l'usage de rédiger par acte en brevet, les obligations qui n'excèdent pas 300 fr. et les parties requièrent des inscriptions en vertu de ces actes. L'ordonnance du roi du 7 décembre 1723, qui permet de rédiger en brevet les obligations de 3oo livres et au-dessous , n'est pas , il est vrai , rapportée ; cependant l'on doit faire observer que les actes en brevet sont au pouvoir des parties , que les tiers qui seraient intéressés à y recourir ne le peuvent. (« S'il importe au public de » connaître les inscriptions prises sur un immeuble , il » ne lui importe pas moins de pouvoir vérifier si elles ont » une cause légitime : (arrêt de la cour de cassation du » 22 avril 1807) ; » et que dès lors cette rédaction en brevet offre des inconvéniens.

16°. L'inscription prise pendant l'indivision sur l'un des héritiers , ne peut se fixer que sur le lot obtenu par cet héritier , sauf au créancier , dans le cas où le partage renfermerait collusion ou fraude , à soutenir son droit. (Arrêt de la cour de Bruxelles du 21 décembre 1807.)

17°. Lorsqu'une inscription a été prise sur un immeuble indivis d'une succession , et que par le résultat du partage entre cohéritiers , cet immeuble est échu à un autre qu'au débiteur de la créance inscrite , il cesse d'être grevé ; l'inscription ne frappe plus sur lui : les biens affectés au lot du débiteur deviennent libres , puisqu'il n'existe sur eux aucune inscription. (Arrêt de la cour de Bruxelles du 13 décembre 1808.)

18°. Les femmes mariées sous l'empire de coutumes qui leur permettaient de disposer par acte entrevifs , de tout ou partie de leurs biens, n'ont pas été privées de cette faculté par le Code civil, qui prohibe l'aliénation des biens dotaux. (Arrêt de la cour de cassation du 27 août 1810.)

19°. Les jugemens obtenus contre la femme mariée sous le régime dotal, n'ont pas l'effet de grever d'hypothèque ses biens dotaux. (Arrêt de la cour de Limoges du 18 juin 1808.)

20°. L'inscription requise en vertu de l'affectation consentie par le mari sur les biens de la femme , est nulle quand la femme n'a ratifié le titre que postérieurement

à l'inscription. (Arrêt de la cour royale de Paris du
11 août 1808.)

21°. L'inscription qui serait requise par l'un des créanciers, depuis l'ouverture de la succession, et dans le cas
où celle-ci ne serait acceptée que par bénéfice d'inventaire, ne produirait, conformément à l'art. 2146 du Code,
aucun effet entre les créanciers.

22°. Quand une vente, par suite de sur-enchère, est
faite à un individu autre que l'acquéreur primitif qui
déjà avait transcrit, les inscriptions prises dans l'intervalle de la surenchère à la revente, et même dans la quinzaine de la transcription de celle-ci, sont valables ; la
propriété n'est pas censée avoir résidé en la personne du
premier acquéreur ; elle est passée directement du vendeur à l'adjudicataire. (Arrêt de la cour royale de Paris
du 3 avril 1812.)

23°. L'hypothèque consentie par un débiteur sur tous
ses biens présens et futurs, à une époque où cette stipulation était permise, ne s'étend pas aux biens personnels
de l'héritier de ce débiteur. (Arrêt de la cour de cassation du 3 décembre 1816.)

24°. Le créancier qui, sous l'empire du Code civil,
a stipulé une hypothèque générale, ne peut, avant l'arrivée de l'exigibilité de la créance, obliger son débiteur à
lui donner une hypothèque spéciale. (Arrêt de la cour
d'Aix du 16 août 1811.)

25°. Lorsqu'un débiteur, après avoir, antérieurement
à la loi du 11 brumaire an 7, hypothéqué ses biens présens et à venir, fait un échange, l'immeuble qu'il donne
et celui qu'il reçoit, sont grevés de l'hypothèque générale : le créancier peut les faire discuter successivement
tous les deux, si l'échangiste n'a pas purgé des inscriptions hypothécaires le fonds qui lui a été transmis ; formalité à laquelle il est astreint comme tout autre acquéreur.
(Arrêt de la cour de cassation du 9 novembre 1815.)

26°. On est fondé à inscrire contre un particulier qui,

en acceptant, par acte notarié, une lettre de change, a affecté et hypothéqué spécialement des immeubles pour la sûreté du payement. (Arrêt de la cour de cassation du 17 prairial an 12.)

La cour de Rouen a également décidé le 24 avril 1812, que l'on a pu faire inscrire en vertu d'un acte authentique, qui garantit le payement de lettres de change stipulées : « fonds d'avance d'un compte courant, fournis et à fournir », et qui affecte des immeubles à la sûreté de ce paiement ; elle s'est fondée sur ce que la loi autorise les obligations et les hypothèques éventuelles ou conditionnelles.

27°. On peut, en convertissant une rente viagère en un capital exigible, stipuler que l'hypothèque attachée à la créance originaire continuera de subsister. (Arrêt de la cour de cassation du 15 mars 1815.)

28°. Les actes des princes souverains, revêtus des formes consacrées pour les actes de la puissance publique, sont authentiques et peuvent faire l'objet d'une inscription. (Arrêt de la cour de cassation du 7 juin 1809.) Dès lors l'hypothèque d'un bien situé en France est suffisamment établie par un acte émané d'un prince, et contresigné par son secrétaire de cabinet, dans un pays dont il était souverain, et qui fut, momentanément, réuni à la France (Autre arrêt du 7 fructidor an 13.)

CHAPITRE XIII.

Inscriptions diverses.

§ 1er. Inscriptions en sous-ordre.

Un créancier ne peut requérir une inscription en son nom personnel, sur des biens qui ne sont pas affectés à sa créance ; mais si son débiteur a négligé de faire inscrire l'hypothéque que celui-ci a sur ces biens, le créancier peut, en se procurant le titre de cette hypothèque, requérir en conformité de l'art. 1166 du Code civil, au nom et par représentation de ce créancier négligent, l'inscription qu'il aurait dû prendre. (Lettres des ministres de la justice et des finances des 30 brumaire et 14 nivose an 13. Instruc. génér. no. 265.)

Cette inscription que l'on nomme en sous-ordre, est autorisée non seulement par l'art. 1166 du Code civil; mais encore par l'art. 778 de celui de procédure qui porte : « Tout créancier pourra prendre inscription pour con- » server les droits de son débiteur, etc. »

§ 2. *Inscriptions sur les biens des émigrés.*

1°. L'inscription prise sur les biens d'un émigré avant la radiation définitive de celui-ci, mais après sa radiation provisoire, est valable; son effet était subordonné au cas de la restitution des biens. (Arrêt de la cour de cassation du 2 août 1814.)

2°. Elle est bonne, quand même elle aurait été requise avant l'acte d'amnistie et l'envoi en possession des biens. (Autre arrêt de la même cour du 3 octobre 1814.)

3°. Les biens restitués et ceux qui, exceptés d'abord de la restitution, ont ensuite été remis, en vertu de décrets spéciaux, aux héritiers des émigrés, sont affectés aux dettes de l'ancien propriétaire. Les inscriptions prises sur ces biens par les créanciers, sont valides. (Arrêt de la cour de Paris du 7 janvier 1814.)

§ 3. *Inscriptions par les cessionnaires de créances.*

1°. Le cessionnaire d'une créance hypothécaire n'est pas tenu d'exprimer dans son bordereau la qualité de cessionnaire. (Arrêts de la cour de cassation des 15 ventose an 13, 25 juin 1813, et 25 mars 1816.)

2°. Il peut prendre inscription avant d'avoir notifié le transport au débiteur (*idem* du 25 mars 1816), parce que la signification n'est nécessaire que lorsqu'il s'agit d'empêcher le débiteur de payer au cédant, ou lorsqu'il faut procéder par voie exécutoire contre ce débiteur.

§ 4. *Inscriptions en garantie.*

1°. La clause de garantie de tous troubles et évictions, insérée dans un contrat de vente, suffit pour autoriser l'acquéreur à prendre une inscription sur les biens de son vendeur (1) ; le droit présent, comme celui éventuel, est susceptible d'être inscrit. L'acquéreur, qui a rempli cette formalité, peut figurer dans une saisie immobilière, sauf, puisque son droit n'est pas échu, à demander que les créanciers qui le suivent ou qui sont placés au même rang, ne soient payés qu'à la charge, le cas échéant, de rapporter, et que, pour garantie du rapport, ils fournissent caution. (Arrêt de la cour royale de Paris du 10 mars 1804.)

2°. Ce principe a été consacré par la cour de cassation le 19 ventose an 12 ; l'arrêt détermine que l'acquéreur peut prendre une inscription sur les biens de son vendeur, pour sûreté de la garantie de toute éviction formellement stipulée dans son contrat. (Instruct. génér., n°. 487.)

3°. Mais si l'hypothèque n'avait été consentie que subsidiairement et pour un cas non encore arrivé, on ne pourrait la faire valablement inscrire. (Arrêt de la cour de cassation du 5 décembre 1809.)

4°. Le débiteur qui rembourse une constitution dotale, et qui, pour assurer son paiement, obtient une stipulation de garantie, a aussi la faculté de faire inscrire.

5°. La garantie étant conventionnelle, l'inscription, lorsque le titre est postérieur à la loi du 11 brumaire an 7, doit spécifier les biens sur lesquels elle frappe ; si

---

(1) La garantie due par le vendeur résulte de la loi (Art. 1626 du Code). Mais les parties peuvent, par des *conventions* particulières, ajouter à cette obligation de droit (Art. 1627). Si les parties, usant de cette faculté, ajoutent l'hypothèque à l'obligation de garantie, l'hypothèque est *conventionnelle* : elle doit être expressément stipulée, et n'est valable, d'après le principe de la spécialité, que sur les biens affectés par le vendeur à la garantie.

les actes ne les désignaient pas, l'acquéreur menacé ou le débiteur auquel la validité du remboursement serait contestée, ne pourrait inscrire avant d'avoir obtenu en forme authentique un consentement qui les indique. Dans le cas où ce consentement serait refusé, il faudrait alors recourir aux tribunaux. La cour d'Aix a décidé, le 16 août 1811, qu'il était juste, quand l'intention des parties a été de stipuler une hypothèque générale conventionnelle, d'accorder au créancier le droit d'en demander une spéciale.

6°. Avant de requérir une inscription en garantie et d'interdire en quelque sorte à un individu le libre exercice de son droit de propriété, il importe de s'assurer qu'on le peut ; autrement on s'exposerait à des dommages et intérêts envers le particulier dont les biens auraient été mal-à-propos frappés d'hypothèque (1).

§ 5. *Inscriptions de l'hypothèque ou du privilége, acquis avant la promulgation des lois nouvelles, sur les rentes et autres prestations.*

1°. L'inscription est nécessaire pour conserver l'hypothèque obtenue, avant la loi du 11 brumaire an 7, sur les rentes foncières ou constituées, et sur les prestations qui, d'après les statuts et coutumes, étaient considérées comme immeubles.

2°. Elle doit être prise, pour les rentes foncières et les prestations réelles, au bureau de la situation des immeubles qui en sont grevés, et pour les rentes constituées, au bureau du domicile du créancier. (Circul. , n°. 1501.)

---

(1) Il est cependant des gens d'affaires et des commis qui, sans s'inquiéter du droit des individus, multiplient, *per fas et nefas*, les inscriptions en garantie.

CHAPITRE XIV.

Priviléges. — Délai dans lequel les inscriptions doivent avoir lieu pour les conserver.

§ Ier. *Privilége du vendeur et du prêteur de fonds.*

1°. Le privilége du vendeur ou du prêteur de fonds se conserve par l'inscription d'office que le conservateur est tenu de prendre, en transcrivant l'acte d'aliénation.

2°. Si l'acquéreur ne le soumettait pas à la formalité, le vendeur et le prêteur de fonds auraient la faculté de l'y présenter, et conserveraient également leur droit de préférence par l'inscription d'office. (Art. 2108 du Code civil.)

3°. Enfin ils peuvent encore, même sans faire transcrire, mettre à couvert leur privilége, en requérant une inscription sur l'acquéreur. (Arrêt de la cour de cassation du 6 juillet 1807. Instruct. génér., n°. 487.) Un autre arrêt de la cour royale de Paris du 9 février 1809, confirmé en cassation le 7 mars 1811, le décide également ; il s'agissait, dans l'espèce, d'un bail à rente rédigé en forme authentique.

4°. Les effets du privilége obtenu par le vendeur sous la loi du 11 brumaire an 7, doivent être réglés par le Code civil, lorsque les créanciers, qui contestent ce privilége, n'ont acquis leurs droits que depuis la publication du Code. (Arrêt de la cour de cassation du 5 mars 1816.)

5°. Le privilége du vendeur remonte à la date de l'acte d'aliénation. (Même arrêt.)

6°. En quelque temps qu'il soit inscrit, il prime toutes les inscriptions hypothécaires.

7°. Le privilége du vendeur a lieu non-seulement pour le principal et pour deux années d'intérêts et l'année courante, mais encore pour tous les arrérages. Un arrêt de la cour de cassation du 1.er mai 1817, sections

réunies sous la présidence de Mgr. le garde-des-sceaux,
décide : « que si l'article 2151 s'est écarté de ce principe,
» la disposition par laquelle il l'a modifié, est restreinte
» aux intérêts des créances simplement hypothécaires,
» puisqu'elle porte, en termes exprès, que les intérêts
» sur lesquels elle statue, auront même rang d'hypo-
» thèque que les capitaux, et qu'en conséquence il ne
» peut être permis d'étendre et d'appliquer arbitraire-
» ment cette disposition aux intérêts du capital dû au
» vendeur, puisque ce capital n'a pas un simple rang par
» hypothèque, mais un rang par privilége, lorsque l'acte
» de vente a été transcrit;
» Que, dans toutes ses dispositions, le code civil a dis-
» tingué les créances privilégiées des créances hypothé-
» caires;
» Que, dans le chapitre où se trouve inséré l'article
» 2151, et auquel il a été donné un titre qui énonce sé-
» parément les priviléges et les hypothéques, le législa-
» teur a expressément dénommé les priviléges dans les
» dispositions qu'il a voulu leur appliquer, et qu'on doit
» en conclure qu'il n'a voulu appliquer qu'aux créances
» hypothécaires les dispositions dans lesquelles il n'a dé-
» nommé que les hypothéques;
» Qu'il suit de cette distinction, de la disposition gé-
» nérale de l'article 2103, et des termes restrictifs de
» l'article 2151, que le législateur a voulu que la collo-
» cation des intérêts dus au vendeur restât dans les règles
» du droit commun, et que, conformément aux anciens
» principes et à l'ancienne jurisprudence, ces intérêts
» eussent, sans aucune restriction, le même rang et le
» même privilége que le capital;
» Que le système de la publicité des hypothéques ne
» peut pas être invoqué contre le vendeur, du moins par
» de simples créanciers, puisqu'il n'y a pas de terme fixé
» pour la transcription qui conserve le privilége du ven-
» deur, et que, même sans transcription de la première

» vente, mais en prenant inscription dans la quinzaine
» de la transcription de la seconde vente, le premier ven-
» deur conserve encore son privilége avant tous les créan-
» ciers hypothécaires antérieurement inscrits, quoique,
» dans l'un et l'autre cas, le privilége du vendeur n'ait
» pas été rendu public avant les inscriptions prises par
» les créanciers hypothécaires. »

8º. Il n'est point nécessaire que l'acte de vente soit rédigé dans une forme authentique pour autoriser le conservateur à inscrire, parce que le privilége accordé au vendeur est établi par la loi indépendamment de l'hypothèque, et qu'ainsi la créance peut être inscrite sans être fondée sur un acte notarié. (Arrêt de la cour de cassation du 27 nivose, an 12. Autre du 1.er mai 1817.)

9º. Un acte de vente sous-seing privé ne peut, toutefois, empêcher l'effet de l'hypothèque résultant d'un jugement rendu et d'une inscription prise avant que cet acte ait été enregistré. (Arrêt de la cour de Colmar du 11 mars 1817.)

10º. Quand un acquéreur, en empruntant une somme pour payer, a promis au prêteur de le subroger au privilége du vendeur, il suffit pour que l'inscription que prend ce prêteur, soit privilégiée, qu'elle énonce la date de l'acte d'emprunt dans lequel est relatée celle du contrat d'aliénation, et que le prêteur déclare qu'il s'inscrit par privilége sur l'immeuble vendu. (Arrêt de cassation du 26 novembre 1816.) La même cour avait jugé le 16 mars 1815 qu'une inscription, qui rappelait seulement l'acte d'emprunt fait avec promesse de subrogation, ne constituait qu'une hypothèque ordinaire, parce que jusque-là les tiers n'étaient pas avertis de l'existence d'un privilége, et que l'emploi des deniers pouvait ne pas se réaliser.

11º. La vente d'un immeuble auquel il a été fait depuis des réparations ou constructions nouvelles, ne donne point privilége sur la totalité du prix d'une aliénation postérieure ; le vendeur n'a droit qu'à la valeur que l'immeuble aurait encore, si les ouvrages n'eussent pas été faits. (Arrêt de la cour de Paris du 13 mai 1815.)

12°. Le vendeur qui a été payé d'une partie du prix avec les deniers des prêteurs subrogés à ses droits, conserve, aux termes de l'article 1252 du code civil, un droit de préférence pour le surplus de ce prix, et peut le transmettre en tout ou en partie au cessionnaire de sa créance. (Même arrêt.)

13°. Mais la subrogation à ce même droit de préférence, que le vendeur consentirait au profit de l'un de ceux qui ont prêté des fonds à l'acquéreur, ne peut avoir d'effet au préjudice des autres prêteurs, et tous viennent en concurrence dans l'exercice du privilége. (Même arrêt.)

14°. Le privilége du vendeur reste le même, tout le temps que l'immeuble ne sort pas des mains de l'acquéreur ; mais quand il y a une seconde vente, le privilége peut se perdre : 1°. Sous la loi du 11 brumaire an 7, le privilége s'éteignait, s'il n'était pas inscrit avant que le second acquéreur eût fait transcrire ; 2°. Sous l'empire du code civil qui n'exige plus la transcription, il a suffi d'un second acte de vente pour anéantir le privilége qui n'était pas inscrit ; 3°. Enfin, depuis la promulgation du code de procédure, le privilége du premier vendeur ne peut plus être inscrit utilement, après l'expiration de la quinzaine de la transcription du second acte : mais la perte du privilége ne s'oppose point à ce que le vendeur puisse, conformément à l'article 1654 du Code civil, demander la résolution de la vente.

15°. Le privilége non inscrit d'un premier vendeur ne se conserve point par la transcription des contrats postérieurs. (Arrêt de la cour de cassation du 14 janvier 1818.) Dès qu'il n'était pas inscrit avant que l'acquéreur en troisième ordre ait fait transcrire, il est éteint. (Arrêt du 13 décembre 1814). Le créancier privilégié a pu toutefois d'après le code de procédure, faire inscrire dans les 15 jours de la transcription. (Art. 834 dudit code.)

16°. Si une aliénation était antérieure à la promulgation de la loi du 11 brumaire an 7, le vendeur ou le prêteur de fonds qui n'aurait pas fait inscrire dans le délai fixé par la loi, perdrait son privilége sur les autres créanciers qui, pendant la durée de la même loi, auraient pris des inscriptions. (Arrêt de la cour de cassation du 17 mai 1809.)

17°. Il y a, entre le privilége du vendeur et la condition résolutoire pour défaut de paiement du prix, cette différence que le privilége peut se perdre par le non-accomplissement des formalités voulues, tandis que l'action en résolution ne s'éteint que par le temps requis pour prescrire.

18°. Quand un vendeur qui n'a pas fait inscrire son privilége, a stipulé qu'à défaut de paiement la vente serait annulée, il peut, en vertu de cette clause résolutoire, se faire remettre en possession de l'immeuble et le reprendre libre des charges que l'acquéreur y aurait apposées. (Arrêts de la cour de cassation des 16 juin et 2 décembre 1811 et de celle de Rouen du 4 juillet 1815.)

19°. Si le vendeur avait fait inscrire son privilége, il aurait à la fois une action hypothécaire sur l'immeuble et une action résolutoire en vertu de laquelle il pourrait, à défaut de paiement, reprendre l'immeuble. Ces deux actions distinctes existeraient simultanément en sa faveur. (Voir un arrêt de la cour de Caen du 28 juin 1813.)

20°. Les articles 954 et 963 du code civil assurent les mêmes droits, le même avantage aux donateurs.

21°. Cependant le vendeur ne serait plus recevable à demander la résolution de la vente pour défaut de paiement, lorsqu'il est intervenu dans l'instance en saisie, et qu'après la vente judiciaire de l'immeuble, il s'est présenté à l'ordre pour être payé. (Arrêt de la cour de cassation du 16 juillet 1818.)

22º. Le vendeur qui n'a fait inscrire son privilége qu'après que l'acquéreur a grevé l'immeuble d'hypothéques, est préféré aux autres créanciers inscrits avant lui, pourvu que son inscription ait été faite, soit avant la transcription d'un contrat de revente consenti par l'acquéreur, soit dans les quinze jours de cette transcription. (Arrêt de la cour de cassation du 26 janvier 1813.)

23º. Quand en aliénant, le vendeur stipule, comme condition essentielle et suspensive de la vente jusqu'à l'accomplissement de la formalité, que l'acquéreur s'oblige de faire transcrire son contrat d'acquisition dans les six semaines, l'acquéreur ne peut, avant la transcription, disposer librement de l'immeuble : il n'a droit de le revendre que sous la même condition et avec la même charge : tout le temps que la vente n'a pas été transcrite, le privilége du vendeur s'est conservé tant à l'égard de l'acquéreur que des sous-acquéreurs. (Arrêt de la cour de Riom du 14 mai 1817, rendu sur un acte antérieur au Code civil.)

24º. Si un immeuble a été vendu sous la condition de payer une rente au vendeur, celui-ci conserve sur l'immeuble un droit foncier qui affecte et suit cet immeuble en quelques mains qu'il parvienne ; l'acquéreur primitif n'a pu transmettre que ce qu'il avait : le vendeur peut dès lors, à défaut de paiement, demander la résiliation du contrat : son action est hors du régime hypothécaire ; l'effet de cette action ne peut être évité ni détruit par la transcription qu'auraient fait faire les seconds acquéreurs parce que la transcription ne purge que les hypothèques et les priviléges, et qu'elle ne peut rien ajouter aux droits sur la chose vendue. (Arrêt de la cour de cassation des 16 juin 1811 et 3 décembre 1817.)

25º. L'inscription d'office, faite en vertu d'un contrat de vente transcrit dans les dix jours de la faillite de l'acquéreur, conserve le privilége du vendeur. (Arrêt de la cour de Paris du 20 mai 1809.)

26°. Quand un contrat de vente à faculté de réméré stipule que, faute par le vendeur d'exercer le rachat dans le délai convenu, l'acquéreur aura le droit de faire vendre l'immeuble et de retenir, sur le prix d'adjudication, tout ce qui sera dû ; ce droit s'exerce, nonobstant toute hypothèque *postérieurement* consentie en faveur d'autres créanciers. (Arrêt de la cour de cassation du 2 décembre 1818.)

§ 2. *Privilége pour une soulte de partage et pour le prix d'une licitation.*

1°. « Le cohéritier ou copartageant conserve son pri-
» vilége sur les biens de chaque lot, ou sur le bien licité,
» pour les soulte et retour de lots, ou pour le prix de la
» licitation, par l'inscription faite à sa diligence, dans
» soixante jours, à dater de l'acte de partage ou de l'ad-
» judication par licitation ; durant lequel temps, aucune
» hypothèque ne peut avoir lieu sur le bien chargé de
» soulte ou adjugé par licitation, au préjudice du créan-
» cier de la soulte ou du prix. (Art. 2109 du Code.)

2°. L'article 819 autorise les héritiers présens et ma-
jeurs à faire, dans la forme et par tel acte qu'ils jugent convenable, le partage des biens qu'ils ont recueillis ; un tel partage, rédigé sous seing privé, est donc irrévoca-ble, et lorsqu'il constitue une soulte en faveur d'un co-héritier, celui-ci exerce son privilége et a le droit, en faisant transcrire, de l'assurer par une inscription que le conservateur prendra d'office.

§ 3. *Privilége des architectes, entrepreneurs, ouvriers, et de ceux qui ont fourni des fonds pour les payer.*

1°. « Les architectes, entrepreneurs, maçons et autres
» ouvriers employés pour édifier, reconstruire ou répa-
» rer des bâtimens, canaux ou autres ouvrages, et ceux
» qui ont, pour les payer et rembourser, prêté les deniers
» dont l'emploi a été constaté, conservent, par la double

» inscription faite 1°. du procès verbal qui constate l'état
» des lieux, 2°. du procès verbal de réception, leur
» privilége à la date de l'inscription du premier procès
» verbal. » (Art. 2110 du Code.)

2°. Si celui qui a vendu un immeuble, dont il n'a pas
reçu le prix, a un privilége sur cet immeuble, l'architecte entrepreneur a, pour celui de ses travaux, un privilége sur la plus-value de l'immeuble existant à l'époque
de l'aliénation et résultant des travaux qui ont été faits :
ces deux priviléges ont un objet distinct et peuvent s'exercer à la fois ; mais ils ne doivent jamais se nuire : ainsi,
la valeur que l'immeuble aurait encore si les ouvrages
n'eussent pas été faits, demeure réservée au privilége du
vendeur, et le surcroît de valeur donné au même immeuble par les nouveaux ouvrages, est affecté au privilége
de l'architecte.

Néanmoins l'appréciation de cette plus-value doit être
faite, non par une estimation réelle des dépenses, même
nécessaires, mais par une proportion avec le prix primitif de l'immeuble, de manière que, si le prix de l'adjudication était inférieur à celui primitif d'achat augmenté
de la valeur des ouvrages, la perte soit supportée proportionnellement par le vendeur et par l'architecte. (Arrêt
de la cour de Paris du 13 mai 1815.)

3°. Une mine concédée, pourra être affectée par privilége, en faveur de ceux qui, par acte public et sans
fraude, justifieraient avoir fourni des fonds pour les recherches de la mine, ainsi que pour les travaux de construction ou confection des machines nécessaires à son
exploitation, à la charge de se conformer aux articles
2103 et autres du Code civil, relatifs aux priviléges.
(Art. 20 de la loi du 21 avril 1810.)

§ 4. *Séparation de patrimoine.*

1°. Les créanciers qui demandent la séparation des patrimoines, conservent leur privilége sur les biens de la

succession, en prenant, dans les six mois de l'ouverture de celle-ci, une inscription hypothécaire. (Voir chap. 11, § 1, n. 16.)

2°. Quand une succession s'est ouverte avant la promulgation du Code civil, il n'est point nécessaire, pour conserver le privilége sur les immeubles qui en dépendent, de demander la séparation des patrimoines, ni de requérir inscription dans les six mois : les lois ne doivent jamais rétroagir. (Arrêt de la cour de cassation du 8 mai 1812.)

§ 5. *Frais de justice dus au gouvernement.*

Le privilége du trésor se conserve par une inscription faite dans les deux mois, à dater du jour du jugement. (Loi du 5 septembre 1807 ; voir le § 6 du chap. 15.)

§ 6. *Privilége de l'état et du trésor de la couronne sur leurs comptables.*

Ce privilége n'a lieu qu'à la charge d'une inscription prise dans les deux mois de l'enregistrement des actes qui ont transmis la propriété. (Art. 5 de la loi du 5 septembre 1807.)

§ 7. *Autres priviléges exempts de la formalité.*

L'article 2107 du Code dispense de l'inscription, les créances dont le privilége est établi par l'article 2101 : à défaut de meubles, ces créances sont payées sur le prix des immeubles (art. 2105), leur privilége dure donc jusqu'à ce que la prescription qui leur est applicable, les ait respectivement atteintes. (Voir les articles 2271, 2272 et suivans.)

§ 8. *Cessionnaires de créances privilégiées.*

1°. Les cessionnaires des créances privilégiées, rappelées dans les articles 2108, 2109 2110 et 2111, du Code, exercent tous les mêmes droits que les cédans, en leur lieu et place. (Art. 2112.)

2°. Il n'y a aucun motif de préférence entre les cessionnaires de parties d'une créance privilégiée : celui par acte antérieur, n'est point préférable à celui qui n'a acquis que postérieurement : le privilége ne se règle pas par la date des actes. (Arrêt de la cour de cassation du 4 août 1817.)

§ 9. *Créanciers privilégiés qui n'ont pas fait inscrire.*

1°. « Toutes créances privilégiées, soumises à la for-
» malité de l'inscription, à l'égard desquelles les condi-
» tions prescrites pour conserver le privilége n'ont pas
» été accomplies, ne cessent pas néanmoins d'être hypo-
» thécaires ; mais l'hypothèque ne date, à l'égard des tiers,
» que de l'époque des inscriptions qui auront dû être
» faites. » (Art. 2113.)

Cette disposition, qui se trouvait déjà dans la loi du 11 brumaire an 7, a été appliquée par un arrêt de la cour royale de Paris du 21 juillet 1807.

2°. L'ancien propriétaire d'un immeuble, qui n'a pas fait inscrire son privilége, mais qui demande la résolution du contrat de vente pour défaut de paiement, peut en renonçant à sa demande en résolution, être colloqué par préférence aux créanciers hypothécaires : la collocation ne lui accorde, dans ce cas, que ce qu'il aurait nécessairement obtenu par le résultat de la résolution du contrat. (Arrêt de la cour de cassation du 21 août 1816.)

3°. La cour royale de Paris a décidé, le 30 juillet 1816, que pour exercer l'action résolutoire d'une vente d'immeubles, ou en poursuivre la folle enchère contre un adjudicataire, il fallait avoir été propriétaire de l'immeuble, parce que si la cession du prix, ou d'une partie de ce prix, conserve le privilége hypothécaire, elle n'attribue, ni le droit de poursuivre la revente par folle enchère, ni celui de demander la résolution du contrat.

CHAPITRE XV.

Inscriptions à requérir par les receveurs de l'enre-gistrement et des domaines.

§ 1er. *Droits d'enregistrement.*

1°. En vertu de l'avis du conseil d'état du 29 octobre 1811, les receveurs de l'enregistrement, après avoir fait rendre exécutoires par le juge, les contraintes qu'ils décernent, peuvent et doivent, lorsqu'il y a urgence, requérir des inscriptions qui frappent sur tous les biens. (Instruct. génér., n°. 573, 576 et autres.)

2°. Ils sont obligés de faire inscrire les droits du trésor, lorsqu'ils remarquent que les héritiers sont insolvables, ou qu'ils disposent des biens recueillis ; dans ce cas, ils rédigent et font rendre exécutoire la contrainte qu'ils décernent, après l'expiration du délai pour déclarer, et prennent inscription. (Instruct. génér., n°. 495.)

3°. On a voulu contester une inscription de l'espèce, et soutenir que la contrainte rendue exécutoire par le juge de paix, ne suffisait pas ; mais un arrêt de la cour royale de Paris, du 10 février 1814, l'a déclarée valide.

4°. L'inscription, au surplus, n'a rang que du jour de sa date, et ne peut porter préjudice aux droits précédemment acquis à des tiers ; l'action attribuée à la régie sur les revenus, ne lui confère point un privilége sur le prix des immeubles. (Arrêt de la cour de cassation, du 6 mai 1816.)

§ 2. *Fermiers -de domaines.*

Le ministre des finances a décidé, le 8 ventose an 8, qu'il n'est pas nécessaire de requérir inscription contre le fermier d'un domaine, au moment où le bail est passé, parce que, d'après les lois, le gouvernement, comme propriétaire, a privilége sur les fruits, engrais, instrumens aratoires, etc. ; mais qu'il y a lieu d'en prendre une lorsque des termes sont échus, et que l'on a dirigé des poursuites contre le fermier. L'hypothèque, qui, dans le premier cas, n'eût pu être que conventionnelle, devient judiciaire, par suite de la contrainte qui a été rendue exécutoire.

§ 3. *Adjudicataires de coupes de bois.*

Cette même décision s'applique aux adjudicataires des coupes de bois; ce n'est qu'à défaut du paiement des sommes devenues exigibles, que l'on doit faire inscrire. (Circulaire, n°. 1795.)

§ 4. *Rentes et créances dues à l'état.*

Les receveurs des domaines sont tenus de requérir des inscriptions pour les rentes et créances dues à l'état : quelle que soit la modicité de ces rentes ou créances, il doit en être pris. (Lettre du ministre des finances, du 6 floréal an 7. Circulaire, n°. 1760.) S'ils négligeaient de remplir cette formalité en temps utile, ils seraient exposés à perdre leur place, et en outre responsables du préjudice qu'ils auraient causé. (Circul., n°. 1501.)

Lorsque l'inscription doit avoir lieu dans un département autre que celui où réside le receveur, les bordereaux sont adressés au directeur. (Même décision.)

§ 5. *Acquéreurs de domaines.*

1°. L'adjudication ne devient, pour l'acquéreur, un titre réel incommutable, que du jour où il en a rempli toutes les conditions (Décret du 3 juillet 1791); en conséquence, le ministre des finances a décidé, le 17 février 1809, qu'il n'y avait pas lieu à prendre des inscriptions pour assurer le paiement du prix des biens vendus par l'état, excepté dans le cas où il s'agirait d'inscriptions relatives à des immeubles affectés au cautionnement ou à d'autres biens des acquéreurs, par suite des clauses des adjudications, ou à raison des dégradations. (Instruct. génér., n°. 418.

2°. L'on doit requérir inscription contre le particulier qui laisse revendre, à sa folle enchère, les domaines par lui acquis.

§ 6. *Frais de justice.*

1°. Une loi du 5 septembre 1807, détermine et règle l'étendue du privilége accordé au trésor par l'art. 2098 du Code civil, pour le recouvrement des frais de justice en matière criminelle, correctionnelle et de police. Le privilége sur les meubles et effets mobiliers ne s'exerce qu'après ceux désignés par les articles 2101 et 2102 du même Code, et qu'après l'acquit des sommes dues pour la défense personnelle du condamné.

Celui sur les immeubles n'a lieu qu'à la charge de l'inscription, dans les deux mois à dater du jour du jugement de condamnation; passé ce délai, la créance n'est plus qu'hypothécaire, et ne prend rang, à l'égard des tiers, que du jour de l'inscription.

Le privilége sur les immeubles n'a lieu qu'après ceux suivans : 1°. les priviléges désignés en l'article 2101 du Code civil; 2°. ceux exprimés en l'article 2103, pourvu que les conditions nécessaires à leur conservation aient été remplies; 3°. les hypothèques légales existantes indépendamment de l'inscription, pourvu qu'elles soient antérieures au mandat d'arrêt, lorsqu'il en a été décerné un, et dans les autres cas, au jugement de condamnation; 4°. les autres hypothèques, lorsque les créances ont été inscrites avant le privilége du trésor, et qu'elles résultent d'actes ayant une date certaine, antérieure au mandat d'arrêt ou au jugement de condamnation. (Instruction générale, n°. 352.)

2°. L'inscription est facile toutes les fois que les frais sont liquidés par un jugement ou par un exécutoire; mais elle offrait des obstacles, lorsqu'en raison du pourvoi en

cassation les dépens n'avaient pas été réglés. Une décision du ministre de la justice les lève. « Il suffit de représenter
» une expédition du jugement pour obtenir l'inscription;
» ce qui peut être fait, quand bien même le jugement ne
» liquiderait pas les dépens, puisque le nombre 4 de
» l'article 2148 du Code civil n'astreint le créancier qu'à
» évaluer les droits éventuels, conditionnels ou indéter-
» minés. D'après ces dernières dispositions, il n'est pas
» nécessaire que l'exécutoire soit décerné, ou que le ju-
» gement liquide les dépens, parce qu'il suffit que la régie
» de l'enregistrement fasse l'évaluation des frais dans le
» bordereau qu'elle doit joindre à l'expédition du juge-
» ment. Elle a toute facilité pour faire cette évaluation;
» elle peut la porter à une somme plus forte que le mon-
» tant des frais dont elle a connaissance, afin d'assurer
» le recouvrement de ceux qu'elle ignore, ou qui pour-
» raient avoir lieu ultérieurement, et dont, par consé-
» quent, on ne saurait calculer la quotité. »

3°. L'extrait du jugement étant une expédition *in parte qua*, tient lieu de celle-ci, et n'a besoin d'être soumis au timbre ni à l'enregistrement, puisqu'il est délivré dans l'intérêt du trésor. (Décisions des 17 et 28 juillet 1812. Instruct. génér., n°. 594.)

4°. L'hypothèque, qui résulte du jugement, grève non seulement les biens présens du condamné, mais encore ceux qu'il viendrait à acquérir ou qu'il recueillerait par succession, donation, etc.; les receveurs ne peuvent, sans se compromettre, négliger de conserver l'hypothèque par une inscription.

§ 7. *Aliénations ou acquisitions de biens par des comptables.*

Les receveurs de l'enregistrement et les conservateurs des hypothèques, sont tenus de se conformer respective-ment aux dispositions de la loi du 5 septembre 1807. (Voyez chapitre 10, § 3.)

CHAPITRE XVI.

Inscriptions d'office.

1°· Le vendeur privilégié, pour le paiement du prix, ou de ce qui reste dû, et le prêteur qui a fourni les deniers pour l'acquisition, conservent leur privilége par la transcription du contrat qui a transféré la propriété à l'acquéreur : cette transcription vaut inscription pour le vendeur et pour le prêteur qui lui aura fourni les deniers et qui sera subrogé aux droits du vendeur par le même contrat (Articles 2103 et 2108 du code civil).

« Sera néanmoins le conservateur des hypothèques
» tenu, sous peine de tous dommages et intérêts envers les
» tiers, de faire d'office l'inscription sur son registre des
» créances résultant de l'acte translatif de propriété,
» tant en faveur du vendeur qu'en faveur du prêteur qui
» pourront aussi faire faire, si elle ne l'a été, la transcrip-
» tion du contrat de vente, afin d'acquérir l'inscription de
» ce qui leur est dû sur le prix (article 2108). »

2°. L'inscription d'office est restreinte au vendeur ou au bailleur de fonds subrogé à ses droits (Opinion du ministre de la justice, transmise par une lettre du ministre des finances le 5 novembre 1811).

3°. Elle a lieu quand bien même les actes de vente, de partage et autres, seraient écrits sous signatures privées : le privilége accordé au vendeur est établi par la loi indépendamment de l'hypothèque : dès lors la créance peut être inscrite sans être fondée sur un acte notarié.

4°. Il n'est pas rédigé de bordereau pour les inscriptions d'office : les actes transcrits en tiennent lieu. (Circulaire n°. 1454).

5°. Lorsque le vendeur ou le prêteur qui ne demeurent pas dans l'arrondissement, n'y ont point élu domicile, le conservateur n'a pas le pouvoir de leur en fixer un d'office (arrêt de la cour de Paris du 31 mai 1813). Mais il peut inviter officieusement les parties à rectifier, en temps utile, l'omission qu'elles ont commise.

Cette circonstance ne l'empêche pas de faire l'inscription d'office. Il est bon toutefois d'observer, que dès que l'inscription est portée sur les registres, il n'est plus permis d'y rien changer. La partie doit dès lors requérir que, conformément à l'avis du conseil d'état du 26 décembre 1810, il soit rédigé à la date courante une inscription rectificative, et l'on pense qu'elle ne peut s'obtenir qu'en fournissant, soit un bordereau signé, soit tout autre acte qui autorise suffisamment le conservateur.

6°. Le privilége n'est point toutefois subordonné à la régularité de l'inscription d'office, puisqu'il est assuré par la simple transcription du contrat de vente. Un premier arrêt de la cour de Paris du 31 août 1810, décide en conséquence, que malgré les erreurs et même l'omission qu'aurait faites le préposé, la simple transcription assurerait suffisamment le privilége dans son intégrité. Un second, rendu par la même cour le 31 mai 1813, au sujet de significations faites, dans une poursuite d'ordre, au domicile que le conservateur avait élu d'office pour les vendeurs, porte : « Attendu que les vendeurs ont dû
» être parties dans l'ordre, et parties nécessaires ; que
» toutes significations ont dû être faites à leur domicile
» réel et non à un domicile élu pour eux par le conserva-
» teur des hypothèques qui n'avait pas ce pouvoir ; qu'en
» conséquence le jugement contre eux rendu en cette
» partie est absolument nul, ainsi que la signification
» qui n'a pu faire courir le délai de l'appel ; faisant droit,
» déclare ledit jugement et sa signification nuls ; en con-
» séquence condamne (le créancier colloqué pour une
» somme qui absorbait la totalité du prix) à rendre et
» restituer etc. »

7°. Les quittances sous signatures privées, mises à la suite ou produites au soutien des actes, ne dispensent pas de l'inscription d'office, parce qu'elles n'ont point le caractère d'authenticité nécessaire (Instruction générale n°. 521).

8°. Cependant celles renfermées dans les actes sous seing privé que l'on présente à la transcription , ne permettent pas d'inscrire d'office ; l'avis du conseil d'état du 3 floreal an 13 , qui autorise à transcrire ces actes , le décide implicitement : mais il faut que la quittance du prix soit contenue dans le contexte même de l'acte, car si elle en était séparée , le conservateur serait tenu de se conformer à l'article 2108 du code civil (Instructions générales n°. 316 et 521 , Lettres des ministres de la justice et des finances des 30 avril et 7 mai 1811).

9°. L'inscription d'office a uniquement pour objet la conservation du privilége sur les biens aliénés : elle ne doit donc porter que sur ces biens, et non sur l'hypothèque supplémentaire que donnerait l'acquéreur : cette dernière est purement conventionnelle ; si le vendeur veut la conserver , il faut qu'il requière une inscription spéciale dans la forme prescrite par l'article 2148 du code civil (Article 4275 du Journal de l'Enregistrement).

10°. La circonstance que le prêteur aurait , en vertu du titre obligatoire antérieur à la vente , requis une inscription sur les biens personnels de son débiteur, ne dispenserait pas d'inscrire d'office , parce que d'un côté les biens acquis n'ont pu être atteints , et que de l'autre la créance qui n'était qu'hypothécaire , devient privilégiée sur l'immeuble.

11°. La faillite de l'acquéreur ne peut empêcher d'inscrire d'office, puisque l'inscription prise , même dans les dix jours qui ont précédé la faillite , conserve le privilége du vendeur (Arrêt de la cour de Paris du 20 mai 1809).

12°. Si l'acte que les parties font transcrire , avait été passé avant la loi du 11 brumaire an 7 , le conservateur , quand bien même cet acte stipulerait , pour le paiement du prix , une hypothèque sur les biens présens et à venir , ne pourrait requérir d'office une inscription conforme à cette disposition. Il doit se borner à frapper d'hypothèque les biens aliénés, ceux sur lesquels porte le privilège.

13°. Il ne serait également pas autorisé à inscrire d'office contre le mari qui, en aliénant conjointement avec l'épouse, les propres de celle-ci, se soumettrait à en remplacer la valeur. Il doit se restreindre à l'obligation que lui impose l'article 2108 du code et ne rien ajouter à une responsabilité déjà assez étendue.

14°. L'inscription d'office conserve, pendant sa durée, tous les intérêts de la somme due aux vendeur et prêteur de fonds. (Arrêt de la cour de cassation du 1er. mai 1817.)

15°. Si le vendeur stipulait que l'acquéreur paiera entre les mains d'un ou de plusieurs de ses créanciers, l'inscription d'office ne pourrait être faite au nom de ces créanciers, mais bien aux seuls nom et profit du vendeur, parce qu'il n'y a que lui et le bailleur de fonds qui jouissent du privilége. (Arrêt de la cour de cassation du 22 avril 1807. Voir les articles 2958, 4083 et 4492 du Journal de l'Enregistrement.)

16°. Lors même qu'il serait annoncé dans un acte transcrit, que les créances dont l'acquéreur se charge en remplacement du vendeur, sont inscrites, le conservateur ne devrait pas moins fairé l'inscription d'office : l'obligation que la loi lui impose est générale, sans restriction ; la formalité qu'il remplit, conserve d'ailleurs un privilége ; enfin, la durée de l'inscription d'office excédera celle de l'autre. Il importe toutefois de rappeler, dans les mêmes termes que l'acte, la stipulation qui en est l'objet.

17°. Y a-t-il lieu à l'inscription d'office, lorsque, dans le contrat, les parties disent que le prix a été soldé en billets, et déclarent formellement que le défaut de représentation de ces billets en opérera le paiement? Il convient de distinguer : si l'acte détermine que la libération est pleine et absolue, il ne doit pas être pris d'inscription d'office ; mais s'il exprime la réserve du paiement des billets, s'il déclare que les biens vendus servent de garantie à ce paiement, l'inscription d'office devient alors indispensable.

18°. On impose quelquefois aux acquéreurs, l'obligation de pourvoir à des droits de légitimes non-liquidés; d'après la loi du 18 pluviose an 5, les légitimaires peuvent, il est vrai, recevoir leur portion en corps de bien; mais les dispositions de la loi sont facultatives, l'option est encore incertaine. (Arrêts de la cour de cassation des 17 pluviose, 25 germinal et 27 messidor, an 7.) Et dès lors, l'inscription doit être prise au profit du vendeur.

19°. Les réserves immobilières d'usufruit, ou d'usage et d'habitation, faites par le vendeur, ou le donataire, ne sont pas sujettes à l'inscription d'office : l'acquéreur ne peut transmettre aux tiers, plus de droits qu'il n'en a lui-même. (Article 2182 du code.) Ceux réservés sont réels, et l'article 526 du même code, déclare qu'ils sont immeubles. En conséquence, le ministre de la justice et celui des finances ont décidé les 17 et 22 mars 1808 : « Que » l'inscription d'office ne doit être prise ni pour la ré-» serve d'usufruit, ni pour celle du droit d'usage et d'ha-» bitation, par les vendeurs ou donateurs. » (Instruc. générale, n.º 372.)

20°. Aux termes d'une décision des ministres de la justice et des finances des 25 mai et 7 juin 1808 (Instruct. génér. n°. 385), les conservateurs ne peuvent refuser ou retarder la transcription d'une vente d'immeubles faite en détail à plusieurs acquéreurs non-solidaires, quoiqu'il ne soit présenté qu'une seule expédition pour tous ces acquéreurs; cependant lorsque le prix reste dû en tout ou en partie, il faut prendre d'office une inscription contre chaque acquéreur qui ne s'est point libéré, parce que le droit du vendeur est personnel sur chacun d'eux. (Art. 5507 du Journal de l'Enregistrement.)

21°. Une seule inscription suffirait contre un adjudicataire de plusieurs lots : le principe qui, pour l'enregistrement, veut que l'on cumule tous les articles vendus par un même acte à un seul particulier, s'applique aux droits d'hypothèques. (Art. 25 de la loi du 21 ventose an 7.)

22°. Il y a lieu à deux inscriptions d'office lors de la transcription d'une expédition dans laquelle se trouve copié un acte de vente antérieur, non transcrit, déposé aux mains du notaire, si ces actes constatent que le prix n'était pas payé.

23°. Toutes les fois qu'un même acte concerne plusieurs acquéreurs, donataires ou autres, et qu'il faut inscrire d'office, le conservateur doit examiner s'ils sont liés solidairement, ou co-obligés, et prendre une ou plusieurs inscriptions selon les conditions de l'acte : ainsi deux particuliers acquièrent sous des prix distincts, l'un la nue propriété, l'autre l'usufruit, et ne s'obligent pas solidairement à payer. Il faut alors deux inscriptions : il n'y a pas unité de créance. Dans l'hypothèse contraire, il n'en serait pris qu'une.

24. Il n'y aurait également lieu qu'à une simple inscription, quand même les prix seraient distincts, si les deux acquéreurs s'étaient obligés solidairement au paiement du prix et des charges.

25°. Lorsque par le même acte, un particulier aliène la nue propriété et un autre l'usufruit, au même acquéreur, il faut, s'il est stipulé un prix distinct pour chacun, deux inscriptions d'office puisqu'il y a deux créanciers étrangers l'un à l'autre, et que chacun a la faculté, sans attendre la transcription, d'assurer ses droits en les faisant inscrire.

26°. Ce n'est pas au profit des créanciers qui ont poursuivi une adjudication forcée, mais bien à celui de l'individu exproprié, que l'inscription d'office est prise. Les créanciers n'étaient pas propriétaires de l'immeuble. (Art. 5508 du Journal de l'Enregistrement.)

27°. L'inscription d'office pour les soultes stipulées dans un acte de partage, et non payées, et pour la garantie des charges contenues dans les donations entre-vifs, est nécessaire, puisque c'est d'elle que dépend la conservation des priviléges accordés, soit au co-partageant, soit au donateur. (Journal de l'Enregistrement, art. 4590.)

28°. Le conservateur ne doit pas inscrire d'office contre la caution que fournirait l'acquéreur pour sûreté du paiement du prix ; l'inscription d'office a pour but exclusif de conserver le privilége sur l'immeuble, et il n'existe aucun privilége contre la caution. C'est aux parties à faire inscrire, si elles le jugent convenable, et à remettre des bordereaux.

29°. Si le vendeur dispensait formellement d'inscrire d'office pour sûreté de ce qui resterait dû, conservateur n'aurait aucun égard à cette stipulation, parce que l'obligation que lui impose l'article 2108 du Code, ne cesse que dans le cas où le prix est entièrement soldé ; ce n'est pas seulement dans l'intérêt du vendeur, mais encore dans celui des tiers que l'inscription doit être formée. La nécessité d'inscrire, lorsqu'il n'existe pas de quittance authentique, ne peut faire la matière d'un doute. (Lettres des ministres de la justice et des finances des 30 avril et 18 mai 1811. Instruction générale, n°. 521. Délibér. du conseil d'administ. du 15 novembre 1820.)

30°. Lorsqu'un acte de vente comprend à la fois des meubles et des immeubles, et qu'il est stipulé un prix particulier pour ceux-ci, l'inscription d'office n'a lieu que pour le prix des immeubles. Si le vendeur veut faire inscrire pour sûreté de la valeur des meubles, c'est à lui de requérir une inscription dans la forme ordinaire, et d'en acquitter les droits. (Délibération de l'administration du 5 prairial an 8.)

31°. L'inscription d'office ne peut porter que sur les immeubles situés dans l'arrondissement ; quand les objets aliénés se trouvent dans plusieurs bureaux, chaque conservateur remplit la formalité pour ce qui le concerne.

32°. Si l'acte transcrit ne stipulait qu'un prix provisoire, et que celui définitif ne dût être connu que par un arpentage ou une expertise, le conservateur se bornerait à inscrire pour le prix provisoire, et libellerait en conséquence son inscription.

Il ne suffit pas qu'ensuite on lui représente le procès verbal des arpenteurs ou experts, pour qu'il puisse modifier de lui-même cette inscription, parce qu'il n'est tenu que de se conformer aux actes transcrits. On pense que la rectification ultérieure ne peut alors se faire qu'en vertu d'un acte authentique, qui autorise, soit à radier partiellement, quand la somme est inférieure au prix provisoire, soit, lorsqu'elle l'excède, à prendre une inscription supplétive.

33°. L'inscription doit désigner les biens ; la spécialité et la publicité lui sont nécessaires.

34°. Lorsqu'il y a une déclaration de command, c'est contre le command que l'inscription est prise. Le retard apporté soit à la présentation de l'acte au bureau de l'enregistrement, soit à la signification à faire au receveur, donne bien lieu à deux droits d'enregistrement. Mais cette circonstance n'empêche pas que la propriété ne soit passée du vendeur au command. Le second droit est une peine étrangère à l'hypothèque.

35°. Quoique le prix d'une vente ne soit payable qu'après le décès du vendeur, ou bien encore que par une disposition aléatoire, l'on déclare que, dans le cas où le vendeur, qui s'est réservé la jouissance, survivrait à l'acquéreur, les héritiers de celui-ci ne lui paieront point une somme convenue ; le conservateur n'est pas moins tenu d'inscrire d'office ; l'éventualité de la créance ne dispense pas de remplir les formalités nécessaires à sa sûreté.

36°. Quand une vente est faite au profit de l'état, il n'est pris aucune inscription d'office ; on n'inscrit point contre l'état.

37°. En ratifiant un acte de vente, ou autre contrat portant transmission d'immeubles, les parties stipulent quelquefois une augmentation de prix, et accordent un délai pour l'acquitter. Il faut, si la ratification est donnée à transcrire, prendre une inscription d'office pour la sûreté du supplément du prix ; celle qui aurait eu lieu sur la transcription du premier contrat, ne produirait aucun effet pour la conservation du supplément.

38°. Toute stipulation qui, dans le contrat de vente, constitue une créance éventuelle, au profit du vendeur, sur l'immeuble aliéné, doit être inscrite d'office.

CHAPITRE XVII.

Changemens de domicile. — Subrogations. — Cessions de priorité d'hypothèque.

§ 1ᵉʳ. *Changemens de domicile.*

1°. « Il est loisible à celui qui a requis une inscription, » ainsi qu'à ses représentans, ou cessionnaires par acte » authentique, de changer sur le registre des hypothèques » le domicile par lui élu, à la charge d'en choisir et in- » diquer un autre dans le même arrondissement. (Arti- » cle 2152 du Code civil.) »

2°. La déclaration portant changement du domicile, doit être faite et signée sur le registre des hypothèques ; le conservateur la rédige en marge de l'inscription, sauf, si l'espace manque, à la porter à la date courante du registre, avec une simple note (en marge de l'inscription) du volume et du numéro où est placé le changement de domicile. (Instruct. génér. n°. 123.)

3°. Les déclarans sont tenus de représenter le bordereau de l'inscription ; le changement de domicile y est mentionné. (Même instruc.)

4°. A défaut de représentation, le conservateur fournit l'extrait du registre, et place à la suite la mention du changement de domicile. (Décision du 23 octobre 1809.)

5°. Si les requérans agissent par procuration, ils en

remettent une expédition en forme au conservateur ; si c'est en qualité d'héritiers, ils laissent entre ses mains l'acte de décès de l'inscrit, et les titres authentiques qui prouvent qu'ils sont seuls et uniques héritiers. Enfin s'ils sont cessionnaires, ils déposent également l'expédition de l'acte notarié portant cession et subrogation à l'hypothèque du cédant. (Instruct. génér. n°. 123.)

6°. Le changement de domicile ne s'opère que par une mention, et sans qu'il soit besoin d'une déclaration passée par acte notarié. Le ministre a décidé, le 28 pluviose an 9, qu'une nouvelle inscription aurait des inconvéniens, et qu'un acte notarié n'était nécessaire que dans le cas où les déclarans ne sauraient pas signer. (Même instruction.)

7°. Le changement de domicile peut se faire simultanément avec la subrogation. (Instruct. génér. n°. 494.)

8°. Le cessionnaire d'une partie de créance peut changer, en ce qui le concerne, le domicile élu par l'inscription, s'il croit que son intérêt l'exige. (Décision des ministres de la justice et des finances des 17 et 28 juillet 1812.)

9°. L'article 2152 du Code civil, qui ne pérmet qu'au cessionnaire, par acte authentique, de faire changer le domicile élu dans l'inscription par son cédant, n'est pas applicable au cas où le cessionnaire, par acte sous seing privé, prend une inscription nouvelle. (Arrêt de la cour de cassation du 11 août 1819.)

§ 2. *Subrogations.*

1°. La subrogation dans les droits du créancier, au profit d'une tierce personne qui le paie, est, ou conventionnelle, ou légale (article 1247 du code civil).

2°. Les cessionnaires de créances, même de celles privilégiées, sont au lieu et place de leurs cédans ; ils en exercent les droits (Voir l'article 2112 même code).

3°. « La subrogation est conventionnelle, 1°. lorsque le

» créancier recevant son paiement d'une tierce personne,
» la subroge dans ses droits, actions, priviléges ou hy-
» pothèques contre le débiteur : cette subrogation doit
» être expresse et faite en même temps que le paiement ;
» 2°. lorsque le débiteur emprunte une somme à l'effet
» de payer sa dette et de subroger le prêteur dans les
» droits du créancier : il faut, pour que cette subroga-
» tion soit valable, que l'acte d'emprunt et la quittance
» soient passés devant notaires ; que dans l'acte d'em-
» prunt, il soit déclaré que la somme a été empruntée
» pour faire le paiement, et que dans la quittance il soit
» déclaré que le paiement a été fait des deniers fournis à
» cet effet par le nouveau créancier. Cette subrogation
» s'opère sans le concours de la volonté du créancier. »
(Article 1250 du Code civil.)

4°. « Celle légale a lieu de plein droit, 1°. au profit
» de celui qui étant lui-même créancier, paye un autre
» créancier qui lui est préférable à raison de ses privi-
» léges ou hypothèques ; 2°. au profit de l'acquéreur
» d'un immeuble qui emploie le prix de son acquisition
» au paiement des créanciers auxquels cet héritage était
» hypothéqué ; 3°. au profit de celui qui, étant tenu avec
» d'autres, ou pour d'autres, au paiement de la dette,
» avait intérêt de l'acquitter ; 4°. au profit de l'héritier
» bénéficiaire qui a payé de ses deniers les dettes de la
» succession. » (Article 1251 du même Code.)

5°. Puisque le subrogé exerce les droits du créancier,
il est intéressé à veiller à leur conservation : il lui importe donc de se faire connaître : sans cela les tiers s'a-
dresseraient à l'ancien créancier qui étant dessaisi, négligerait souvent de remplir les formalités voulues.

6°. La subrogation et le changement de domicile peuvent se faire simultanément. (Instruction générale, n°. 494.)
Le changement de domicile est la principale formalité,
et la seule prévue par l'article 2152 du Code, même
en ce qui concerne les cessionnaires. La manière d'o-

pérer le changement de domicile s'applique conséquemment à la subrogation, et dès lors les dispositions de l'Instruction générale, n°. 123, doivent être observées.

7°. Ainsi, pour rendre publique la subrogation, il y a lieu de la déclarer au bureau des hypothèques et de réquérir qu'il en soit fait mention en marge de l'inscription sur le registre.

8°. La déclaration est faite en personne, par le subrogé qui la signe, ainsi que le conservateur.

9°. Si le déclarant ne sait point écrire, ou s'il agit par un fondé de pouvoir, la procuration reste au conservateur, parce qu'il lui importe de justifier dans tous les temps de la régularité de ses opérations.

10°. L'expédition authentique du titre qui subroge, doit également rester à l'appui. (Décision de l'administration du 22 ventôse an 10. Délibération du 30 juin 1808, et Instruction générale, n°. 123.)

Sans cette précaution la responsabilité des conservateurs pourrait être compromise, puisque beaucoup de subrogations se font par des quittances en brevet, et que ces quittances, dans le cas où la radiation consentie par le subrogé serait ultérieurement contestée, ne pourraient être produites.

11°. La représentation du bordereau inscrit, est également nécessaire puisque c'est à la suite ou en marge de celui-ci, que le conservateur fait mention de la déclaration portée sur son registre.

12°. Si le requérant ne pouvait le représenter, alors le conservateur délivrerait, dans la forme ordinaire, la copie de l'inscription ; puis il ajouterait, par un certificat, la mention de la subrogation. (Décision du 23 octobre 1809.)

Au surplus, le conservateur étant responsable de ses faits, c'est à lui à juger s'il a besoin d'appuyer ses opérations par des dépôts de pièces. Les difficultés qui s'élèveraient à cet égard sont du ressort des tribunaux. (Délibération de l'administration du 3o juin 1808.)

13°. Quand il ne se trouve pas assez d'espace en marge du registre pour pouvoir y écrire la déclaration, le conservateur la porte à la date courante, indique le volume et l'article auxquels elle se rattache, et annote cet article de la mention nécessaire.

14°. Il est essentiel de ne pas confondre les déclarations de subrogation, qui sont dispensées du droit proportionnel, avec les inscriptions que le subrogé peut prendre personnellement, soit pour acquérir l'hypothèque si la créance n'était pas inscrite, soit en renouvellement. Ces inscriptions rentrent alors dans la classe ordinaire.

15°. Il faut, dans la relation de la formalité, éviter toute amphibologie, indiquer que la subrogation a été opérée par une déclaration, et mettre le subrogé à portée de connaître que la formalité qu'il a remplie n'équivaut pas à une inscription. Sans cette précaution, le subrogé pourrait se croire en sécurité, attendre la dixième année de la déclaration pour présenter des bordereaux de renouvellement, et il serait dans l'erreur.

Le 5 juillet 1815, la cour royale de Paris a décidé qu'une inscription de subrogation ne pouvait valoir que comme mention de subrogation, et ne produisait pas renouvellement; son arrêt a été confirmé en cassation le 14 janvier 1818. (Articles 5497, et 6213 du Journal de l'Enregistrement.)

16°. Le vendeur et le prêteur de fonds peuvent subroger aux droits de l'inscription prise d'office dans leur intérêt; la déclaration exige les mêmes formalités que pour les autres créances.

17°. La cour de cassation avait d'abord décidé, le 16 mars 1813, que, lorsque l'acquéreur emprunte pour payer, et promet, en employant les deniers, de faire subroger le prêteur au privilége du vendeur, il fallait, pour que l'inscription conférât le privilége, qu'elle rappelât la date de l'acte de subrogation, parce que jusque-là le privilége n'était pas constitué, l'emploi des deniers pouvant ne pas se faire.

18°. Mais la question s'étant reproduite sous un nouveau jour, l'on fit observer que les formalités hypothécaires n'avaient pas pour objet de prouver d'une manière certaine que le créancier a droit au privilége pour lequel il s'inscrit; qu'il suffit, pour la publicité de cette hypothèque, que ceux qui consultent les registres du conservateur, apprennent que tel privilége ou telle hypothèque peut grever les biens de la personne avec laquelle ils se proposent de contracter; que s'ils veulent de plus amples renseignemens, et s'assurer de la réalité du privilége ou de l'hypothèque, c'est ailleurs qu'ils doivent s'en informer.

Le 26 novembre 1816, intervint un arrêt qui porte : « Considérant que l'article 17 de la loi du 11 brumaire » an 7, n'exige, pour la validité des inscriptions hypothé- » caires, que l'indication de la date du titre avec l'époque » à laquelle l'hypothèque ou le privilége a pris naissance; » que le Code civil n'y ajoute rien, en ordonnant que » l'inscription fera connaître l'époque et la nature des » obligations; qu'il suffit dès lors, pour la conservation » du privilége, que l'inscrivant fasse mention de la date » du titre qui le constitue, et qu'il s'inscrive pour le con- » server; que les lois invoquées par les demandeurs, ne » disent pas que les quittances qui contiennent la subro- » gation seront indiquées; d'où il suit qu'il suffit d'an- » noncer que la subrogation promise a été effectuée; que » c'est l'annoncer d'une manière assez claire et assez pré- » cise, que de déclarer que l'on s'inscrit pour la conserva- » tion du privilége établi par l'acte constitutif de la » créance, lorsque la date de ce titre se trouve indiquée » dans l'acte en vertu duquel l'inscription est prise; qu'en » effet, d'après une pareille indication, aucune des per-

» sonnés qui peuvent y avoir intérêt, ne peut être trom-
» pée. »

19°. On a pensé que le cessionnaire n'étant saisi, à l'égard des tiers, que par la signification du transport au débiteur, ou par l'acceptation que ce débiteur aura faite dans un acte authentique, (art. 1690 du Code civil.) le préposé, pour mettre sa garantie à couvert, pouvait exiger la preuve que le cessionnaire est légalement saisi de la créance. Mais cette opinion ne paraît pas pouvoir se soutenir : la signification est étrangère à la formalité requise pour donner connaissance de la subrogation ; elle n'est point indispensable à cette formalité ; et puisque la cour de cassation a décidé, le 25 mars 1816, que le cessionnaire d'une créance pouvait la faire inscrire avant d'avoir notifié le transport au débiteur, on doit conclure que, pour faire la subrogation sur les registres, on n'est pas tenu de justifier de la signification du transport.

20°. Le transport fait par un commerçant, avant sa faillite, n'est point valable à l'égard des créanciers, lorsqu'il n'a été notifié au débiteur que postérieurement à la faillite. (Arrêt de la cour de Paris du 13 décembre 1814.)

21°. On a la faculté de subroger aux droits qui naissent d'une inscription en garantie, soit pour cause d'éviction ou de trouble, soit pour assurer le remboursement de deniers dotaux.

22°. Quand une femme, dûment autorisée ou devenue veuve, subroge successivement plusieurs créanciers à son hypothèque légale non inscrite, le premier créancier subrogé, qui n'a point fait inscrire sa subrogation, est préféré au second qui a rempli cette formalité. Aucune disposition des Codes n'oblige un cessionnaire à faire inscrire l'acte de cession ou subrogation ; cette formalité qui n'est point nécessaire, ne peut attribuer un droit de préférence. (Arrêt de la cour de Paris, du 12 décembre 1817.)

23°. La femme mariée sous le régime de la communauté, peut, avec l'autorisation de son mari, renoncer en faveur d'un tiers à son hypothèque légale. (Arrêt de la cour de Paris du 16 janvier 1819.)

24°. Lorsqu'elle concourt à l'obligation hypothécaire que consent le mari en faveur d'un tiers, elle renonce par-là à exercer son hypothèque légale au préjudice de ce tiers.

Elle lui cède la priorité sur elle-même et sur les créanciers qu'elle subrogerait ultérieurement à son hypothèque. (Arrêt de la cour de Lyon du 22 juillet 1819.)

25°. La subrogation peut n'être que partielle, puisque le créancier est libre de ne céder qu'une partie de sa créance : il arrive souvent qu'un capital est délégué à plusieurs individus.

Dans ces circonstances, il doit être requis et fait autant de déclarations de subrogation, qu'il y a de subrogés ayant des intérêts distincts.

26°. Lorsque, par l'effet d'une ou plusieurs subrogations, la créance se trouve divisée, chacun des créanciers est tenu de veiller à la conservation de son droit ; le renouvellement de l'inscription par l'un d'eux, pour sa portion, ne peut profiter aux autres.

27°. Le cessionnaire peut renouveler l'inscription prise par son cédant, sans être tenu de faire mention de l'acte de cession, même lorsque cet acte est sous seing privé, non enregistré, et qu'il n'a pas été signifié au débiteur. (Arrêt de la cour de cassation du 11 août 1819.) Le renouvellement annonce alors qu'il y a subrogation.

28°. Il ne faut pas confondre la subrogation avec la novation de créance, ou avec la délégation par laquelle un débiteur donne à son créancier un autre débiteur : aux termes de l'article 1278 du Code civil, « les priviléges et » hypothèques de l'ancienne créance ne passent point à » celle qui lui est substituée, à moins que le créancier ne » les ait expressément réservés. »

§ 3. *Cession de priorité d'hypothèque.*

1°. Un créancier qui en prime un autre, cède à celui-ci, par acte authentique, la priorité d'hypothèque, et prend sa place : c'est moins, dans l'espèce, une subrogation de créance que de rang. Quelques conservateurs, en s'é-tayant des articles 1249, 1250, 1251, 1252 et 2112 du Code, pensent qu'ils ne sont point autorisés à en faire mention en marge des inscriptions : d'autres au contraire opèrent sans difficulté cette mention ; ils soutiennent que l'hypothèque étant un droit réel, non-seulement la subro-gation est permise, mais qu'il importe aussi, puisqu'en cette matière tout est rendu public, que la mention soit faite sur les registres. Leur avis, qui est partagé par les éditeurs du dictionnaire de l'enregistrement, se trouve en harmonie avec une décision ministérielle du 7 juin 1808, rappelée au paragraphe 11 de l'Instruct. génér. n°. 386.

2°. La femme mariée sous le régime dotal, ne peut cé-der la priorité de son hypothèque : cette cession serait une aliénation du fonds dotal. (Arrêt de la cour de Paris du 1er. juillet 1809.)

CHAPITRE XVIII.

Accroissement d'hypothèque. — Inscriptions exces-sives. — Prorogation de délai. — Concurrence. — Intérêts conservés par l'inscription.

§ 1er. *Accroissement.*

1°. Les hypothèques légales et judiciaires, et celles conventionnelles, lorsque le titre est antérieur à la loi du 11 brumaire an 7, et qu'il confère hypothèque sur tous les biens présens et à venir, grèvent toutes les propriétés du débiteur à mesure qu'elles passent dans ses mains. Celles conventionnelles postérieures à la même loi, ne frappent que sur les biens spécialement désignés : toutefois l'article 2130 du Code porte : « Si les biens présens » et libres du débiteur sont insuffisans pour la sûreté de » la créance, il peut, en exprimant cette insuffisance, » consentir que chacun des biens qu'il acquerra par la » suite, y demeure affecté à mesure des acquisitions. »

2°. L'article 2131 détermine aussi les circonstances dans lesquelles le créancier, par titre conventionnel, a le droit, ou d'obtenir un supplément d'hypothèque, ou de poursuivre son remboursement ; il porte : « Pareille- » ment, en cas que l'immeuble ou les immeubles pré- » sens, assujettis à l'hypothèque, eussent péri ou éprouvé » des dégradations, de manière qu'ils fussent devenus » insuffisans pour la sûreté du créancier, celui-ci pourra, » ou poursuivre dès à présent son remboursement, ou » obtenir un supplément d'hypothèque. »

3°. Le propriétaire de la surface d'une mine, a sur cette mine des droits dont la valeur est réglée par l'acte de concession : cette valeur réunie à celle de la surface, est affectée avec elle, aux hypothèques des créanciers du propriétaire.

4°. Si la concession était faite au propriétaire même, la surface recevrait toujours un accroissement égal à la redevance déterminée par l'acte du gouvernement : alors la double propriété de la surface, et de la mine, subsisterait distinctement dans les mêmes mains. (Loi du 21 avril 1810.)

§ 2. *Inscriptions excessives.* — *Leur réduction.*

« 1°. Toutes les fois que les inscriptions prises par un » créancier qui, d'après la loi, aurait droit d'en prendre » sur les biens présens ou sur les biens à venir d'un dé- » biteur, sans limitation convenue, seront portées sur » plus de domaines différens qu'il n'est nécessaire à la » sûreté des créances, l'action en réduction des inscrip- » tions, ou en radiation d'une partie, en ce qui excède la

» proportion convenable, est ouverte au débiteur. On
» y suit les règles de compétence établies dans l'article
» 2159.

« La disposition du présent article ne s'applique pas
» aux hypothèques conventionnelles. » (Article 2161 du
code civil.)

« 2°. Sont réputées excessives les inscriptions qui frap-
» pent sur plusieurs domaines, lorsque la valeur d'un
» seul ou de quelques-uns d'entre eux excède de plus
» d'un tiers, en fonds libres, le montant des créances en
» capital et accessoires légaux. » (Article 2162 du Code
civil.)

« 3°. Peuvent aussi être réduites comme excessives, les
» inscriptions prises d'après l'évaluation faite par le
» créancier, des créances qui, en ce qui concerne l'hy-
» pothèque à établir pour leur sûreté , n'ont pas été ré-
» glées par la convention, et qui par leur nature sont
» conditionnelles , éventuelles ou indéterminées. » (Article 2163 du Code civil.)

4°. Non-seulement l'article 2140 du Code autorise à
stipuler par contrat de mariage entre majeurs, qu'il ne
sera pris d'inscription pour l'hypothèque de la dot, des
reprises et conventions matrimoniales de la femme, que
sur certains immeubles du mari ; l'article 2144 , détermine encore que le mari, pourra du consentement de sa
femme et après avoir pris l'avis des quatre plus proches
parents d'icelle , réunis en assemblée de famille, demander que l'hypothèque générale sur les immeubles ,
pour raison de la dot, des reprises et conventions matrimoniales, soit restreinte aux immeubles suffisants pour
la conservation entière des droits de la femme.

5°. La cour royale de Paris a jugé le 16 juillet 1813,
que cette hypothèque pouvait être réduite jusqu'à concurrence des créances désignées dans le contrat de mariage, quand la femme ne justifie pas que le mari ait

profité de l'aliénation de quelques-uns de ses propres, ou qu'elle ait contre lui d'autres créances actuelles.

6°. Les parens réunis en conseil de famille sont pareillement autorisés par l'article 2141 du Code, à convenir qu'il ne sera pris d'inscription pour l'hypothèque légale des mineurs ; que sur certains immeubles du tuteur, et celui-ci, lorsque l'acte de nomination ne restreint pas l'hypothèque, a le droit, aux termes de l'article 2143, de la faire réduire aux immeubles suffisants pour opérer une pleine garantie en faveur des mineurs.

7°. L'hypothèque générale stipulée sous la législation ancienne, n'est pas susceptible de réduction : ce serait porter atteinte à la foi des contrats : les lois n'ont pas d'effet retroactif et ne règlent que pour l'avenir. (Lettre du ministre de la justice du 8 février 1811.)

§ 3. *Prorogation de délai.*

Après avoir pris une inscription qui mentionne l'époque de l'exigibilité des sommes dues, le créancier accorde conventionnellement au débiteur une prorogation de délai, et stipule que l'hypothèque acquise subsistera : des créanciers ont, en vertu de tels actes, requis les conservateurs de faire mention de la prorogation de délai en marge des inscriptions et quelques-uns y ont consenti.

On ne trouve aucune disposition de la loi, aucune instruction qui autorise la mention dont il s'agit : elle ne produit aucun effet contre les tiers ; elle ne change nullement l'époque de l'exigibilité indiquée dans l'inscription, et sous ce rapport elle devient dangereuse pour la fausse sécurité qu'elle peut inspirer au créancier. « Il ne » suffit pas que le particulier qui traite, ait eu connais- » sance du droit acquis à un créancier antérieur, pour » être primé par lui ; il faut que cette connaissance lui » soit donnée dans la forme spécifique portée par la loi, » c'est-à-dire par une inscription prise en la manière et

» dans le temps qu'elle a déterminés. » (Arrèt de la cour royale de Paris du 21 juillet 1807.) Or, la mention d'une prorogation de délai n'est point la manière que la loi a déterminée pour conserver l'hypothèque : une nouvelle inscription paraît dans ce cas indispensable, si les parties croient nécessaire de rendre publique la prorogation de délai.

§ 4. *Concurrence entre les créanciers inscrits.*

1°. Tous les créanciers inscrits le même jour exercent en concurrence une hypothèque de la même date, sans distinction entre l'inscription du matin et celle du soir, quand cette différence serait marquée par le conservateur. (Article 2147 du code civil.) Cet article ne porte aucun préjudice aux créanciers privilégiés, lorsque d'ailleurs ils se sont conformés à la loi. (*Voyez* Privilége.)

2°. Le créancier dont l'inscription est nulle, et celui qui n'a pas fait inscrire, n'ont plus que des créances qui concourent avec celles chirographaires.

§ 5. *Intéréts conservés par l'inscription.*

1°. En vertu de son inscription, le simple créancier a droit, conformément à l'article 2151 du Code, d'être colloqué, pour deux années d'intérêt, et l'année courante, au même rang que pour son capital.

2°. Le paiement qui lui aurait été fait de plusieurs années d'arrérages, ne l'empêche point, lorsque ceux des deux dernières années et de l'année courante lui sont dus, de jouir du bénéfice de la loi. (Arrêt de la cour de cassation du 27 mai 1816.)

3°. La disposition finale de l'article 2151 l'oblige seulement à se faire inscrire pour les arrérages, autres que ceux conservés par la première inscription. (Même arrêt.)

CHAPITRE XIX.

Renouvellement

1°. « Les inscriptions conservent l'hypothèque et le
» privilége pendant dix années, à compter du jour de
» leur date. Leur effet cesse, si ces inscriptions n'ont été
» renouvelées avant l'expiration de ce délai. » (Art. 2154
du Code civil.)

Cette obligation, de renouveler avant l'expiration des
dix années, avait déja été imposée par la loi du 9 messidor an 3, et par celle du 11 brumaire an 7.

2°. Si le dernier jour du délai était férié, le renouvellement, qui n'aurait pas été fait avant ce jour, ne conserverait point l'hypothèque.

3°. Il y avait divergence d'opinions sur la question de
savoir si le jour de l'inscription et celui où la dixième
année expire, devaient être comptés dans le délai. La cour
de Colmar s'était prononcée pour l'affirmative et avait
décidé, le 30 juillet 1813, qu'une inscription, prise le
24 mai 1799, n'avait pu être renouvelée le 24 mai 1809,
ce jour-là étant le premier de la onzième année. Celle de
Paris, par un arrêt du 21 mai 1814, avait, au contraire,
statué qu'une inscription, faite le 12 mai 1799, avait été
utilement renouvelée le 13 mai 1809.

Par arrêt du 17 juin 1817, la cour suprême a fixé les
principes : « Considérant que les inscriptions ne conser-
» vent l'hypothèque que pendant dix années à compter
» de leur date, et que leur effet cesse si elles n'ont pas
» été renouvelées avant l'expiration de ce délai.

» Que l'inscription du demandeur, ayant été faite le
» 14 avril 1799, aurait dû être renouvelée avant le 14 avril
» 1809, et qu'elle ne l'a pas été. »

Ainsi le délai est de rigueur ; le principe *dies termini
non computantur in termino*, ne lui est point applicable et
ne permet pas de l'étendre.

4°. Pour opérer le renouvellement, le créancier doit fournir de nouveaux bordereaux rédigés dans la forme prescrite par les articles 17 de la loi du 11 brumaire an 7, et 2148 du Code civil, et appuyés de la représentation du titre, s'il s'agit d'une créance postérieure à la première de ces lois. (Instruct. génér. n°. 316,)

Un arrêt de la cour de cassation, du 14 avril 1817, a infirmé celui d'une cour royale qui avait décidé que la représentation du titre, pour une créance antérieure à la loi de brumaire, était indispensable. On ne serait pas plus fondé à faire représenter l'acte récognitif, postérieur à la loi de brumaire, parce que cet acte, quoique rappelé dans le bordereau, ne constitue point la créance.

5°. Rien de ce qui est nécessaire à la validité d'une inscription ne doit y être omis (1).

6°. Le conservateur remplit les mêmes formalités que s'il s'agissait d'une inscription requise pour la première fois. Il rappelle en marge du registre le numéro, le volume de l'ancienne inscription, et porte la nouvelle au répertoire, dans la même case que l'ancienne, ou bien, à défaut d'espace, dans la case qu'il ouvre à cet effet, en ayant soin de renvoyer de l'une à l'autre; il indique le renouvellement sur le répertoire, en marge de la mention de la première inscription, et ajoute à la table du répertoire les nouveaux numéros qu'elle doit contenir. (Instruct. génér. n°. 316.)

7°. Lorsque le renouvellement s'opère contre l'héritier désigné du débiteur, il faut, si cet héritier n'a point de

---

(1) La jurisprudence n'est pas encore fixée sur ce principe : on a soutenu devant un tribunal, que le créancier qui, dans son bordereau de renouvellement, avait omis d'indiquer la date et la nature du titre, mais qui avait rappelé l'inscription primitive dans laquelle se trouvait la mention de la date et de la nature de l'acte, avait conservé son hypothèque; et ce moyen a réussi. Les juges ont considéré que le 1er. et le 2e. bordereau étaient corrélatifs; et s'appuyant sur divers arrêts (Voyez chap. 7, date du titre), ils ont colloqué le créancier à son rang d'hypothèque.

case sur le répertoire, lui en ouvrir une, et annoter dans celle concernant le défunt, que l'inscription a été renouvelée contre son héritier.

8°. Un avis du conseil d'état, du 15 décembre 1807, a statué sur la question de savoir 1°. si les inscriptions prises d'office et celles requises pour les femmes, les mineurs et le trésor public, sur les biens des maris, tuteurs et comptables, sont dans le cas d'être renouvelées avant l'expiration du délai décennal; 2°. si c'est aux conservateurs ou aux parties intéressées à pourvoir à ce renouvellement.

Il porte que la question est décidée par l'article 2154 du Code, et après avoir expliqué les motifs et le sens de cet article, il en présente le résumé suivant :

1°. « Toute inscription doit être renouvelée *avant l'expiration du laps de dix années.*

2°. » Lorsque l'inscription a été nécessaire pour opérer l'hypothèque, le renouvellement est nécessaire » pour sa conservation (1).

3°. » Lorsque l'hypothèque existe indépendamment de » l'inscription, et que celle-ci n'est ordonnée que sous » des peines particulières, ceux qui ont dû la faire doi- » vent la renouveler sous les mêmes peines (2).

4°. » Enfin lorsque l'inscription a dû être faite d'office » par le conservateur, elle doit être renouvelée par le » créancier qui a intérêt. » (Instruc. génér. n°. 374.)

9°. Les seules inscriptions, que les conservateurs doivent renouveler d'office, sont celles relatives aux rentes et redevances faisant partie des dotations : ils sont tenus,

---

(1) L'inscription n'est pas nécessaire pour assurer les droits des femmes, des mineurs et des interdits ; art. 2135 du code (Voyez hypothèque légale, pour les exceptions.)

(2) Les maris, les tuteurs sont obligés de rendre publiques les hypothèques qui grèvent leurs biens en raison du mariage ou de la tutelle (Art. 2136 du code civil) ; c'est donc à eux, quand l'inscription doit encore subsister, à en opérer le renouvellement.

dans le mois qui précède l'expiration du délai où cesserait l'effet de ces inscriptions, d'en opérer le renouvellement, et d'en justifier, dans le mois suivant, à l'intendant général du domaine, aujourd'hui à M. le directeur général. (Décret du 22 décembre 1812. Instruc. génér. nᵒ. 625.)

10º. On avait prétendu que la conservation du privilége du vendeur ne pouvait dépendre du renouvellement; que c'était placer ce vendeur dans une position bien moins avantageuse que si aucune inscription d'office n'avait été prise en sa faveur, puisque dans cette dernière hypothèse son privilége conservé indéfiniment, n'aurait été sujet à l'inscription que dans la quinzaine de la transcription du contrat de revente.

Ce raisonnement a été écarté par un arrêt de la cour de Paris, du 24 mars 1817 ; le vendeur privilégié, qui avait laissé expirer les dix ans, sans avoir renouvelé l'inscription d'office, et qui en avait requis une dans les quinze jours de la transcription du second contrat, n'a pris rang qu'à partir de cette dernière inscription.

11º. Lorsque le débiteur, désigné dans l'inscription primitive, a postérieurement aliéné les biens à un tiers, et que ce tiers a fait transcrire son contrat sans purger de leurs charges, les propriétés par lui acquises; l'inscription en renouvellement doit être prise contre le débiteur, même après la quinzaine de la transcription : elle ne serait point valable si elle était requise contre l'acquéreur. (Arrêt de la cour de cassation du 27 mai 1816.)

12º. Une inscription, pour la conservation des intérêts échus d'une obligation précédemment inscrite, est particulière pour ces intérêts : elle ne concerne qu'eux, et encore bien qu'elle rappelle l'obligation, sa date et la première inscription, elle ne renouvelle point celle-ci.

13º. La faillite du débiteur ne fixe irrévocablement le sort des créanciers entre eux, qu'en ce sens que le failli ne peut accorder de droits nouveaux à aucun d'eux, au préjudice des autres : elle n'empêche point que ces créanciers ne puissent perdre les droits qu'ils avaient acquis, et il leur importe, pour les conserver, de renouveler leurs inscriptions dans le délai décennal. (Arrêt de la cour royale de Dijon du 16 février 1819.) La cour de cassation avait déjà prononcé , le 17 juin 1817, que l'on n'est pas dispensé de renouveler l'inscription lorsque le débiteur est tombé en faillite.

14°. Le créancier , sur un immeuble dont l'expropriation se poursuit judiciairement, est tenu de renouveler son inscription avant l'expiration des dix ans : son droit d'hypothèque n'est point encore converti en droit sur le prix ; jusque-là il peut le perdre.

15°. Plusieurs cours royales avaient pensé que le sort des inscriptions était fixé par l'enregistrement de la notification des placards aux créanciers inscrits, et celle de Paris avait encore prononcé , le 23 avril 1818, que le créancier qui avait poursuivi la saisie immobilière d'une maison indivise, mais qui n'avait point fait notifier le placard aux créanciers inscrits , parce que, sur la demande du copropriétaire de la maison , celle-ci fut licitée, n'était point obligé de renouveler une inscription qui n'avait pas atteint sa dixième année lors de la saisie : mais l'arrêt fut annulé le 31 janvier 1821 par la cour suprême.

« Vû l'article 2154 du Code civil ;

» Attendu 1°. que la disposition de cet article est absolue et tient essentiellement à l'ordre public ; qu'il en » résulte que jusqu'à ce que les inscriptions aient produit » leur effet, elles doivent être renouvelées dans le délai » prescrit.... 2°. Que la saisie immobilière , la dénonciation qui en est faite , ni la transcription et l'enregistrement de ces actes au greffe et au bureau des hypothèques, ne donnent aux inscriptions, ni une publicité, » ni un effet capable de remplir le but du renouvellement, etc. »

16°. Dans un autre arrêt rendu , le 9 août 1821, par

la section des requêtes, sur la question de savoir si un créancier dont l'inscription n'avait atteint la révolution du délai décennal qu'après la notification des placards et sa transcription au bureau des hypothèques, pouvait se faire colloquer utilement, la cour a de nouveau prononcé la négative.... « L'effet des inscriptions cesse si elles n'ont » pas été renouvelées dans les dix ans : on ne trouve » dans les codes aucune exception en vertu de laquelle on » soit dispensé de renouveler : dès lors tout créancier » soumis par la loi à l'obligation d'inscrire, qui se pré- » sente à l'ordre avec une inscription non renouvelée » dans le délai légal, ne peut s'étayer de cette inscrip- » tion comme d'un titre valable et efficace. Les actes de » procédure en expropriation et la notification des pla- » cards n'opèrent point entre les créanciers un contrat » judiciaire, à la faveur duquel la prescription soit in- » terrompue : ils ne sont que des formalités préliminai- » res à la vente des biens : enfin la discussion du droit » réel d'hypothèque et du rang des créanciers, ne com- » mence que lors de l'ouverture de l'ordre, époque à la- » quelle chacun des créanciers doit présenter des titres » réguliers. » Tels sont les motifs de l'arrêt : il est donc indispensable de renouveler les inscriptions jusqu'à ce qu'elles aient produit leur effet.

17°. Lorsque, par l'effet d'un changement de démarca- tion, les biens grevés de l'inscription primitive se trou- vent, à l'époque du renouvellement, situés dans l'arron- dissement d'un autre bureau, c'est à ce bureau qu'il faut renouveler, parce qu'une inscription ne peut être prise qu'à celui de la situation des biens. (Article 2146.)

L'inscription en renouvellement est indépendante et distincte de celle primitive.

18°. Le même article 2146 ne dispense pas de renou- veler l'inscription prise contre un débiteur dont la suc- cession n'a été acceptée que sous bénéfice d'inventaire : le renouvellement est nécessaire pour conserver l'effet de l'inscription. (Arrêt de la cour de cassation du 17 juin 1817.)

19°. Le créancier qui a obtenu contre un tiers détenteur un jugement de déclaration d'hypothèque, est obligé de renouveler son inscription dans les dix ans pour pouvoir exercer son action hypothécaire contre ce même détenteur. (Même arrêt.)

20°. S'il ne la renouvelle point, le tiers détenteur peut purger l'hypothèque en faisant transcrire son contrat. (Même arrêt.)

21°. Quand un ordre est ouvert, le créancier, pour conserver ses droits sur des biens possédés par une autre personne que celle expropriée, est tenu de renouveler son inscription. (Même arrêt.) (1)

22°. Le créancier qui a reçu une partie de la somme exprimée dans l'inscription primitive, peut ne renouveler que pour ce qui reste dû.

23°. Quoiqu'une inscription ait été précédemment radiée en vertu d'un consentement authentique, le créancier en a cependant demandé le renouvellement par des bordereaux. Le conservateur n'est point fondé, sous le prétexte de la radiation, à refuser d'inscrire le renouvellement : la radiation a pu résulter d'un consentement supposé ou vicieux, et le préposé n'a point à examiner les motifs qui déterminent les parties.

On éprouve plus que jamais, dans cette circonstance, le besoin d'avoir des bordereaux signés.

24°. Le cessionnaire par acte sous seing privé, non enregistré et qui n'a pas été notifié au débiteur, peut renouveler l'inscription prise par son cédant : il n'est pas nécessaire qu'il indique l'acte en vertu duquel il est de-

---

(1) Il en serait de même sans doute, s'il s'agissait de conserver l'hypothèque sur des biens restés entre les mains du débiteur, autres que ceux sur le prix desquels l'ordre est ouvert.

venu propriétaire. (Arrêt de la cour de cassation du 11 août 1819.)

25°. Quand plusieurs obligations ont été consenties par un même débiteur au profit d'un même créancier, on peut par une seule inscription renouveler celles qui avaient été prises divisément. (Décision du ministre du 12 janvier 1813, article 4539 du Journal de l'enregistrement.)

26°. Les employés de la direction générale de l'enregistrement, sont tenus sous leur responsabilité, de renouveler les inscriptions qui la concernent. (Instruction générale, n°. 374, et Circulaire du 22 septembre 1808.)

27°. La cour royale de Paris a jugé le 5 juillet 1815, que, « Les inscriptions de renouvellement ne sont et ne » peuvent être dispensées des formalités requises pour la » validité des inscriptions en général, et que la mention » du titre originaire est une des formalités substantiel- » les. » (Article 5497 du Journal de l'Enregistrement.)

28°. La transcription d'un contrat de vente arrête le cours des inscriptions, en ce sens, que les créanciers non inscrits du vendeur ne peuvent plus frapper l'immeuble d'hypothèque ; mais elle ne s'oppose pas au renouvellement des inscriptions déjà faites : ce renouvellement qui est nécessaire, doit toujours avoir lieu sous le nom du précédent possesseur, parce qu'il est le débiteur originaire. (Arrêt de la cour de cassation du 27 mai 1816.)

29°. On a l'usage, dans quelques conservations, de faire prévenir les créanciers que leurs inscriptions touchent à la révolution du délai décennal et qu'il serait bon, s'ils veulent en assurer les effets, de les renouveler. Ce procédé officieux n'a jamais été commandé : s'il est utile aux uns, il peut nuire aux autres : il détermine à remplir des formalités qui n'auraient pas toujours eu lieu ; enfin il peut inspirer aux créanciers la fausse confiance qu'on doit les avertir.

Les préposés n'étant tenus, ni de prévenir les parties,

ni de veiller au sort des inscriptions qu'elles ont requises, on pense qu'ils doivent s'abstenir de toute démarche envers les créanciers.

CHAPITRE XX.

De l'extinction des priviléges et hypothèques.

1°. « Les priviléges et hypothèques s'éteignent 1°. par
» l'extinction de l'obligation principale ; 2°. par la renon-
». ciation du créancier à l'hypothèque; 3°. par l'accomplis-
» sement des formalités et conditions prescrites aux tiers
» détenteurs pour purger les biens par eux acquis ; 4°. par
» la prescription.

» La prescription est acquise au débiteur, quant aux
» biens qui sont dans ses mains, par le temps fixé pour
» la prescription des actions qui donnent l'hypothèque
» ou le privilége.

» Quant aux biens qui sont dans la main d'un tiers dé-
» tenteur, elle lui est acquise par le temps réglé pour la
» prescription de la propriété à son profit : dans le cas
» où la prescription suppose un titre, elle ne commence
» à courir que du jour où il a été transcrit sur les regis-
» tres du conservateur.

» Les inscriptions, prises par le créancier, n'inter-
» rompent pas le cours de la prescription établie par la
» loi en faveur du débiteur ou du tiers détenteur. (Art.
» 2180 du Code civil.)

» 2°. Aux termes de l'article 2265, celui qui acquiert
» de bonne foi et par juste titre, prescrit la propriété de
» l'immeuble par dix ans, si le véritable propriétaire
» habite dans le ressort de la cour royale, dans l'étendue
» de laquelle l'immeuble est situé, et par vingt ans, s'il
» est domicilié hors dudit ressort. »

3°. L'article 2266 fixe le temps à ajouter aux dix années, lorsque le véritable propriétaire a eu son domicile,

en diverses époques, dans le ressort et hors du ressort de la cour.

4°. Le titre nul ne peut servir de base à la prescription. (Art. 2267.)

5°. Il résulte de la combinaison de ces articles, que les créanciers ont intérêt de s'assurer si la propriété ne serait pas sortie des mains de leurs débiteurs, par un titre transcrit, et qu'ils sont tenus d'exercer leurs droits avant l'expiration du délai accordé au tiers détenteur pour prescrire. Les formalités qu'ils ont à remplir sont déterminées par l'article 2166 et ceux suivans du Code civil.

6°. C'est d'après ces principes que la cour royale de Paris, par un arrêt du 3 juillet 1821, a statué que l'action hypothécaire du créancier était éteinte contre le tiers détenteur, parce qu'aux termes des articles 2227 et 2265 du Code, la prescription était acquise à celui-ci.

7°. De quelque manière que le privilége ou l'hypothèque prenne fin, il importe que les inscriptions, qui avaient pour objet de les conserver, soient radiées.

CHAPITRE XXI.

Radiations.

§ 1er. *Des radiations en général.*

1°. La radiation des inscriptions doit particulièrement exciter l'attention et les soins des conservateurs. En quelque sorte juges de la validité des actes qu'on leur présente, ils sont tenus d'en bien examiner les dispositions, d'en apprécier les effets, et de voir s'ils peuvent radier avec sécurité. Il y aurait d'une part, de graves inconvéniens à refuser des radiations suffisamment autorisées, et il serait encore plus dangereux de l'autre, de radier sans avoir un titre formel et valable ; il faut donc éviter ce double écueil.

2°. Les inscriptions sont rayées du consentement des

» parties intéressées et ayant capacité à cet effet, ou en
» vertu d'un jugement en dernier ressort, ou passé en
» force de chose jugée. (Art. 2157 du Code civil.)

3°. » Dans l'un et l'autre cas, ceux qui requièrent la
» radiation, déposent au bureau du conservateur, l'expé-
» dition de l'acte authentique portant consentement, ou
» celle du jugement. » (Art. 2158.)

4°. Le ministre des finances a adopté, le 11 octobre
1808, l'opinion que la radiation peut être opérée sur l'*extrait* de l'acte qui contient le consentement à la main levée,
et que le conservateur peut se dispenser d'exiger une expédition ou copie entière de l'acte : l'expédition ou la
copie entière serait souvent trop dispendieuse aux parties;
mais il importe alors que les notaires et les greffiers cer-
tifient, dans leurs extraits, que les actes et jugemens
n'expriment aucune restriction, aucune réserve ; et que
tout ce qui est relatif à la radiation, soit porté dans l'extrait.

5°. Les conservateurs ne peuvent rayer d'office les inscriptions périmées faute de renouvellement dans les dix
années ; la radiation ne doit en être faite que conformément aux articles 2157, et 2158 du Code ; mais pour faciliter leur travail, ils les émargent, tant sur la table que
sur le répertoire, du mot *périmée*. (Instructions générales,
n°s. 316 et 649.)

6°. La radiation d'une inscription qui a été renouvelée,
une ou plusieurs fois, se fait en marge du dernier renouvellement, sauf au conservateur à l'annoter sur celles
précédentes : il n'y a là qu'une seule créance, qu'une
seule radiation. (Art. 5400 du Journal de l'Enregistrement.) (1)

____

(1) Il est cependant des conservations, où, lorsque le renouvellement a été fait d'une manière anticipée, l'on opère deux radiations,
sous le prétexte que si l'on se bornait à rayer le renouvellement, l'inscription primitive, qui n'est point encore arrivée au terme de la pé-
remption, conserverait sa force. On estime que cette double radiation

7°. La radiation d'une inscription peut être partielle, soit en raison d'un paiement par à compte, soit parce qu'elle ne serait accordée que sur quelques-uns des biens, soit pour tout autre motif. En l'opérant, le conservateur fait les réserves convenables pour la partie de l'inscription qui continue de subsister (Instruct. génér. n°. 233); il n'omet pas d'énoncer dans l'enregistrement, les biens sur lesquels cette inscription conserve son effet. (Circulaire n°. 1610.)

8°. Un particulier, pour affranchir un immeuble grevé, déclare reporter l'hypothèque sur un autre bien qu'il désigne, ce qui est accepté par le créancier : la loi ayant indiqué les modifications qu'une inscription peut subir, et n'ayant point parlé du changement d'hypothèque, les conservateurs ne paraissent pas fondés à acquiescer au désir des parties et à opérer la substitution d'un immeuble à un autre. Il semble que dans ce cas, l'on doit, conformément aux principes établis pour le remplacement du cautionnement des conservateurs (chap. 2, § 5), faire radier l'inscription et en prendre une nouvelle.

9°. Si les tribunaux, en reconnaissant qu'une radiation a été consentie et faite sans une cause valable, ordonnaient que l'inscription continuera de subsister, le conservateur auquel l'expédition du jugement passé en force de chose jugée, serait remise, ferait les annotations nécessaires : l'inscription reprendrait son rang, sans pouvoir toutefois nuire aux tiers qui auraient contracté. Il n'y aurait lieu qu'au salaire du conservateur, attendu que la durée de l'hypothèque ne serait pas prolongée.

10°. Il importe de ne jamais différer les radiations,

---

est vicieuse, et qu'elle ne peut avoir lieu que dans le cas où la dernière inscription n'exprimant point qu'elle a été prise par renouvellement, le consentement autoriserait d'une manière formelle à radier celle antérieure : le conservateur peut alors dire qu'il n'y a pas identité de créance, que les parties ont pu, le même jour, en consentir deux, et que sa responsabilité ne serait pas suffisamment à couvert.

lorsque d'ailleurs les pièces présentées sont régulières. Le conservateur pourrait être rendu responsable des dommages et intérêts du retard ; il empêcherait la libération des acquéreurs qui , d'après un arrêt de la cour royale de Paris du 6 novembre 1808 , ne peuvent être contraints à se dessaisir du prix , que lorsque l'immeuble acquis est dégrevé des inscriptions , et que les radiations ont été opérées.

11°. Si , en raison des déclarations de changemens de domicile et de subrogation , ou des radiations partielles , il n'existait pas un espace suffisant pour inscrire la radiation , celle-ci serait portée à la date courante , avec des annotations respectives ; dans ce cas , la radiation , qui ne doit rien pour le timbre (Circulaire n°. 1539), devient passible du remboursement de celui qu'elle exige.

§ 2. *Radiations conventionnelles.*

1°. Le premier soin du conservateur est de voir si le consentement qu'on lui remet est régulier dans sa forme. L'acte , ou son extrait , doit être authentique ; quand le notaire qui l'a reçu , n'est point du nombre de ceux dont la signature et le paraphe , ont été déposés au greffe , il importe alors que la signature soit légalisée.

2°. Le conservateur examine ensuite si les parties pouvaient donner le consentement, et si elles avaient une capacité suffisante : l'individu qui a la capacité d'aliéner , a celle de consentir la radiation.

Radiations par un créancier subrogé.

Il ne suffirait pas d'énoncer dans le consentement, que le subrogé est devenu créancier en vertu de tel acte : cette déclaration , qui serait l'ouvrage de la partie , n'offrirait pas la garantie nécessaire , puisqu'elle aurait eu lieu sans le concours du créancier primitif.

Cependant si le notaire y insérait l'extrait par lui certifié des dispositions de l'acte, le conservateur devrait l'admettre : un extrait est une expédition *in parte quâ*.

Il est évident toutefois, que le consentement du subrogé suffirait, si la subrogation avait été mentionnée sur les registres du conservateur.

Radiations concernant les femmes.

1°. L'art. 217 du Code civil détermine que la femme, même non commune, ou séparée, né peut donner, aliéner, hypothéquer ni acquérir, sans le concours du mari dans l'acte, ou sans son consentement par écrit ; les articles 1123 et 1124, la déclarent incapable de contracter dans les cas exprimés par la loi.

D'après ces dispositions, la femme ne peut, dans aucun cas, stipuler une main levée d'hypothèque sans le consentement de son mari.

2°. Il importe de se conformer aux distinctions établies par le Code : d'après l'article 1421, le mari administre seul les biens de la communauté ; l'article 1549 lui attribue l'administration des biens dotaux pendant le mariage, et le droit de percevoir les fruits, les intérêts et le remboursement des capitaux. Conséquemment il a la capacité, en touchant les sommes dues, de consentir la radiation des inscriptions. Mais si, par leur contrat de mariage, les époux avaient stipulé qu'ils seraient séparés de biens, ou s'il s'agissait de biens paraphernaux, le mari ne pourrait légalement donner main levée des inscriptions, parce qu'aux termes des articles 1536 et 1576, la femme a conservé l'administration et la jouissance de ces biens ; ce serait à elle à accorder la main levée, avec l'autorisation du mari.

3°. Le consentement du mari serait insuffisant si l'inscription frappait sur ses biens, parce qu'alors celui-ci n'aurait point la qualité nécessaire pour autoriser : la radiation ne pourrait être effectuée qu'en vertu d'un jugement rendu sur l'avis de la famille, et le procureur du roi entendu. (Instruct. génér., n°, 233.)

4°. Quand la femme s'est obligée solidairement avec le mari à garantir la vente d'un immeuble sur lequel elle avait pris inscription pour la sûreté de sa dot et de ses reprises matrimoniales, rien ne l'empêche de faire rayer cette inscription : la radiation n'est que la suite et la conséquence nécessaire de la garantie à laquelle elle s'est soumise, et les juges doivent l'admettre à cette radiation.

Leur refus serait fondé, si la demande de la femme n'avait lieu que dans l'intérêt du mari et dans la seule vue d'affranchir ses biens de l'hypothèque dont ils étaient grevés. (Arrêt de la cour de cassation du 12 février 1811.)

5°. La femme devenue veuve, reprend le libre exercice de ses droits; elle a capacité pour aliéner; elle peut stipuler tout consentement à radiation d'inscription.

6°. Si elle se remarie, elle a besoin alors de l'autorisation de l'époux, et celle-ci n'est suffisante que lorsque l'inscription ne frappe pas sur les biens de ce second époux.

7°. La femme qui est séparée de biens d'avec son mari, peut, sur le consentement de celui-ci, recevoir sa dot ou autres créances, et donner main levée de l'inscription. Elle y est autorisée par l'article 1449 du Code civil; mais elle doit justifier de son état de femme séparée, par la représentation de son contrat de mariage ou du jugement passé en force de chose jugée, et prouver, dans ce dernier cas, que la séparation de biens a été suivie d'exécution. (Article 1444 du Code civil.)

8°. S'il s'agissait de changer l'hypothèque des biens affectés au service d'une rente attribuée à la femme et aux enfans à naître, le consentement de la femme et du mari ne suffirait pas. Il serait besoin de l'avis du conseil de famille dûment homologué.

Radiations concernant les mineurs et les interdits.

Il faut, pour les inscriptions obtenues au profit des mineurs et des interdits, distinguer la radiation nécessitée par le paiement, de celle qui résulte de toute autre cause. La radiation motivée sur le paiement, se fait sur le consentement en forme authentique du tuteur : la quittance est alors représentée.

Mais toutes les fois qu'il s'agit de radier, sans qu'il apparaisse du paiement de la créance, ou lorsque dans le même cas, il est question de réduire l'inscription, ou de la transmettre d'un bien sur un autre, enfin dans toutes les circonstances où la radiation peut préjudicier aux intérèts des mineurs ou des interdits, la délibération de famille, homologuée par le tribunal, est indispensable. (Arrêt de la cour de cassation du 22 juin 1818, Lettre du ministre de la justice du 29 frimaire an 13, autre de M. le garde des sceaux du 16 juillet 1819, Instruction générale, n°. 265.)

Radiations par les héritiers d'une personne décédée.

1°. Le droit, la qualité et le consentement des héritiers d'un créancier décédé, doivent être énoncés dans les actes fournis en bonne forme, pour autoriser à radier les inscriptions prises à son profit : il faut qu'il soit justifié non-seulement du décès, mais encore que les personnes qui donnent la main levée sont seuls et uniques héritiers. (Instruction générale, n°. 123.)

2°. Quand parmi eux quelques-uns sont majeurs et les autres mineurs, il est besoin, outre le consentement par acte authentique des premiers, de se conformer pour les autres à la distinction établie ci-dessus.

3°. S'il s'agissait de légataires, ou donataires, il faudrait au soutien de leur consentement, joindre l'expédition de l'acte qui établit leur qualité, et justifier que leur droit est ouvert.

Radiations concernant les rentes viagères.

Quelques conservateurs avaient pensé, d'après l'article 2160 du Code civil, qu'un jugement était nécessaire pour les autoriser à rayer l'inscription relative à une rente viagère éteinte. Le ministre de la justice a décidé, le 17 novembre 1807, que l'article 2160 du Code, n'est point applicable à l'espèce ; que le conservateur peut rayer sans qu'il soit besoin de jugement, et qu'il suffit, d'après l'article 2157, de l'acte en bonne forme qui établisse le droit, la qualité, et le consentement des héritiers du titulaire de la rente viagère. (Instruction générale, n°. 362.)

La quittance en forme authentique du paiement des arrérages échus, jointe à la représentation de l'acte de décès de la personne sur la tête de laquelle la rente était placée, suffirait. (Même Instruction.)

Radiations concernant les absens.

1°. La possession provisoire des biens d'un absent, n'est qu'un dépôt qui donne à celui qui l'a obtenue, la faculté d'administrer, et qui le rend comptable d'une portion des revenus.

2°. D'après l'article 128 du Code civil, tous ceux qui ne jouissent qu'en vertu d'un envoi en possession provisoire, ne peuvent aliéner ni hypothéquer les immeubles de l'absent : ils n'ont conséquemment pas le droit de consentir la radiation des inscriptions, car la radiation est une aliénation.

3°. Cette faculté ne leur est accordée que lorsqu'après 30 années depuis l'envoi en possession provisoire, ou après cent ans révolus depuis la naissance de l'absent, ils ont obtenu l'envoi en possession définitive.

4°. Il faut toutefois distinguer les radiations qui seraient nécessitées par le paiement des créances, de celles résultant de toute autre cause. Comme le tuteur, celui qui administre les biens d'un absent, ne peut refuser le remboursement des rentes et créances : la libération entre ses mains est régulière, et dès que la créance est éteinte, la radiation doit nécessairement avoir lieu. L'héritier présomptif a d'ailleurs fourni un cautionnement pour la sûreté de son administration. Dans les autres cas, l'autorisation du tribunal paraît nécessaire, puisqu'elle est indispensable pour toute espèce d'aliénation. (Voir l'Instruction générale, n°. 265 , pour les mineurs et les interdits.)

Radiations consenties par un fondé de pouvoir.

1°. Le pouvoir de vendre ne suffit point pour consentir la main levée d'une inscription d'office : celui de prêter des fonds et tous ceux qui n'expriment pas formellement l'autorisation de faire radier, sont dans le même cas ; les conservateurs ne doivent y avoir aucun égard : quand il s'agit d'aliéner (le consentement à la radiation est une aliénation) le mandat doit être exprès. (Article 1988 du Code civil.)

2°. Si le particulier qui requiert une radiation, agit par un fondé de pouvoir, la procuration et le consentement en forme authentique doivent être remis au conservateur.

3°. Le pouvoir sous seing privé ne constate pas qu'il émane du mandant ; il ne suffirait point.

4°. Celui qui aurait pris fin par une révocation légalement connue (la révocation notifiée au seul mandataire ne peut être opposée aux tiers, article 2005 du Code), par une renonciation ou par la mort (les causes qui font cesser le mandat, doivent être connues ; jusque-là les actes sont valides, article 2008), ne suffirait plus pour autoriser une radiation.

Radiations des inscriptions en sous-ordre.

Le créancier qui, d'après les articles 1166 du Code civil et 778 de celui de procédure, a requis une inscription pour conserver les droits de son débiteur, n'a pas qualité suffisante pour consentir la radiation : le pouvoir de faire un acte conservatoire, n'est point celui d'aliéner. Il faut l'intervention de ce débiteur, qui dans la réalité, est créancier de la dette inscrite. (Article 6813 du Journal de l'Enregistrement.

Radiations sur vente à faculté de rachat.

L'acte constatant l'exercice du réméré réservé dans une vente, ne suffirait pas pour rayer l'inscription d'office : il est nécessaire que le consentement du vendeur soit exprimé et donné dans une forme authentique.

Radiations sur novation de créances.

Quand, au moyen de billets payables à terme, le créancier a, sans aucune réserve, consenti la radiation de l'inscription qu'il avait prise pour sûreté de sa créance, cette radiation doit s'effectuer : il y a novation ; le titre qui constituait la première créance est éteint. (Arrêt de la cour de Paris du 7 décembre 1814.)

Propriétaires réintégrés dans leurs biens.

Les particuliers contre lesquels il a été pris des inscriptions à raison de jouissances exercées à titre d'un séquestre qui n'existe plus, doivent, pour obtenir main levée de ces inscriptions, s'adresser aux parties réintégrées dans leurs droits, ou aux tribunaux. (Ordonnance du roi du 1er. mai 1816.)

Radiations sur actes passés hors du royaume.

Les actes passés en pays étrangers n'ont aucune force exécutoire en France : on ne peut, sur leur remise, radier les inscriptions.

Opposition à l'exécution d'un consentement donné.

Si, après avoir donné son consentement à la radiation, le créancier, avant que celle-ci fût opérée, faisait signifier qu'il s'oppose à cette radiation, le conservateur devrait suspendre jusqu'à ce que la contestation entre le créancier et le débiteur soit définitivement jugée : l'opposition le met à l'abri.

§ 3. *Radiations ordonnées par justice.*

1°. La radiation non consentie est demandée au tribunal dans le ressort duquel l'inscription a été faite, si ce n'est lorsque cette inscription a eu lieu pour sûreté d'une condamnation éventuelle ou indéterminée, sur l'exécution ou liquidation de laquelle le débiteur et le créancier prétendu sont en instance ou doivent être jugés dans un autre tribunal, auquel cas la demande en radiation doit y être portée ou renvoyée.

Cependant la convention faite par le créancier et le débiteur, de porter, en cas de contestation, la demande à un tribunal qu'ils auraient désigné, recevra son exécution entre eux. (Article 2159 du Code civil.)

2°. La radiation ne peut se faire qu'en vertu d'un jugement en dernier ressort, ou passé en force de chose jugée. (Article 2157 du Code civil.)

3°. La remise de l'expédition en forme ou de celle *in parte quâ*, doit être faite au conservateur. (Circulaire n°. 1669.)

4°. Les jugemens qui prononceront une radiation d'inscription hypothécaire, ne seront exécutoires, même après les délais de l'opposition ou de l'appel, que sur le certificat de l'avoué de la partie poursuivante, contenant la date de la signification du jugement faite au domicile de la partie condamnée, et sur l'attestation du greffier constatant qu'il n'existe contre le jugement ni opposition ni appel. (Article 548 du Code de procédure.) A cet effet l'avoué de l'appellant fera mention de l'appel dans la forme et sur le registre prescrits par l'article 163. (Idem 549.) Sur le certificat qu'il n'existe aucune opposition ni appel, les conservateurs sont tenus de satisfaire au jugement. (Article 550 du même Code.)

5°. Le certificat doit être positif et ne pas exprimer d'une manière vague qu'aucune opposition ou appel n'est parvenu à la connaissance de celui qui le délivre. (Instruc. génér. n°. 316.)

6°· Il doit être écrit sur papier timbré, enregistré et légalisé par le président du tribunal où l'affaire a été jugée; on peut toutefois le placer sur l'expédition du jugement. (Instruc. génér. n°. 233.)

7°. Consultés sur la question de savoir si la signification doit être faite au domicile réel de la partie, les ministres de la justice et des finances, par lettres des 21 juin et 5 juillet 1808 (Instruc. génér. n°. 393), ont répondu que, conformément à l'article 147 du Code de procédure, c'est au domicile réel de la partie et non à celui qu'elle aurait élu, que le jugement doit être notifié : la signification des jugemens est bien différente des notifications de placards, sommations de produire et autres actes de forme; la première ne peut se faire qu'au domicile réel, tandis que pour les autres, c'est au domicile élu; un arrêt de la cour de cassation, du 29 août 1815, confirme ce principe.

8°. Les conservateurs ne doivent pas se rendre parties dans les instances qui s'élèvent au sujet des radiations, mais se conformer aux jugemens qui interviennent, lorsque d'ailleurs ces jugemens ont acquis force de chose jugée. (Instruc. génér. n°³. 197 et 264.)

9°. Dans le cas où l'appel d'un jugement n'aurait eu lieu qu'après l'expiration du délai utile, celui au profit duquel le jugement aura été rendu et qui demandera la radiation, déposera le certificat de l'avoué qui a occupé pour lui dans l'instance : ce certificat, constatant que l'appel n'a pas été interjeté dans le délai utile, doit être enregistré et légalisé. (Instruc. génér. n°. 233.)

10°. Les délais de l'appel étant suspendus par la mort de la partie condamnée, et ne reprenant leur cours que par l'accomplissement des formalités voulues par l'article 447 du Code de procédure, et seulement à compter de l'expiration du temps accordé pour faire inventaire et délibérer; la signification du jugement au domicile du défunt, ou aux héritiers collectivement, doit être représentée, avec le certificat de l'avoué, constatant que, pendant le délai fixé par l'article 447, il n'a pas été interjeté appel.

11°. Le jugement qui déclare un appel péri, doit, comme les autres, être passé en force de chose jugée avant qu'on puisse effectuer une radiation. Il faut même que l'expédition du jugement, contre lequel on s'était pourvu, soit représentée et déposée, puisque l'autre ne prononce que sur la forme.

12°. Les parties peuvent acquiescer à un jugement : dans ce cas, l'acquiescement doit être positif et rédigé d'une manière authentique; le jugement et l'acquiescement sont nécessaires pour obtenir la radiation.

13°. Si les juges ordonnaient par provision, nonobstant l'appel, la radiation d'une inscription, le conservateur, pourvu que le jugement prescrive en termes exprès la radiation, doit l'effectuer. (Décision du ministre des finances du 7 ventôse an 13. Instruct. génér. n°. 316.)

14°. Une ordonnance sur référé rendue par un seul juge ne serait pas un titre suffisant : la forme du référé n'est point admissible, « Attendu que la radiation d'une » inscription ne peut se juger par voie d'urgence et par » conséquent en forme de référé, le provisoire en cette » matière n'étant pas réparable en définitive. » (Arrêt de la cour de Rouen du 4 septembre 1819.)

15°. Quand un arrêt ou un jugement a été rendu par

défaut, et qu'il y a constitution d'avoué, l'opposition n'est plus admissible huit jours après la signification à l'avoué : dans ce cas, l'inscription est radiée sur la remise, tant de l'expédition de l'arrêt signifié à l'avoué, et au domicile réel de la partie, que du certificat de l'avoué poursuivant, constatant la date de ces significations et de celui du greffier qui atteste qu'il n'existe, ni opposition ni appel.

Le jour de la signification du jugement et celui de l'échéance, ne doivent pas être comptés pour déterminer le délai de l'appel. (Arrêt du 22 juin 1813. Autre du 12 mars 1816.)

16°. Si l'arrêt ou le jugement par défaut avait été rendu sans constitution d'avoué, l'opposition ne serait plus recevable lorsque l'exécution aurait eu lieu dans les six mois, soit par la vente des meubles, soit par l'emprisonnement du condamné, soit par la notification de la saisie de ses immeubles, soit enfin par quelque acte d'où résulte la preuve que l'exécution de l'arrêt ou du jugement aura été connue du défaillant. La radiation se fait sur la remise de l'expédition du certificat de l'avoué poursuivant, et de plus sur la justification, lorsqu'il s'agit d'un jugement, que le délai de l'appel est révolu.

17°. Quoiqu'un arrêt annule le jugement en vertu duquel une inscription avait été prise, le conservateur ne peut radier celle-ci, à moins que l'arrêt ne l'ordonne : à défaut de disposition positive, il est nécessaire de procéder devant les premiers juges, parce qu'une demande en mainlevée doit subir deux degrés de juridiction. (Arrêt de la cour royale de Paris du 23 mai 1817.)

18°. A moins que le jugement qui rescinde pour cause de lésion, pour dol ou autres nullités radicales, n'ordonne la radiation de l'inscription d'office, le conservateur ne peut l'opérer : il est besoin du consentement des parties.

19°. Lorsqu'une inscription a été faite sans être fondée,

ni sur la loi, ni sur un titre, ou lorsqu'elle l'a été en vertu d'un titre éteint ou soldé, ou que les droits et priviléges sont effacés par les voies légales, la radiation en est ordonnée par les tribunaux, conformément à l'article 2160 du Code civil.

20°. Les conventions des parties, insérées dans un procès verbal de conciliation, n'ont que la force d'obligation privée : (Article 54 du Code de procédure.) dès lors le consentement qui serait donné par ce procès verbal, ne suffirait pas pour autoriser à radier.

21°. Les jugemens rendus en pays étrangers n'ont également pas la force exécutoire nécessaire à une radiation : les légalisations par l'agent politique du gouvernement et par le ministre secrétaire d'état, n'y suppléent point. Il faut que le jugement émane d'un tribunal français.

22°. Les juges de paix, dans les cas prévus par l'article 7 du Code de procédure, statuent, soit en dernier ressort, soit à la charge de l'appel.

Dans la première hypothèse, si le jugement ordonne une radiation, elle doit être effectuée ; dans la seconde il devient impossible de produire aucun certificat soit de l'avoué, puisqu'il n'y en avait pas, soit du greffier, puisque celui-ci ne tient pas registre des appels ; et dès lors le conservateur ne peut opérer la radiation sans le consentement authentique des parties. Telle est du moins notre opinion.

23°. Les minutes des jugemens arbitraux doivent, aux termes des articles 1020 et 1021 du Code de procédure, être déposées au greffe du tribunal de première instance dans le ressort duquel ils ont été rendus. Le président, par une ordonnance mise au pied ou en marge, les déclare exécutoires, et le greffier délivre expédition tant du jugement que de l'ordonnance.

Quand, d'après l'article 1010, le jugement est sans appel, la radiation se fait sur la remise de l'expédition ;

mais lorsqu'il est susceptible d'appel, la radiation doit être appuyée de la signification du jugement, et d'une déclaration du greffier constatant qu'il n'a pas été interjeté appel dans le délai fixé par la loi.

24°. Les radiations à faire en vertu des collocations judiciaires exigent que l'on distingue entre les collocations contestées et celles qui ne le sont pas.

S'il s'élève des contestations et qu'en conformité de l'article 758 du Code de procédure, le juge commissaire, en renvoyant les parties à l'audience, arrête l'ordre pour les créances antérieures à celles contestées, et ordonne la délivrance des bordereaux, la radiation, pour les créances antérieures, a lieu sur la représentation de la quittance des sommes colloquées et sur le consentement en forme authentique que l'article 772 oblige les créanciers à donner.

25°. Nul doute, pour les articles contestés, que la radiation ne peut avoir lieu tant que le délai pour l'appel du jugement qui aura statué n'est point révolu.

« 26°. L'appel de ce jugement ne sera reçu, s'il n'est » interjeté dans les dix jours de sa signification à avoué, » outre un jour pour trois myriamètres de distance du » domicile réel de chaque partie ; il contiendra assigna- » tion et l'énonciation des griefs. » (Article 763 du Code de procédure.)

27°. Quand la collocation n'a éprouvé aucun obstacle, il suffit que l'avoué poursuivant justifie par l'ordonnance, et par son certificat, si l'ordonnance n'est pas assez positive, qu'il ne s'est élevé pendant la tenue d'état et procès verbal d'ordre, aucune contestation sur l'article pour lequel la radiation est demandée. (Instruction générale n°. 264.)

28°. Si le paiement n'était que partiel, le conservateur ne déchargerait l'inscription que jusqu'à concurrence de la somme payée.

29°. Si les articles 772, 773 et 774 du Code de procé-

dure, qui obligent l'adjudicataire à représenter le bordereau de collocation et la quittance du créancier, n'ont
point ajouté que la quittance devait être en forme authentique, il ne faut pas en conclure qu'elle puisse être
sous seing-privé : il n'a pas été dérogé à l'obligation imposée par le Code civil, de produire un consentement
authentique, et cette obligation dictée par les vues les
plus sages subsiste dans son entier. (Opinion émise
par les ministres de la justice et des finances, les 18 octobre et 2 novembre 1813.)

30°. La radiation des inscriptions, pour les créances non
utilement colloquées, a lieu sans retard et sur la remise de
l'ordonnance, quand ceux qui les ont requises n'ont point
contesté : le défaut de contestation tient lieu d'acquiescement. (Instruc., n°. 264.) Mais lorsqu'il y a contestation,
il faut attendre que le jugement qui statuera, soit passé
en force de chose jugée.

« 31°. L'inscription d'office est rayée définitivement,
» en justifiant, par l'adjudicataire, du paiement de la
» totalité de son prix, soit aux créanciers utilement col-
» loqués, soit à la partie saisie, et de l'ordonnance du
» juge commissaire qui prononce la radiation des in-
» scriptions des créanciers non colloqués. » (Article 774
du Code de procédure.)

Il n'est dès lors pas besoin pour radier cette inscription, que le juge l'ordonne ; la loi ne l'oblige à prononcer que la radiation des inscriptions relatives aux créanciers non colloqués.

32°. Si, nonobstant l'ordonnance qui, conformément
à l'article 759 du Code de procédure, prescrit de radier
les inscriptions des créanciers non utilement colloqués,
les avoués différaient ou négligeaient de requérir les radiations, le conservateur n'aurait aucun moyen de les y
obliger, parce que les formalités hypothécaires sont purement facultatives.

§ 4. *Faillites.*

1°. La radiation des inscriptions prises en conformité des articles 5oo et 524 du Code de commerce, sur les immeubles du failli, est soumise aux règles ordinaires ; il faut justifier du consentement en forme des parties intéressées, ou d'un jugement soit en dernier ressort, soit passé en force de chose jugée, ou du bordereau de collocation dûment quittancé, ou enfin de l'ordonnance du juge qui aura réglé l'ordre et ordonné la radiation. (Lettres des ministres de la justice et des finances du 26 septembre 1808. Instruction générale, n°. 409.)

2°. Lorsque le concordat, entre le failli et ses créanciers, a été homologué, le syndic n'a plus ni droit, ni qualité pour donner mainlevée de l'inscription qu'il avait requise. (Jugement du tribunal de Rouen du 16 décembre 1819.) Dans ce cas l'inscription est radiée sur le consentement donné par tous les créanciers, ou sur ceux partiels ; mais il faut que les actes ne laissent aucun doute sur leurs qualités, et qu'ils constatent qu'ils ont participé aux effets du concordat.

§ 5. *Radiations ordonnées par l'autorité administrative.*

1°. Les autorités administratives sont des pouvoirs constitués, revêtus d'une portion de la puissance publique : leurs délibérations, d'après la loi du 5 novembre 1790, titre 2, article 14, sont authentiques et suffisent, pourvu qu'elles soient revêtues de l'Enregistrement et autres formalités, pour autoriser à radier les inscriptions. (Circulaires des 13 ventôse an 8, n°. 1778, et 21 ventôse an 11 ; Lettre du ministre de la justice du 3o pivôse an 11 et Instruction générale, n°. 176.)

2°. Les délibérations des administrations de finances n'ont pas un caractère suffisant. (Même lettre.) Il faut que leur consentement soit donné dans une forme authentique. (Instruction générale, n°. 573.)

,3°. Les arrêtés des préfets qui autorisent à radier les inscriptions requises par eux ou par d'autres autorités constituées, ont toute l'authenticité nécessaire. (Circulaire du 2 messidor an 11.) La minute de ces arrêtés est écrite sur du papier timbré de dimension, et enregistrée dans les vingt jours de sa date : l'expédition ne peut être délivrée aux particuliers que sur du papier moyen de 1 fr. 25 c. (Instructions générales, n°s. 176 et 638. Décision du ministre du 11 vendémiaire an 12.)

4°. Un décret du 11 thermidor an 12, indique les formalités à suivre pour les radiations d'inscriptions prises dans l'intérêt des pauvres et des hospices ; il porte : « Les » receveurs des établissemens de charité ne pourront » dans le cas ou elle ne serait point ordonnée par les tri- » bunaux, donner mainlevée des oppositions formées » pour la conservation des droits des pauvres et des hos- » pices, ni consentir aucune radiation, changement ou li- » mitation d'inscriptions hypothécaires, qu'en vertu d'une » décision spéciale du conseil de préfecture, prise sur » une proposition formelle de l'administration et l'avis » du comité consultatif établi près de chaque arrondis- » sement communal, en exécution de l'arrêté du 7 mes- » sidor an 9. » (Instruction générale, n°. 255.)

La décision du conseil de préfecture n'est, comme mesure d'ordre public, soumise ni au timbre, ni à l'enregistrement. (Instruction générale, n°. 605.) Mais l'acte ultérieur, passé devant notaire, portant consentement à la radiation, y est sujet. (Instruction générale, n°. 638. Décision du ministre du 18 mai 1813.)

5°. C'est aux tribunaux à statuer sur la demande en radiation, lorsque celle-ci n'est pas consentie par l'autorité ou l'administration qui a requis l'inscription. (Instructions générales, n°s. 573 et 576.)

6°. Les inscriptions sur les biens des anciens comptables et de leurs cautions devaient d'abord être radiées d'après la remise, au conservateur, d'une expédition du quitus qui ordonne la radiation. (Décision du ministre des finances du 5 thermidor an 12 , Instruction générale, n°. 255.) Mais une autre décision du 28 brumaire an 14, statue : « que ces radiations et celles d'inscriptions prises » sur les comptables en général et autres débiteurs de » l'état, doivent s'effectuer sur la remise seule d'une ex- » pédition en forme des arrêtés des préfets qui établiront » que les inscriptions n'ont eu pour objet que la sûreté » du maniement ou des débets de ceux sur lesquels elles » ont été prises , qui feront mention expresse des arrêts » de la cour des comptes ou des décisions des ministres, » établissant que ces comptables et débiteurs sont quittes, » et autoriseront la radiation. » (Instruction générale, n°. 316.)

7°. Cette dernière décision ne s'oppose point, pour les inscriptions requises par l'agent du trésor public , à ce que cet agent en donne mainlevée par actes passés devant notaire : la radiation doit être opérée sur la remise de ces actes , qui doivent faire mention des arrêts de la cour des comptes ou des arrêtés ministériels en exécution desquels ils seront passés. (Décisions des 28 novembre 1808 et 24 janvier 1809. Instruction générale n°. 416.)

8°. Si le trésor public n'avait point, dans les trois mois de la notification qui lui aurait été faite aux termes de l'article 2183 du Code civil , fourni et déposé, au greffe de l'arrondissement des biens vendus, un certificat constatant la situation du comptable , la mainlevée de l'inscription aurait lieu de droit et sans qu'il soit besoin de jugement. (Article 9 de la loi du 5 septembre 1807.)

Le requérant, dans ce cas, est tenu de produire avec une attestation du greffier , la notification faite en conformité de l'article 2183 du Code.

La mainlevée aura également lieu de droit dans le cas ou le certificat du trésor public constaterait que le comptable ne lui doit rien. (Même loi.)

Le certificat dont il s'agit étant déposé au greffe , le

comptable qui demande la radiation, doit en fournir une copie authentique.

9°. Le défaut de paiement des droits en débet, ne fait point obstacle à la radiation : celle-ci a lieu, sauf à recouvrer les droits proportionnels de l'inscription sur le grevé. (Décision du ministre des finances du 7 mai 1811.)

10°. D'après une autre décision du même ministre, du 26 septembre 1809, la radiation d'une inscription prise au profit d'une commune, est soumise aux mêmes formalités que celles concernant les hospices : il faut une décision spéciale du conseil de préfecture et un consentement rédigé par acte devant notaire.

§ 6. *Radiations consenties par les préposés de l'enregistrement et des domaines.*

1°. Pour faire opérer la radiation des inscriptions relatives aux droits d'enregistrement, le receveur s'adresse au directeur, lui expose ses motifs, obtient l'autorisation, et donne ensuite consentement par un acte authentique qui rappelle l'autorisation. (Circulaires n°s. 1669 et 2030.)

2°. Lorsqu'il s'agit de droits domaniaux, le directeur en réfère au préfet dont l'autorisation est nécessaire : l'arrêté que prend ce magistrat est enregistré dans les vingt jours (1).

Frais de justice. — Amendes.

3°. La radiation s'effectue sur le consentement ou la simple déclaration, par acte authentique, soit du directeur des domaines, soit du receveur qui a requis l'inscription. (Celui-ci doit préalablement se faire autoriser

---

(1) Les arrêtés étant susceptibles de réformation par l'autorité supérieure, le conservateur serait, on le pense, fondé à refuser de radier, toutes les fois qu'il n'apparaîtrait pas de l'adhésion de l'administration, et à surseoir jusqu'à ce qu'il ait été statué par le ministre. La règle établie pour les jugemens sujets à l'appel semble applicable à l'espèce.

par le directeur.) Le consentement constate que le condamné a payé la totalité de l'amende et des frais, ou qu'il a été acquitté en définitive. (Décision du ministre de la justice du 30 septembre 1808. Instruction générale, n°. 426.)

4°. Les droits de timbre et d'enregistrement du consentement et les honoraires du notaire sont à la charge de la partie, à moins que l'inscription n'ait été requise par erreur. Dans ce cas les frais de radiation sont remboursés au receveur sur un exécutoire du président du tribunal. (Circulaire n°. 2030.)

§ 7. *Radiations autorisées par les autres administrations.*

En général toutes les inscriptions requises par les diverses administrations, ne peuvent être radiées qu'en vertu d'un consentement donné devant notaire, ainsi que cela a été décidé pour l'administration des postes. (Circulaire du 21 ventôse an 11.)

§ 8. *De la réduction des inscriptions.*

1°. La réduction d'une inscription étant une radiation partielle, les formalités exigées pour l'une, sont nécessairement les mêmes pour l'autre.

Les conservateurs, en l'opérant, font les réserves convenables pour la partie de l'inscription qui continuera de subsister. (Instruc. génér., n°. 233.)

2°. Quand il s'agit de restreindre l'hypothèque légale de la femme et celle du mineur à certains immeubles du mari, ou du tuteur, il faut que la réduction, précédée d'une délibération de famille, soit ordonnée par un jugement rendu contradictoirement avec le ministère public.

Lorsque ce jugement est passé en force de chose jugée, le conservateur auquel on remet l'expédition, raie l'inscription prise sur les autres biens. (Voyez au surplus le chap. 18, § 2.)

CHAPITRE XXII.

Transcription.

§ 1er. *Nécessité de faire transcrire.*

1°. L'acquéreur qui ne fait pas transcrire son contrat s'expose à des dangers multipliés, et l'on peut dire que la propriété n'est que précaire entre ses mains.

A défaut d'accomplissement des formalités, dont la transcription est la première, la propriété entre les mains de l'acquéreur est soumise au droit de suite établi par les articles 2166 et suivans du Code civil, en faveur des créanciers, sur l'immeuble qui leur sert de gage.

D'ailleurs, le prix de l'acquisition n'est pas définitivement fixé et reste incertain, jusqu'à ce que les créanciers, conformément à l'article 2183, aient été mis en demeure de surenchérir, et que le délai pour la surenchère soit expiré.

L'acquéreur court encore la chance de ne pas conserver l'immeuble, soit parce qu'un accroissement de valeur vénale (depuis vingt-cinq ans le prix des biens a presque doublé), permettrait aux créanciers de surenchérir, soit parce qu'à raison d'une convenance, l'un d'eux, pour devenir propriétaire, voudrait faire un sacrifice, soit enfin parce que l'espoir de récupérer des valeurs incertaines et que l'on aurait regardées comme perdues, déterminerait à agir contre le détenteur de l'immeuble.

D'un autre côté, la transcription fixe seule le délai dans lequel les porteurs de titres antérieurs à la vente peuvent faire utilement inscrire leurs créances, et il importe à l'acquéreur, surtout lorsqu'il veut se libérer, d'avoir la certitude qu'il ne s'expose point à payer deux fois : il ignore que la propriété doit une légitime, qu'elle est le gage de créances privilégiées, qu'elle assure la dot d'une femme, le reliquat d'une tutelle, etc. ; et ce serait souvent en vain que pour se mettre à l'abri des événemens, il requerrait lui-même une inscription en garantie. Cette inscription, comme celle qu'il pourrait avoir déjà sur l'immeuble, le place dans la nécessité de les renouveler pour ne pas perdre son rang, pour n'être point primé, et à en supporter les frais ; elle l'oblige à des soins, le force à figurer dans des instances, à répondre à des significations ; sa tranquillité est constamment menacée. Enfin quand le contrat n'est point transcrit, le vendeur, porté comme vrai propriétaire sur les livres de la conservation des hypothèques, peut tromper la bonne foi des tiers, leur aliéner une propriété déjà sortie de ses mains, la grever d'hypothèques, et quoique l'acquéreur ait le moyen de repousser de telles atteintes, il n'est pas moins vrai qu'il sera tourmenté et exposé à des avances de frais, et à des démarches coûteuses. Il ne peut d'ailleurs acquérir la prescription dans le cas prévu par l'art. 2180 du Code. Le défaut de transcription compromet dès lors les intérêts de l'acquéreur : il peut produire une foule de désordres, de surprises et de fraudes. (Lettre du ministre de la justice du 23 messidor an 12.) Il est la source de difficultés nombreuses et s'oppose à la jouissance paisible du nouveau possesseur.

Il est donc très-prudent, lors de l'acquisition d'une propriété immobilière, de se conformer à l'art. 2181 du Code civil. « Les contrats translatifs de la propriété d'im- » meubles ou droits réels immobiliers, que les tiers dé- » tenteurs voudront purger de priviléges et hypothèques, » seront transcrits, en entier, par le conservateur des » hypothèques dans l'arrondissement duquel les biens » sont situés. »

2°. La transcription intéresse aussi le vendeur, puisque, lorsque cette formalité n'a pas eu lieu, il est obligé de prendre, pour sûreté du prix, une inscription qui le constitue en des avances : il répond des nullités que contiendraient les bordereaux, et acquitte un droit proportionnel, tandis que quand l'inscription est faite d'office, le conservateur demeure garant des vices et donne la formalité sans faire payer aucun droit.

§ 2. *Mode de la transcription.*

1°. La transcription des actes se fait littéralement et en entier sur un registre à ce destiné : le conservateur est tenu d'en donner reconnaissance au requérant. (Art. 2181 du Code.)

2°. La reconnaissance ou certificat est conçue en ces termes : « Transcrit au bureau de la conservation des » hypothèques de...., le...., vol...., art...., reçu.... pour » droit...., pour timbre des registres.... et pour salaire. » Lorsque le conservateur a délivré un bulletin de dépôt, il exprime de plus le coût du timbre de ce bulletin.

3°. Le certificat, quand bien même le timbre de l'acte serait hors d'usage, est placé à la suite. (Délibération de l'administration du 22 prairial an 8.)

4°. S'il y avait lieu à l'inscription d'office le conservateur ajouterait, « et fait l'inscription d'office, vol...., art...., il indiquerait encore ce que cette inscription coûte.

5°. Le registre doit contenir trente-cinq lignes par page, et chaque ligne dix-huit syllabes, compensation faite d'une ligne à l'autre.

6°. Une ordonnance du roi du 13 août 1815, détermine qu'à partir du jour de sa publication il ne pourra plus être mis à exécution aucun acte, arrêt ou jugement qui ne sera pas revêtu de la formule royale : les parties doivent donc, ou se procurer de nouvelles expéditions, ou faire rectifier la formule existante au commencement ou à la fin de l'acte : l'art. 3 autorise ces rectifications ; elles ont lieu sans frais.

7°. Le conservateur ne peut transcrire les actes que lorsque tout ou partie des biens sont situés dans son arrondissement.

8°. Quand une vente ou une donation d'un même objet a lieu en faveur de plusieurs personnes conjointement, l'une d'elles n'est pas libre de ne faire transcrire le contrat que pour ce qui la concerne, ainsi qu'il se pratique pour les échanges : la formalité ne peut être scindée; le titre est commun à toutes les parties, et dès que l'acte est transcrit, aucune d'elles ne peut opposer le défaut de transcription. (Lettre du ministre de la justice du 17 mars 1809. Instruc. génér., n° 433.)

9°. Dans une vente en détail à plusieurs acquéreurs, *non-solidaires*, il y a autant de ventes que d'acquéreurs, et chacun de ceux-ci peut, en son particulier, soumettre à la transcription l'expédition de son titre : ce titre, pour ce qui le concerne, est entier et complet. Cependant si l'on ne présentait qu'une seule expédition pour tous, le conservateur devrait la transcrire. (Instruc. génér., n°. 385.)

10°. Quand plusieurs vendeurs aliénent au même acquéreur et par un seul acte des objets distincts et sous des prix particuliers, la transcription ne peut pas être syncopée. (Délibération de l'ad. du 6 thermidor an 7.)

11°. Lorsqu'une vente comprend en même temps des meubles et des immeubles, ou que par une seule expédition et d'un même contexte, les officiers publics délivrent copie d'une donation à la fois mobilière et immobilière, et de l'état estimatif prescrit par l'art. 948 du Code civil, le conservateur qui est tenu de copier littéralement, doit transcrire toute l'expédition.

12°. Il ne pourrait admettre l'extrait analytique d'un acte : le vœu de la loi ne serait pas rempli ; la transcription doit être littérale et entière.

13°. Il indique, en marge de la transcription, le volume et l'article du répertoire, le volume et l'article de l'inscription d'office, les noms des parties, et exprime en chiffres les valeurs sur lesquelles les droits ont été perçus.

§ 3. *Actes qui doivent être transcrits.*

1°. En général, les actes qui transmettent des biens et droits susceptibles d'hypothèque sont de nature à être transcrits : dès lors on doit soumettre à la transcription les ventes, cessions ou donations, 1°. de biens immobiliers qui sont dans le commerce et de leurs accessoires réputés immeubles; 2°. de l'usufruit des mêmes biens et accessoires pendant sa durée ; 3°. de droits immobiliers suspendus, ou résolubles ; 4°. de rentes foncières et autres qui, créées avant la loi du 11 brumaire an 7, étaient dans quelques provinces considérées comme immeubles.

2°. Les actes d'aliénation, pour la validité desquels le concours des officiers publics n'est point indispensable, peuvent, quoique rédigés sous signatures privées, être transcrits. Un avis du conseil d'état du 12 floréal an 13, le décide ; il porte : « Les actes de ventes sous signature privée, dûment enregistrés, peuvent être valablement transcrits. (Instruc. génér., n°. 316.)

3°. Les actes passés sous forme authentique en pays étrangers ne sont point exécutoires en France : ils rentrent dans la classe des sous-seing-privés et sont susceptibles de payer de nouveau le droit d'enregistrement; dès que ce droit est acquitté, il n'y a plus difficulté de les transcrire en les considérant toutefois comme actes privés .

4. L'acquéreur exige presque toujours que le vendeur lui justifie du titre en vertu duquel il était devenu propriétaire ; il l'oblige même quelquefois, lorsque ce titre est un acte privé, à le déposer, pour être annexé à la vente, et il en obtient une copie dans l'expédition qui lui est délivrée : cette expédition qui renferme alors deux ventes doit être transcrite en entier : les deux actes sont rendus publics.

5°. Quand un acte a été transcrit depuis plusieurs années sur l'expédition délivrée à l'acquéreur, le conservateur auquel le vendeur remet de son côté l'expédition qui lui sert de titre pour le paiement du prix, doit-il de nouveau remplir la formalité et prendre une seconde inscription d'office? La démarche du vendeur ne résulte évidemment que de l'ignorance dans laquelle il est : le conservateur doit donc, s'il s'en aperçoit assez tôt, l'en prévenir, et se borner à lui délivrer l'extrait de l'inscription d'office.

6°. La vente, à faculté de réméré, est translative de propriété et parfaite, quoique résoluble et sous condition (arrêt du 21 germinal an 12) : faute par le vendeur d'avoir exercé son action de réméré dans le délai prescrit, l'acquéreur demeure propriétaire irrévocable (art. 1662 du Code civil); cette vente doit donc être transcrite.

7°. L'acte, qui constate l'exercice du rachat est-il passible de la transcription? La formalité n'est point nécessaire, puisque, d'après l'article 1673 du Code, le vendeur reprend son héritage exempt de toutes les charges et hypothèques dont l'acquéreur l'aurait grevé ; cependant le retrayant peut faire transcrire, afin que l'acquéreur ne soit plus hypothécairement reconnu propriétaire, et qu'il ne puisse abuser de cette qualité. Le conseil d'administration a délibéré, les 7 prairial an 11 et 5 nivôse an 14, que les conservateurs ne devaient pas faire mention de l'exercice du droit de réméré en marge de la transcription du contrat de vente, mais qu'il était plus régulier que l'acte, qui constate cet exercice, soit comme celui de vente, transcrit. (Instruct. génér. n°. 316.)

8°. La déclaration de command est une suite inséparable du contrat ; elle se transcrit avec lui.

9°. S'il arrivait que, par la négligence des parties, une déclaration de command fût soumise à un second droit proportionnel d'enregistrement, il ne faudrait pas en conclure qu'il y a deux mutations ; le second droit proportionnel est une peine que la loi inflige : cette peine est étrangère aux hypothèques et n'empêche pas le command d'avoir seul été propriétaire.

10°. Le droit d'enchérir est exclusivement attribué aux avoués près les tribunaux devant lesquels on exproprie : leur ministère est forcé ; ils n'agissent que comme mandataires et ont trois jours pour faire connaître l'acquéreur : la propriété passe directement de l'exproprié à cet acquéreur. (Arrêt de la cour de cassat. du 24 avril 1821.)

11°. Mais quoique l'avoué mandataire ne forme avec l'acquéreur, son client, qu'une seule personne, ce dernier ne profite du délai de trois jours accordé par l'art. 709 du Code de procédure, que quand il conserve l'adjudication pour lui-même : s'il voulait nommer un command, il se placerait alors sous l'influence du n°. 24, § 1er. de l'article 68 de la loi du 22 frimaire an 7 , et serait obligé de veiller à ce que la déclaration de l'avoué et celle de command soient faites dans les vingt-quatre heures de l'adjudication , autrement ce dernier acte serait considéré comme revente passible du droit proportionnel d'enregistrement. (Jugement du tribunal de la Seine, du 31 mars 1821.)

12°. Une ratification est susceptible de transcription : nécessaire à la perfection de l'acte, il importe qu'elle soit connue des tiers qui auraient à critiquer celui-ci.

13°. Il en est de même des procurations, puisque sans elles le consentement du vendeur ne serait point apparent, et que leur nullité pourrait entraîner celle de la vente. Le bon ordre exige au surplus que les conservateurs, lorsqu'ils donnent séparément la formalité à des actes qui ne sont que le complément ou la suite de ceux déjà transcrits, les émargent d'une note respective.

14°. La cession d'usufruit, d'usage et d'habitation, est de nature à être transcrite, l'article 526 du Code les considère comme immeubles , et l'article 2218 déclare que l'usufruit des biens immeubles est susceptible d'hypothèque pendant sa durée. Le conseil d'administration a fait l'application de ce principe à une réunion d'usufruit, opérée conventionnellement. (Délibér. du 18 août 1819.)

15°. Le bail à vie est constitutif d'un véritable usufruit, et comme tel, sujet à la transcription.

16°. La jouissance à titre d'emphytéose des biens territoriaux et de leurs accessoires inhérens , est susceptible

d'hypothèque pendant sa durée (article 6 de la loi du
11 brumaire an 7); dès lors les actes qui la cèdent sont,
comme ceux qui l'ont créée, dans le cas d'être transcrits.
(Instruct. génér. n°. 198.) (1)

17°. Ce principe, toutefois, ne paraît pas applicable
aux baux emphytéotiques, passés depuis la promulgation
du Code civil; ils ne confèrent pas un usufruit, mais seulement une jouissance limitée : ils rentrent dans la classe
des baux ordinaires.

18°. Les baux à rente perpétuelle et leurs cessions,
transmettent la propriété des immeubles qui en sont
l'objet; la formalité doit être donnée.

19. L'échange opère une double vente sujette à la
transcription : il est loisible toutefois à l'un des copermutans de ne faire remplir la formalité que pour ce qui
le concerne. (Arrêt de la cour de cassation, du 15 février 1813). Dans ce cas, le conservateur exige une réquisition que la partie signe sur son registre (circulaires
n°s. 1570 et 1803); il énonce sur le même registre et
dans la relation, que l'acte n'a été transcrit que pour ce
qui concerne le requérant.

20°. Le partage entre cohéritiers est purement décla-
ratif, et ne transmet aucun droit nouveau aux copartageans : chacun d'eux est censé avoir succédé seul et immédiatement à tous les objets compris dans son lot. (Ar-

---

(1) Lorsqu'une première cession d'une jouissance emphytéotique
créée avant le Code civil, a été soumise à la transcription, cette formalité a arrêté le cours des inscriptions pour les hypothèques antérieures au Code, les seules qui puissent se rencontrer dans ce cas-là.
Si, lors de cette transcription, il a été constaté qu'aucune inscription
ne grevait la jouissance emphytéotique, ou si les inscriptions alors
existantes ont été radiées depuis, il n'y a plus aucun motif pour soumettre à la transcription les cessions subséquentes de l'emphytéose.

Il en est de même pour les transports de rentes créées avant la loi
du 11 brumaire an 7, avec la seule différence que c'est cette loi, et non
le Code, qui a mis fin au droit d'hypothéquer cette espèce de biens. Les
anciennes rentes dont il s'agit sont celles dont il est question au
n°. 1er. de ce §.

ticle 883 du Code.) L'acte n'est pas dès lors susceptible de la transcription. (Décision du ministre des finances, du 27 octobre 1819. Instruction générale, n°. 903.)

21°. A la différence du vendeur, qui peut faire inscrire ou transcrire pour conserver son privilége, l'article 2109 du Code ouvre seulement au créancier de la soulte, la voie de l'inscription.

22°. Le partage de biens possédés à titre singulier, a besoin, pour purger les hypothèques, d'être transcrit : il rentre dans le droit commun, et n'a d'effet que du jour de sa date ; les dispositions de l'article 883 du Code, lui sont étrangères. (Jugement du tribunal civil de la Seine, du 20 novembre 1819.)

23°. Comme partage, la vente par licitation entre cohéritiers, n'est pas de nature à être transcrite. (Arrêt de la cour de cassation, du 27 juillet 1819. Instruction générale, n°. 903.) Faite entre codonataires, en avancement d'hoirie, elle en est également dispensée (autre arrêt du 27 novembre 1821); mais celle qui aurait lieu à tout autre titre qu'à celui de cohéritiers, est passible de la formalité.

24°. Il importe, pour les ventes de droits successifs, par des cohéritiers à leurs cohéritiers, de distinguer celles qui conservent la nature du partage, de celles qui ont lieu à forfait, et aux risques et périls de l'acquéreur : les premières n'offrent qu'un mode de division : les actes sont des partages que les articles 887 et 888 du Code permettent de faire rescinder ; les cédans restent soumis à la garantie entre copartageans.

Faites à forfait, les secondes ne sont que des contrats aléatoires : elles rentrent dans la classe des ventes ordinaires : l'article 889 du Code leur refuse la garantie résultant de l'égalité en matière de partage ; l'action, autorisée par l'article 888, leur est interdite. (Décision du ministre des finances, du 8 octobre 1819. Délibération du conseil d'administration, des 23 février 1820, et 7 avril

1821. Arrêt de la cour de cassation, du 4 février 1822.)
Dès lors les premières sont dispensées de la transcription,
et les autres y restent sujettes.

25°. Cependant si les immeubles étaient grevés d'hypothèques; si pour fixer le terme passé lequel on ne
pourrait plus inscrire utilement, ou enfin si pour distribuer le prix entre les créanciers, l'héritier adjudicataire
recourait à la transcription, le conservateur donnerait la
formalité et percevrait les droits.

26°. Les adjudications par expropriation forcée, doivent être transcrites : sans l'accomplissement de cette formalité, on peut encore inscrire sur les biens pour des
créances anciennes : le privilége de l'exproprié n'est d'ailleurs point garanti, puisque la transcription n'ayant pas
été faite, il n'existe aucune inscription d'office.

27°. Les jugemens portant renvoi en possession, résolution de contrat de vente, et tous ceux qui opèrent une
mutation de biens, semblent être sujets à la transcription.

28°. La concession pour un temps illimité, d'un droit de
passage, d'une prise d'eau, et de toute servitude imposée
à un fonds pour un fonds (art. 686 du Code) est immobilière (art. 526); celle d'une portion d'eau provenant
d'une pompe à feu est de même nature. (Décision du mi-
ninistre des finances, du 29 novembre 1809). Il y a lieu
de faire transcrire les actes qui les expriment.

29°. Les édifices et superfices que le propriétaire foncier cède par bail à domaine congéable au colon, sont
immeubles; mais ils perdent à l'instant même et par une
fiction, leur nature immobilière, et ne la reprennent que
lorsque par l'effet du congément, ils ont été réunis au
fonds : si le congément était exercé par un cessionnaire
de ce droit, les édifices et superfices seraient immeubles.
(Arrêt de la cour de cassation, du 25 nivôse an 10.)

30°. Les articles 23 et 31 d'une loi du 16 septem. 1807,
relative aux marais à dessécher, autorisent la transcription, 1°. de l'acte de concession ou de l'ordonnance qui

prescrit le desséchement au compte de l'état : elle est nécessaire pour conserver le privilége de la plus value ; 2°. de l'acte de délaissement d'une partie de la propriété, pour le paiement des indemnités : ce délaissement est une transmission.

Le directeur des domaines, lorsqu'il s'agit des biens de l'état, doit se concerter avec le préfet pour que la transcription soit faite en temps utile. (Instructions, n°s. 386, 456, et 464.)

31°. Les expropriations pour cause d'utilité publique, consenties volontairement ou ordonnées en justice d'après la loi du 8 mars 1810, doivent être soumises à la formalité : sans cela les biens pourraient encore être frappés d'inscription.

32°. Il est besoin, pour conserver les droits des créanciers sur les maisons que le gouvernement acquiert, dans l'intention de les faire démolir, et pour assurer la validité du paiement au précédent propriétaire, que les actes ou arrêtés soient transcrits. Il n'y a pas lieu à l'inscription d'office : on n'inscrit point contre l'état.

33°. La transcription des ventes de biens en déshérence faites par le gouvernement, est également nécessaire : les formalités prescrites par les Codes, sont applicables à ces biens. (Décision du ministre des finance, du 2 novembre 1821.)

34°. « Lorsqu'il y aura donation de biens susceptibles » d'hypothèques, la transcription des actes contenant la » donation et l'acceptation, ainsi que la notification de » l'acceptation qui aurait eu lieu par acte séparé, devra » être faite aux bureaux des hypothèques dans l'arron- » dissement desquels les biens sont situés ». (Art. 939 du Code.)

Ce principe a été appliqué par un arrêt de la cour de cassation, du 10 avril 1815.

35°. « Les dispositions par actes entre-vifs ou testamen- » taires, à charge de restitution, seront, à la diligence

» soit du grevé, soit du tuteur nommé pour l'exécution,
» rendues publiques ; savoir, quant aux immeubles,
» par la transcription des actes sur les registres du bu-
» reau des hypothèques du lieu de la situation ; et quant
» aux sommes colloquées avec privilége sur des immeu-
» bles, par l'inscription sur les biens affectés au privi-
» lége. (Art. 1069 du Code civil.)

36°. « Toute donation entre-vifs de biens présens,
» quoique faite par contrat de mariage aux époux, ou à
» l'un d'eux, sera soumise aux règles générales prescri-
» tes pour les donations faites à ce titre.

» Elle ne pourra avoir lieu au profit des enfans à naî-
» tre, si ce n'est dans les cas énoncés au chapitre VI du
» présent titre. (Art. 1080 du même Code.)

37°. « Les pères et mères, les autres ascendans, les
» parens collatéraux des époux, et même les étrangers,
» pourront, par contrat de mariage, disposer de tout ou
» partie des biens qu'ils laisseront au jour de leur décès,
» tant au profit desdits époux, qu'au profit des enfans à
» naître de leur mariage, dans le cas où le donateur
» survivrait à l'époux donataire.

» Pareille donation, quoique faite au profit seuleu-
» ment des époux ou de l'un d'eux, sera toujours, dans
» le dit cas de survie du donateur, présumée faite au
» profit des enfans et descendans à naître du mariage.
(Art. 1082 du Code.)

38°. « La donation par contrat de mariage, pourra être
» faite cumulativement des biens présens et à venir, en
» tout ou partie, à la charge qu'il sera annexé à l'acte un
» état des dettes et charges du donateur, existantes au
» jour de la donation ; auquel cas il sera libre au dona-
» taire, lors du décès du donateur, de s'en tenir aux
» biens présens, en renonçant au surplus des biens du
» donateur. (Art. 1084 du même Code.)

« 39°. Toute donation entre vifs de biens présens,
» faite entre époux par contrat de mariage, ne sera point

» censée faite sous la condition de survie du donataire,
» si cette condition n'est formellement exprimée ; et elle
» sera soumise à toutes les règles et formes ci-dessus
» prescrites pour ces sortes de donations. » (Article 1092
du Code civil.)

40°. Il est très-essentiel de bien distinguer les actes qui produisent une transmission actuelle, de ceux dont l'accomplissement est subordonné à l'événement du décès, ou à toutes autres circonstances prévues : les premiers reçoivent de suite la formalité ; les autres ne peuvent être transcrits que lorsque l'événement a rendu propriétaire, et il faut alors que l'on justifie de l'arrivée de cet événement.

41°. La donation qui embrasserait uniquement des biens à venir, ne dépouillerait point le donateur ; elle porterait sur des immeubles encore indéterminés et inconnus, elle ne pourrait être transcrite. (Instruction générale, n°. 196.)

42°. Si elle était faite cumulativement de biens présens et à venir, la transcription aurait lieu, mais seulement pour les biens présens ; le conservateur dans la relation devrait en prévenir les parties.

43°. Il résulte de la combinaison des articles 938, 939 et 941 du Code, que du donateur au donataire, la donation duement acceptée est parfaite par le seul consentement des parties, et qu'elle transfère immédiatement la propriété, d'où il suit que les héritiers du donateur ne peuvent opposer le défaut de transcription. (Arrêt de la cour de cassation du 10 avril 1815.)

44°. Mais ce défaut peut être opposé par des tiers : (Même arrêt.) Conséquemment la donation entre vifs faite à l'un des futurs, par contrat de mariage, doit être transcrite. (Décision de l'administration, du 17 novembre 1817.)

45°. La clause de retour en cas de prédécès du donataire, dans une donation par acte entre vifs, loin d'apporter obstacle à la transmission actuelle, prouve au contraire la réalité de cette transmission : il eût été inutile de stipuler le retour d'une propriété dont on ne se serait point dessaisi. (Arrêt de la cour de cassation, du 12 nivôse an 13.)

46°. Le donataire qui, aux termes des articles 1048 et 1049 du Code civil, est chargé de restituer aux enfans nés et à naître, n'est pas moins investi de la propriété comme de l'usufruit des biens : l'acte est de nature à être transcrit : mais la charge de restituer ne forme point actuellement une seconde transmission : celle-ci n'a lieu qu'au décès du donataire.

47°. Le créancier dont le titre est postérieur à la donation, peut se prévaloir du défaut de transcription de celle-ci. (Arrêt de la cour d'Amiens, du 11 juin 1814; autre de la cour de cassation, du 2 avril 1821.)

48°. Les abandons de jouissance de biens immeubles que les père et mère des futurs font à ceux-ci par contrat de mariage, et en vertu desquels les futurs jouissent des biens jusqu'au décès de leurs auteurs, sont susceptibles d'être transcrits; ils doivent le droit établi par l'article 54 de la loi du 28 avril 1816. (Décisions des ministres des finances, des 8 août et 15 septembre 1818. Article 6159 du Journal de l'enregistrement.)

49°. Il y a dans une mine dont l'exploitation a été accordée par le gouvernement, deux propriétés distinctes, celle de la surface et celle de la mine : toutes deux sont immobilières; les actes qui les transmettent sont de nature à être transcrits.

50°. Pour rembourser avec sécurité une rente consentie à une époque et dans un pays où elle participait de la nature de l'immeuble, le débiteur qui redoute les hypothèques anciennement acquises, requiert quelquefois la transcription, soit de l'obligation qu'il a prise de rembourser, soit de la quittance qui lui est donnée, et il exige un certificat après la quinzaine.

Les conservateurs ne peuvent refuser de transcrire, puisque la transcription fixe le délai pendant lequel on peut encore inscrire utilement.

51°. Aux termes de l'article 2182 du Code civil, le vendeur ne transmet à l'acquéreur que la propriété et les droits qu'il avait lui-même sur la chose vendue : dès lors si le titre de ce vendeur vient à être résolu par jugement, l'aliénation qu'il a consentie subit le même sort. (Arrêt de la cour royale de Paris, du 15 novembre 1816.)

§ 4. *Actes qui ne doivent pas être transcrits.*

1°. Les dispositions de l'article 2199 du Code civil, qui défend de refuser ni retarder la transcription des actes de mutation, cessent d'être obligatoires lorsque la loi prohibe de transcrire. Ainsi un conservateur ne pourrait, sans se compromettre, donner la formalité à l'acte qui transmettrait les biens d'un majorat, à celui qui emporterait aliénation d'immeubles situés hors de son arrondissement, etc. ; et il doit encore la refuser lorsque les ventes étant purement mobilières, les parties ne lui présentent leurs actes que par erreur.

2°. La cession du droit d'exploiter une carrière, rentre dans la classe des ventes de meubles : un arrêt de la cour de cassation, du 19 mars 1816, l'a formellement décidé.

3°. Celle d'actions dans l'exploitation de mines de houille, ne doit aussi être considérée que comme mobilière.

4°. Cependant si, malgré les dispositions de la loi du 21 avril 1810, qui, en statuant que les mines, ainsi que les agrès et machines servant à leur exploitation, sont immeubles, déclare, conformément à l'article 529 du Code civil, que les actions ou intérêts dans les entreprises, lors même qu'elles comprennent des biens fonds, sont meubles par la détermination de la loi, un cessionnaire d'actions ou d'intérêts, requérait que son acte fût transcrit, le conservateur, qui n'est point juge de la nécessité ou de l'utilité de la transcription, ne pourrait la refuser.

5°. Il doit agir de même toutes les fois que la question sur la nature immobilière des biens laisse des doutes, et que, pour éviter de compromettre leurs intérêts, les particuliers font donner à leurs actes des formalités qui pourraient n'être point nécessaires.

6°. Les ventes de domaines consenties au nom de l'état, n'ont nul besoin d'être transcrites : la propriété passe, dégagée de toutes hypothèques, aux mains de l'acquéreur ; comme, à défaut de paiement du prix intégral, elle retourne libre à l'état. (Décret du 3 juillet 1791.) Toutefois les ventes de biens en déshérence doivent être transcrites. (Voir § 3, n°. 33.)

7°. Les donations éventuelles, celles entre vifs non acceptées et tous les actes qui n'expriment point une transmission présente d'immeubles ou de droits immobiliers, ne doivent pas être transcrits.

8°. Quoique les partages et licitations entre cohéritiers n'aient pas besoin d'être transcrits, la formalité qui serait requise ne pourrait être refusée.

Le cohéritier a le droit de la faire remplir lorsqu'il la croit utile.

9°. L'héritier sous bénéfice d'inventaire qui se rend adjudicataire des biens de la succession, n'est point censé acquérir : il tient ses droits directement du défunt, la mutation résulte du décès. Conséquemment l'adjudication ne doit pas être transcrite.

10°. On ne doit pas transcrire les antichrèses. Aux termes de l'art. 2085 du Code civil, le créancier n'acquiert que la faculté de percevoir les fruits de l'immeuble, à la charge de les imputer annuellement sur la dette, et il n'est pas tenu de faire transcrire et notifier son titre. (Arrêt de la cour de cassation, du 21 juin 1809.)

§ 5. *Délai pour faire transcrire.*

1°. La formalité de la transcription dépend en général de la volonté des parties : elles sont libres de faire transcrire quand elles le jugent convenable ; c'est à elles à se déterminer d'après leur intérêt personnel, et à pressentir les nombreux dangers auxquels leur insouciance les expose trop souvent.

2°. La loi n'ayant fixé aucun délai de rigueur, la transcription d'une donation entre vifs, peut se faire même après la mort du donateur : cette circonstance ne la rend pas nulle. (Arrêts de la cour de cassation, des 12 décembre 1810, et 1er. avril 1811.)

CHAPITRE XXIII.

Effets de la transcription.

Les effets des formalités se déterminent par la loi en vigueur à l'époque ou elles ont été données. (Arrêt de la cour de cassation, du 13 décembre 1814.)

§ 1er. *Loi du 9 messidor an 3.*

1°. La loi du 9 messidor an 3, qui a succédé à l'édit de 1771, portait, art. 105 : « En toute expropriation vo-
» lontaire, onéreuse, ou à titre gratuit, celui au profit
» duquel elle est consentie, ne peut devenir propriétaire
» incommutable des biens territoriaux qui en font l'objet,
» que sous les deux conditions suivantes. La première de
» notifier et déposer expédition de son contrat, dans le
» mois de sa date, à chaque bureau de la conservation des
» hypothèques dans l'arrondissement duquel les biens sont
» situés, etc. »

2°. Les dispositions de cette loi, et entre autres des articles 103 et 106, n'ont jamais du être et n'ont jamais été entendues dans ce sens que la transmission des propriétés, par vente volontaire, fût subordonnée à la formalité

, de la transcription sur les registres du bureau d'hypothèques, et qu'à défaut de cette formalité, le vendeur ait pu disposer de nouveau de la propriété dont il s'était dessaisi par une première vente. (Arrêt de cassa., du 28 juin 1816.) La préférence résulte de la tradition. (Même arrêt.)

3°. Dès-lors la transcription n'était nécessaire qu'en matière d'expropriation : la vente volontaire s'accomplissait par la tradition de l'immeuble.

§ 2. *Loi du 11 brumaire an 7.*

1°. Sous l'empire de la loi du 11 brumaire an 7, les actes portant mutation de biens et droits susceptibles d'hypothèque, devaient être transcrits : jusques-là on ne pouvait les opposer aux tiers qui auraient contracté avec le vendeur. (Art. 26.)

2°. Tout le temps que la transcription n'était pas effectuée, le vendeur conserverait, aux yeux de la loi, la propriété : il pouvait, sauf la peine du stellionat, la grever, l'aliéner; l'acquéreur n'était pas saisi légalement; il était expulsé par un second acquéreur qui avait fait transcrire.

3°. Un créancier, même par titre postérieur au contrat de vente, pouvait, jusques à la transcription de ce contrat, se faire inscrire utilement.

4°. L'inscription prise le même jour que la transcription, grevait l'immeuble.

5°. Conformément aux articles 44, 46 et 47, ces principes s'appliquaient aux mutations antérieures, lorsque les nouveaux possesseurs n'avaient pas accompli toutes les formalités voulues par les lois et usages précédens.

6°. La transcription des actes antérieurs au Code civil, n'est plus aujourd'hui nécessaire pour consolider la propriété sur la tête de l'acquéreur : la promulgation du Code équivaut à l'accomplissement des formes : admis à jouir du bénéfice de la loi nouvelle, l'acquéreur n'est point obligé de faire transcrire. (Arrêt de la cour de

Turin, du 11 décembre 1812, conforme à deux arrêts de cassation.).

7°. Mais cet effet de la loi nouvelle n'a pour objet que la transmission de l'immeuble : la seule promulgation du Code ne purge point au profit de l'acquéreur, l'hypothèque des créanciers par titres antérieurs. Les inscriptions que les créanciers ont requises depuis le Code, atteignent l'immeuble. (Arrêt de la cour de cassation, du 19 décembre 1817, pour une hypothèque créée sous l'édit de 1771 ; autre du 7 février 1818, pour une hypothèque établie sous l'empire de la loi du 11 brumaire en 7.)

Un troisième arrêt, du 4 janvier 1820, s'exprime ainsi : « Attendu que l'hypothèque du sieur..... est antérieure à » la loi du 11 brumaire de l'an 7, et que les immeubles » affectés à cette hypothèque ont été vendus antérieure- » ment à la publication du Code civil ; que dès lors les » obligations et les droits du créancier et de l'acquéreur, » ont dû être réglés d'après les dispositions de la loi » du 11 brumaire an 7 ; Attendu que, d'après ces dispo- » sitions, l'acquéreur d'immeubles grevés d'hypothèques » ne pouvait les purger que par la transcription du titre » qui lui en avait transmis la propriété ; que jusqu'alors » le créancier était admis à faire inscrire son hypothèque, » et que la transcription ne purgeait que les hypothèques » non encore inscrites ; Attendu que le Code civil n'a rien » changé à cette législation à l'égard des hypothèques » existantes et des acquisitions faites avant sa promulga- » tion, et que l'article 1583 de ce Code ne dispose que » pour l'avenir ; qu'ainsi, en annullant l'inscription hypo- » thécaire du sieur de...., sur les biens dont il s'agit, la » cour royale de Besançon a violé les articles 44 et 47 de la » loi du 11 brumaire de l'an 7, et faussement appliqué » l'art. 1583 du Code civil. »

8°. Il importe donc, si l'on veut purger les hypothèques anciennes, de soumettre à la transcription les actes passés avant le Code civil : jusque-là l'immeuble n'est point dé- gagé de ses charges.

§ 3. *Code civil.*

1°. Depuis la promulgation du Code, la transmission des biens n'a plus été subordonnée à l'accomplissement des formalités hypothécaires : la transcription n'ajoute rien à la force des contrats : l'art. 1583 porte que la vente est parfaite entre les parties, et la propriété acquise de droit à l'acheteur à l'égard du vendeur, dès qu'on est convenu de la chose et du prix, quoique la chose n'ait pas encore été livrée, et le prix payé.

2°. Cet article garantit au nouveau propriétaire qu'il est substitué à l'ancien par le seul fait de la vente, et que de ce moment la propriété lui est acquise de plein droit. (Arrêt de la cour de cassation du 19 août 1818.)

3°. Il lui garantit encore que le vendeur ne pourra plus ultérieurement consentir aucune hypothèque sur l'immeuble.

4°. Mais d'une part, le vendeur ne transmet à l'acquéreur que la propriété et les droits qu'il avait lui-même sur la chose vendue (art. 2182 du Code); ce qui doit déterminer un acquéreur prudent à remonter à l'origine de la propriété, et à voir si les droits de son vendeur sont bien assurés.

De l'autre, l'immeuble ne passe en ses mains « que sous » l'affectation des mêmes priviléges et hypothèques dont-il » était chargé » (même article); ce qui oblige le nouveau possesseur à connaître les priviléges et hypothèques frappant sur la propriété, à vérifier s'ils sont réels, et à les détacher de l'immeuble : il est donc tenu dans son intérêt, de faire transcrire, et il y est encore obligé s'il veut faire courir la prescription rappelée dans l'art. 2180 du Code.

5°. Dans l'intervalle de la promulgation du Code, au 1er. janvier 1807, l'acquéreur qui avait fait transcrire n'était dès lors tenu que des créances consenties et inscrites avant la vente. (Arrêt du 13 décembre 1814.)

§ 4. *Code de procédure.*

1°. Pour prévenir les dispositions clandestines qu'un débiteur de mauvaise foi pouvait se permettre au détriment de ses créanciers, l'art. 834 du Code de procédure a accordé à ceux-ci, la faculté de faire encore utilement inscrire leurs droits et créances dans les quinze jours de la transcription ; il porte : « Les créanciers qui, ayant » une hypothèque, aux termes des articles 2123, 2127, » 2128 du Code civil, n'auront pas fait inscrire leurs » titres, antérieurement aux aliénations qui seront faites » à l'avenir des immeubles hypothéqués, ne seront reçus » à requérir la mise aux enchères, conformément aux » dispositions du chapitre 8, du titre 18, du Code civil, » qu'en justifiant de l'inscription qu'ils auront prise » depuis l'acte translatif de propriété, et au plus tard » dans la quinzaine de la transcription de cet acte.

» Il en sera de même, à l'égard des créanciers ayant » privilége sur des immeubles, sans préjudice des autres » droits résultans au vendeur et aux héritiers, des arti- » cles 2108 et 2109 du Code civil. »

2°. Ainsi, à partir du 1er. janvier 1807, on a pu validement faire inscrire dans les quinze jours de la transcription des contrats de vente, les droits et créances ayant une date antérieure à la vente.

3°. Cette faculté ne peut s'appliquer qu'aux actes d'aliénation, passés depuis la mise à exécution du Code de procédure : c'est un droit nouveau qui n'est relatif qu'à celles faites postérieurement. (Arrêt de la cour de Turin du 11 décembre 1812.)

4°. Les créanciers qui profitent du délai de quinzaine, doivent ensuite être plus vigilans que les autres, parce qu'aux termes de l'article 835 du Code de procédure, le nouveau propriétaire n'est pas tenu de leur faire faire les notifications prescrites par les articles 2183 et 2184 du Code civil : ils pourraient être privés du droit de surenchérir.

CHAPITRE XXIV.

Formalités nécessaires pour purger les hypothèques.

§ 1er. *Hypothèques ordinaires.*

1°. La transcription n'opère pas la libération de l'immeuble : elle n'est qu'un préalable nécessaire pour le dégager de ses charges.

2°. Le tiers détenteur qui ne remplit point les formalités voulues par la loi, est tenu de toutes les dettes hypothécaires ; il est obligé, ou de les payer, à quelques sommes qu'elles s'élèvent, dans les mêmes termes et délais accordés au débiteur originaire, ou de délaisser l'immeuble sans aucune réserve : faute par lui de satisfaire à l'une de ces obligations, chaque créancier a le droit de faire vendre l'immeuble sur lui. (Articles 2167, 2168 et 2169 du Code.)

3°. S'il veut se garantir des poursuites, il doit, soit avant celles-ci, soit dans le mois au plus tard de la première sommation qui lui est faite, notifier aux créanciers, aux domiciles par eux élus dans leurs inscriptions :
« 1°. extrait de son titre, contenant seulement la date et
» la qualité de l'acte, le nom et la désignation précise du
» vendeur ou du donateur, la nature et la situation de la
» chose vendue ou donnée ; et, s'il s'agit d'un corps de
» biens, la dénomination générale seulement du domaine
» et des arrondissemens dans lesquels il est situé, le prix
» et les charges faisant partie du prix de la vente, ou
» l'évaluation de la chose, si elle a été donnée ; 2°. extrait
» de la transcription de l'acte de vente ; 3°. un tableau
» sur trois colonnes, dont la première contiendra la date
» des hypothèques et celle des inscriptions ; la seconde,
» le nom des créanciers ; la troisième, le montant des
» créances inscrites » (art 2183 du Code), et offrir d'acquitter, sur-le-champ, les dettes et charges hypothécaires,

jusqu'à concurrence seulement du prix, et sans distinction des dettes exigibles ou non exigibles. (Art. 2184.)

4°. La notification ne doit pas être faite seulement aux créanciers inscrits sur le vendeur immédiat : elle doit être étendue à tous les créanciers ayant des inscriptions subsistantes sur l'immeuble contre les différens propriétaires auxquels il a appartenu. L'acquéreur est tenu, pour sa sûreté, de rechercher ces créanciers et de donner au conservateur des hypothèques tous les renseignemens propres à les lui indiquer. (Arrêt de la cour de cassation, du 13 décembre 1814.)

5°. L'article 30 de la loi du 11 brumaire an 7 , qui accordait à l'acquéreur, pour se libérer, les mêmes termes et délais dont aurait joui le vendeur, se trouve en conséquence rapporté.

6°. La formation du tableau sur trois colonnes, des créances inscrites, est étrangère au conservateur qui n'est tenu que de délivrer l'état des inscriptions subsistantes. (Instruct. génér. n°. 233.)

7°. Quand le nouveau possesseur a fait les notifications voulues, tout créancier inscrit peut requérir la mise de l'immeuble aux enchères et adjudication publique, à la charge par lui de faire, dans le délai de quarante jours, au plus tard, en y ajoutant deux jours par cinq myriamètres de distance entre le domicile élu et le domicile réel de chaque créancier requérant, les notifications prescrites par l'article 2185 : il se soumettra, dans ces notifications, à porter ou faire porter le prix à un dixième en sus, s'il s'agit de vente volontaire ; et à un quart, s'il s'agit d'expropriation, ou d'adjudication dans les cas prévus par les articles 965 et 972 du Code de procédure : il offrira en outre de donner caution.

8°. S'il s'élevait quelques difficultés, au sujet des inscriptions, l'acquéreur qui, en faisant transcrire son titre, a requis l'état de toutes les inscriptions grevant l'immeuble, ne serait pas tenu de discuter le mérite de

celles-ci. (Arrêt de la cour de cassation du 5 janvier
1809.)

9'. Lorsque la mise de l'immeuble aux enchères n'a
pas été requise dans le délai déterminé, la valeur demeure définitivement fixée au prix stipulé dans le contrat, et le nouveau propriétaire est libéré en payant ledit
prix aux créanciers qui sont en ordre, ou en le consignant. (Article 2186 du Code.)

10°. L'acquéreur ou le donataire qui conserve l'immeuble mis aux enchères, en se rendant dernier enchérisseur, n'est pas obligé de faire transcrire le jugement
d'adjudication. (Article 2189 du Code.) Son titre avait
déjà reçu la formalité.

11°. Mais indépendamment des créances inscrites, la
propriété peut être grevée d'hypothèques légales en faveur des femmes, des mineurs, des interdits, et ces hypothèques n'avaient pas besoin d'inscription : d'un autre
côté les priviléges établis pour les soultes de partage, les
prix de licitation, ceux attribués aux créanciers qui demandent la séparation des patrimoines, et ceux du trésor pour les frais de justice, jouissent de délais qui pourraient n'être pas révolus lorsque l'acquéreur veut purger
enfin l'état, pour les domaines qu'il vend, a la faculté,
à défaut de paiement du prix intégral, de reprendre
l'immeuble aliéné.

Dans toutes ces circonstances, le nouveau possesseur a
des formalités à remplir, ou des précautions à prendre
pour mettre ses intérêts à couvert.

§ 2. *Hypothèques légales des femmes, des mineurs et interdits.*

« 1°. Pourront les acquéreurs d'immeubles apparte-
» nant à des maris ou à des tuteurs, lorsqu'il n'existera
» pas d'inscription sur lesdits immeubles, à raison de la
» gestion du tuteur, ou des dot, reprises et conven-
» tions matrimoniales de la femme, purger les hypothè-

» ques qui existeraient sur les biens par eux acquis.
(Art. 2193 du Code civil.)

» 2°. A cet effet, ils déposeront copie dûment colla-
» tionnée du contrat translatif de propriété, au greffe du
» tribunal civil du lieu de la situation des biens ; et ils
» certifieront par acte signifié , tant à la femme ou au
» subrogé tuteur, qu'au procureur du roi près le tribu-
» nal, le dépôt qu'ils auront fait : extrait de ce contrat,
» contenant sa date , les noms, prénoms, professions et
» domiciles des contractans ; la désignation de la nature
» et de la situation des biens, le prix et les autres char-
» ges de la vente , sera et restera affiché pendant deux
» mois dans l'auditoire du tribunal ; pendant lequel temps
» les femmes, les maris, tuteurs, subrogés tuteurs, mi-
» neurs, interdits, parens ou amis, et le procureur du
» roi, seront reçus à requérir, s'il y a lieu, et à faire
» faire , au bureau du conservateur des hypothèques ,
» des inscriptions sur l'immeuble aliéné, qui auront le
» même effet que si elles avaient été prises le jour du con-
» trat de mariage, ou le jour de l'entrée en gestion du
» tuteur : sans préjudice des poursuites qui pourraient
» avoir lieu contre les maris et les tuteurs, ainsi qu'il a
» été dit ci-dessus, pour hypothèques par eux consen-
» ties au profit de tierces personnes, sans leur avoir dé-
» claré que les immeubles étaient déja grevés d'hypothè-
» ques, en raison du mariage ou de la tutelle. (Article
» 2194 du même Code.)

» 3°. Si dans le cours des deux mois de l'exposition
» du contrat, il n'a pas été fait d'inscription du chef des
» femmes, mineurs ou interdits, sur les immeubles ven-
» dus, ils passent à l'acquéreur sans aucune charge, à
» raison des dot, reprises et conventions matrimonia-
» les de la femme, ou de la gestion du tuteur, et sauf
» le recours, s'il y a lieu, contre le mari et le tuteur.

» S'il a été pris des inscriptions du chef desdites fem-
» mes, mineurs ou interdits, et s'il existe des créanciers

» antérieurs qui absorbent le prix en totalité ou en par-
» tie, l'acquéreur est libéré du prix par lui payé aux
» créanciers placés en ordre utile ; et les inscriptions du
» chef des femmes, mineurs ou interdits, seront rayées,
» ou en totalité, ou jusqu'à due concurrence.

» Si les inscriptions du chef des femmes, mineurs ou
» interdits, sont les plus anciennes, l'acquéreur ne pourra
» faire aucun paiement du prix au préjudice desdites in-
» scriptions, qui auront toujours, ainsi qu'il a été dit
» ci-dessus, la date du contrat de mariage, ou de l'en-
» trée en gestion du tuteur ; et, dans ce cas, les inscrip-
» tions des autres créanciers qui ne viennent pas en ordre
» utile seront rayées. (Article 2195 du Code.)

4°. L'exécution de ces articles offrait des difficultés
lorsque le subrogé tuteur, la femme, ou ceux qui la représentent n'étaient pas connus : le conseil d'état les a le-
vées par un avis du 1er. juin 1807 ;

« Considérant que les articles 2193, 2194 et 2195 du
» Code civil ont tracé les règles à suivre pour purger les
» hypothèques légales des femmes et des mineurs et in-
» terdits, existantes indépendamment de l'inscription ;

» Que l'art. 2194 exige que l'acte de dépôt au greffe,
» du contrat translatif de propriété, soit signifié tant à la
» femme et au subrogé tuteur, qu'au procureur du roi
» près le tribunal de l'arrondissement où les biens sont
» situés ;

» Que l'exécution est possible toutes les fois que le su-
» brogé tuteur et la femme, ou ceux qui la représentent,
» sont connus ;

» Mais qu'il arrive souvent qu'ils ne le sont pas, et que
» les acquéreurs sont alors forcés de se borner à faire la
» signification au procureur du roi seulement ;

» Qu'il convient, dans cet état de choses, de recourir
» pour l'avenir aux moyens indiqués par le Code civil et
» par le Code de procédure, lorsqu'il s'agit d'avertir les
» parties qui peuvent avoir des intérêts ;

» Est d'avis, premièrement que, lorsque, soit la femme
» ou ceux qui la représentent, soit le subrogé tuteur, ne
» seront pas connus de l'acquéreur, il sera nécessaire et
» il suffira, pour remplacer la signification qui doit leur
» être faite aux termes dudit article 2194, en premier
» lieu, que dans la signification à faire au procureur du
» roi, l'acquéreur déclare que ceux du chef desquels il
» pourrait être formé des inscriptions pour raison d'hypo-
» thèques légales existantes indépendamment de l'inscrip-
» tion, n'étant pas connus, il fera publier la susdite signi-
» fication dans les formes prescrites par l'article 683 du
» Code de procédure civile ; en second lieu, que le susdit
» acquéreur fasse cette publication dans lesdites formes
» de l'art. 683 du Code de procédure civile, ou que, s'il
» n'y avait pas de journal dans le département, l'acqué-
» reur se fasse délivrer par le procureur du roi, un cer-
» tificat portant qu'il n'en existe pas ;

» Secondement, que le délai de deux mois, fixé par
» l'art. 2194 du Code civil, pour prendre inscription du
» chef des femmes, des mineurs et des interdits, ne devra
» courir que du jour de la publication faite aux termes du
» susdit article 683 du Code de procédure civile, ou du
» jour de la délivrance du certificat du procureur du roi,
» portant qu'il n'existe pas de journal dans le département. »

5°. Il ne suffirait pas, si la femme ou le subrogé tuteur
était connu de l'acquéreur, que celui-ci fît notifier le dépôt de son titre au procureur du roi, et qu'il déclarât
que ceux du chef desquels il pourrait exister des hypothèques légales, ne sont pas connus : il faut, à peine de
nullité, que la signification soit faite à la femme ou au
subrogé tuteur ; l'avis du conseil d'état ne s'applique qu'au
cas où la signification est impossible. (Arrêt de la cour
de cassation du 14 janvier 1817.)

6°. On a élevé d'autres doutes et présenté les trois
questions suivantes : 1°. « Est-il nécessaire de faire si-
» gnifier à la femme devenue veuve, au mineur devenu

» majeur, ou aux héritiers d'une femme ou d'un mineur,
» l'acte constatant le dépôt du contrat translatif de la pro-
» priété d'un immeuble au greffe du tribunal civil, à
» l'effet de purger les hypothèques légales qui peuvent
» exister, du chef de la femme et du mineur, sur les biens
» des maris ou des tuteurs? 2°. En cas de résolution affir-
» mative sur cette première question, ne conviendrait-il
» pas de fixer un délai dans lequel la femme devenue
» veuve, ou le mineur devenu majeur, seraient tenus de
» faire inscrire leurs créances sur les biens de leurs maris
» ou de leurs tuteurs, pour conserver le rang de leur
» hypothèque légale? 3°. Dans la même hypothèse, ne
» conviendrait-il pas de fixer un délai dans lequel les hé-
» ritiers d'une femme ou d'un mineur seraient tenus de
» faire inscrire les créances résultant des hypothèques lé-
» gales, accordées aux femmes et aux mineurs sur les
» biens des maris et des tuteurs?

» Considérant que la première question ne peut faire
» la matière d'un doute, attendu que si, aux termes de l'ar-
» ticle 2194 du Code civil, la notification de l'acte de dépôt
» du contrat d'aliénation de l'immeuble frappé de l'hypo-
» thèque légale, doit être faite à la femme et au subrogé
» tuteur, le mari vivant et la minorité subsistante, à plus
» forte raison lorsque la mort du mari et la cessation de la
» minorité ont rendu la femme et le mineur maîtres de
» leurs actions, et ont réalisé pleinement et librement,
» pour eux, le droit et l'intérêt de cette hypothèque légale,
» d'où il suit que la même chose doit avoir lieu pour leurs
» héritiers ou autres représentans étant à leurs droits;

» Considérant, sur les deux autres questions, que les
» tiers acquéreurs des biens frappés d'hypothèques légales,
» sont désintéressés et mis à l'abri par les moyens que le
» Code et l'avis du conseil d'État, du 9 mai 1807, leur
» donnent pour purger ces hypothèques, moyens qui sont
» applicables aux femmes devenues veuves, aux mineurs
» devenus majeurs, et à leurs héritiers ou autres représen-

» tans, comme à la femme en puissance de mari et au mi-
» neur en tutelle, sans qu'il soit nécessaire de fixer à la
» femme veuve, et au mineur devenu majeur, un délai
» dans lequel ils seraient tenus de faire inscrire leurs
» créances, sous peine de perdre leur hypothèque légale ;

» Qu'en effet, l'acquéreur, en remplissant les forma-
» lités qui lui sont indiquées par le Code, et par l'avis
» du 9 mai 1807, qui ne lui imposent point l'obligation de
» rechercher autrement les ayant-droit aux hypothèques
» légales, peut mettre en demeure tous ces ayant-droit à
» lui inconnus, comme ceux qui lui sont connus, et faire
» courir contre eux le délai de deux mois, déterminé
» par l'article 2195 du Code. » (Avis du conseil d'État,
» du 5 mai 1812.)

7°. Selon la manière dont les formalités ci-dessus indiquées sont remplies, l'acquéreur purge les hypothèques
légales contre son vendeur seulement, ou contre tous les
précédens propriétaires. Cette distinction est importante
à saisir par les conservateurs, lorsqu'après l'expiration des
délais, ils remettent des états ou certificats.

Si la signification a été faite au subrogé tuteur, ou aux
héritiers du mineur, à la femme ou à ceux qui la représentent; et si la notification faite au procureur du roi ne tend
pas formellement à purger sur les précédens possesseurs,
l'état ou certificat ne porte que sur la *personne désignée*
dans les notifications ; et on ne purge que contre elle.

Si au contraire le nouveau possesseur, ne connaissant
pas les personnes du chef desquelles on peut requérir des
inscriptions légales, emploie la voie des journaux; si la
notification qu'il fait au procureur du roi est générale, et
si elle indique les précédens propriétaires, il purge non-
seulement les inscriptions qui pouvaient être requises sur
son vendeur, mais encore celles qui étaient dans le cas de
l'être contre les possesseurs précédens : alors le conservateur comprend ces derniers dans les états et certificats qu'il
délivre.

8°. Il ne suffirait point que les précédens propriétaires fussent désignés dans l'acte de vente; il faut qu'ils soient rappelés dans les significations, car autrement on ne purgerait pas contre eux, et le conservateur ne serait pas fondé à les désigner dans son certificat.

9°. On peut purger les hypothèques légales des femmes, des mineurs et des interdits sans faire transcrire l'acte de vente : la loi n'oblige point, dans cette espèce particulière, à remplir la formalité de la transcription, qui est au contraire indispensable lorsque l'on veut purger les hypothèques autres que celles légales. (Instruc. génér., n°. 255.)

§ 3. *Hypothèques des autres privilégiés ayant un délai fixe pour faire inscrire.*

1°. La loi n'a pas indiqué de moyen particulier pour purger les hypothèques privilégiées, lorsque le délai pour les faire inscrire n'est pas encore révolu : l'immeuble ne pouvant devenir libre qu'après l'expiration de ce délai, c'est à l'individu qui acquiert à vérifier si la propriété provient à son vendeur d'un partage ou d'une licitation récens, si elle a été l'objet de constructions ou réparations pour le paiement desquelles il aurait été, lors du procès-verbal qui constate l'état des lieux, pris une première inscription ; si, transmise par décès, elle ne peut point motiver une demande en séparation de patrimoine ; enfin si le vendeur n'aurait pas , depuis moins de deux mois , été condamné au paiement de frais de justice.

2°. Lorsque l'une de ces circonstances se rencontre, le nouveau possesseur est fondé à retarder sa libération jusqu'à ce que le délai utile soit expiré.

§ 4. *Domaines vendus par l'état.*

1°. D'après la loi du 10 juillet 1791 , l'état a le droit (1),

---

(1) Tout vendeur originaire a les mêmes droits, entièrement distincts de ceux qu'il pourrait exercer comme créancier privilégié et en vertu de son inscription. Pour éviter l'action en résolution , l'évic-

à défaut de paiement du prix des domaines par lui aliénés, et même sans avoir requis inscription, de rentrer
dans sa propriété, et de la reprendre libre de toutes les
charges dont l'acquéreur aurait pu la grever.

2°. Le particulier qui contracte avec un acquéreur de
domaines, doit dès lors exiger que celui-ci lui justifie de
sa libération, soit par la représentation du décompte
quittancé, soit de la manière indiquée par la loi du 12
mars 1820. (Instruct. gén. n°. 925.)

Sans ces précautions, le nouveau possesseur, ou le
créancier qui n'a pour hypothèque qu'un domaine non
soldé, court des dangers réels : la vente par expropriation forcée n'empêcherait pas même l'état de ressaisir
l'immeuble. (Art. 731 du Code de procédure.)

§ 5. *Mines.*

L'acte de concession d'une mine en donne la propriété
perpétuelle : lorsqu'il est fait après l'accomplissement des
formalités prescrites par la loi du 21 avril 1810, il purge
en faveur du concessionnaire, tous les droits des propriétaires et des inventeurs ou de leurs ayant-droit, chacun
dans leur ordre, après qu'ils ont été entendus ou légalement appelés (art. 17 de la dite loi.) La mine devient
une propriété nouvelle.

§ 6. *Détenteur qui ne remplit pas les formalités.*

1°. Le tiers détenteur qui ne remplit pas les formalités
pour purger, est, par l'effet seul des inscriptions, obligé,
comme détenteur, à toutes les dettes hypothécaires, et
jouit des termes et délais accordés au débiteur originaire.
(Art. 2167 du Code civil.)

---

tion de la propriété ou l'obligation de payer deux fois, celui qui acquiert doit s'assurer que le prix des précédentes ventes est soldé ou
prescrit. Celui qui prête sur hypothèque a les mêmes précautions à
prendre, s'il ne veut courir les risques de voir disparaître son gage.

2°. Il est tenu , ou de payer tous les intérêts et les capitaux exigibles, à quelque somme qu'ils puisssent monter , ou de délaisser l'immeuble sans aucune réserve. (Art. 2168.)

3°. Chaque créancier hypothécaire a le droit, trente jours après un commandement au débiteur originaire et une sommation au détenteur , de faire vendre l'immeuble sur celui-ci. (Art. 2169.)

4°. Le tiers détenteur ne peut se soustraire aux poursuites, qu'en délaissant l'immeuble par acte reçu au greffe du tribunal de la situation. (Art. 2172 et 2174.)

5°. Il a cependant encore la faculté, lorsque le créancier n'est pas privilégié, ou que son hypothèque n'est point spéciale, d'opposer, quand il existe d'autres biens affectés au paiement de la dette, le bénéfice de discussion. (Art. 2170 et 2171.)

6°. S'il délaisse l'immeuble , le tribunal , sur la pétition du plus diligent des intéressés ; nomme un curateur sur lequel la vente est poursuivie. (Art. 2174.)

7°. Les créanciers ont , contre le tiers détenteur, une action en indemnité pour les détériorations qui résultent de son fait ou de sa négligence : ils ne peuvent réclamer les fruits de l'immeuble, qu'à compter du jour de la sommation de payer ou de délaisser. (Art. 2175 et 2176.)

8°. Le tiers détenteur a, de son côté, le droit de répéter ses impenses et améliorations, jusqu'à concurrence de la plus value résultant de l'amélioration. (Art. 2175.)

CHAPITRE XXV.

De la saisie immobilière.

§ 1er. *De la saisie.*

« Le créancier peut poursuivre l'expropriation ; 1°. des
» biens immobiliers et de leurs accessoires réputés im-
» meubles , appartenant en propriété à son débiteur ;

» 2°. de l'usufruit appartenant au débiteur sur les biens
» de même nature ». (Art. 2204 du Code civil.)

2°. Il suffit pour saisir immobilièrement, d'être créancier hypothécaire ; il n'est pas besoin d'avoir été inscrit
le premier : c'est seulement à l'ordre que doit être véri-
fiée l'utilité des poursuites. (Arrêt de la cour royale de
Paris , du 8 février 1819 , procédant sur un renvoi
ordonné par la cour de cassation.)

« 3°. Néanmoins la part indivise d'un cohéritier dans
» les immeubles d'une succession ne peut être mise en
» vente, par ses créanciers personnels, avant le partage ou
» la licitation, qu'ils peuvent provoquer s'ils le jugent
» convenable, ou dans lesquels ils ont le droit d'interve-
» nir, conformément à l'article 882 au titre des succes-
» sions. (Art. 2205 du Code civil.)

» 4°. Les immeubles d'un mineur , même émancipé ,
» ou d'un interdit , ne peuvent être mis en vente avant la
» discussion du mobilier. (Art. 2206 du même Code.)

» 5°. La discussion du mobilier n'est pas requise avant
» l'expropriation des immeubles possédés par indivis
» entre un majeur et un mineur ou interdit, si la dette
» leur est commune , ni dans le cas où les poursuites ont
» été commencées contre un majeur, ou avant l'inter-
» diction. (Art. 2207 du même Code.)

» 6°. L'expropriation des immeubles qui font partie
» de la communauté se poursuit contre le mari débiteur
» seul, quoique la femme soit obligée à la dette. (Art.
» 2208 du Code.)

» Celle des immeubles de la femme, qui ne sont point
» entrés en communauté, se poursuit contre le mari et
» la femme , laquelle, au refus du mari de procéder
» avec elle, ou si le mari est mineur, peut être autorisée
» en justice.

» En cas de minorité du mari et de la femme , ou de
» minorité de la femme seule , si son mari majeur refuse
» de procéder avec elle , il est nommé par le tribunal

» un tuteur à la femme, contre lequel la poursuite est
» exercée.

» 7°. Le créancier ne peut poursuivre la vente des im-
» meubles qui ne lui sont pas hypothéqués, que dans le
» cas d'insuffisance des biens qui lui sont hypothéqués.
(Art. 2209 du Code civil.)

» 8°. La vente forcée des biens situés dans différens
» arrondissemens, ne peut être provoquée que successive-
» ment, à moins qu'ils ne fassent partie d'une seule et
» même exploitation.

» Elle est suivie devant le tribunal dans le ressort du-
» quel se trouve le chef-lieu de l'exploitation, ou, à
» défaut de chef-lieu, la partie de biens qui présente le
» plus grand revenu, d'après la matrice du rôle. (Art.
» 2210 du Code.) (1)

____

(1) Pour renfermer l'exécution de cet article dans ses limites natu-
relles, il a été rendu, le 14 novembre 1808, une loi ainsi conçue :
« Art. 1. La saisie immobilière des biens d'un débiteur situés dans
» plusieurs arrondissemens, pourra être faite simultanément, toutes
» les fois que la valeur totale desdits biens sera inférieure au mon-
» tant des sommes dues, tant au saisissant qu'aux autres créanciers
» inscrits.

» Art. 2. La valeur des biens sera établie, d'après les derniers baux
» authentiques, sur le pied du denier vingt-cinq. A défaut de baux
» authentiques, elle sera évaluée d'après le rôle des contributions fon-
» cières, sur le pied du denier trente.

» Art. 3. Le créancier qui voudra user de la faculté accordée par
» l'art. 1er., sera tenu de présenter requête au président du tribunal
» de l'arrondissement où le débiteur a son domicile, et d'y joindre,
» 1°. copie en forme des baux authentiques, ou à leur défaut copie
» également en forme du rôle de la contribution foncière ; 2°. l'extrait
» des inscriptions prises sur le débiteur dans les divers arrondisse-
» mens où les biens sont situés, ou le certificat qu'il n'en existe au-
» cune. La requête sera communiquée au ministère public et répondue,
» d'une ordonnance portant permis de faire la saisie de tous les biens
» situés dans les arrondissemens et départemens y désignés.

» Art. 4. Les procédures relatives, tant à l'expropriation forcée, qu'à
» la distribution du prix des immeubles, seront portées devant les
» tribunaux respectifs de la situation des biens. » (L'instruction
générale n°. 411 prescrit aux employés de se conformer à cette loi
pour les expropriations qu'ils sont dans le cas de provoquer.)

» 9°. Si les biens hypothéqués au créancier , et les
» biens non hypothéqués , ou les biens situés dans divers
» arrondissemens , font partie d'une seule et même ex-
» ploitation, la vente des uns et des autres est poursuivie
» ensemble , si le débiteur le requiert ; et la ventilation se
» fait du prix de l'adjudication , s'il y a lieu. (Art. 2211
» du Code.)

» 10°. Si le débiteur justifie , par baux authentiques ,
» que le revenu net et libre de ses immeubles, pendant
» une année, suffit pour le paiement de la dette en capi-
» tal , intérêts et frais ; et s'il en offre la délégation au
» créancier , la poursuite peut être suspendue par les ju-
» ges , sauf à être reprise s'il survient quelque opposi-
» tion ou obstacle au paiement. (Art. 2212 du Code.)

» 11°. La vente forcée des immeubles ne peut être
» poursuivie qu'en vertu d'un titre authentique et exécu-
» toire, pour une dette certaine et liquide. Si la dette est
» en espèces non liquidées , la poursuite est valable, mais
» l'adjudication ne pourra être faite qu'après la liquida-
» tion. (Art. 2213.)

» 12°. Le cessionnaire d'un titre exécutoire ne peut
» poursuivre l'expropriation qu'après que la signification
» du transport a été faite au débiteur. (Art. 2214.)

» 13°. La poursuite peut avoir lieu en vertu d'un ju-
» gement provisoire ou définitif, exécutoire par provi-
» sion , nonobstant appel ; mais l'adjudication ne peut se
» faire qu'après un jugement définitif en dernier ressort,
» ou passé en force de chose jugée.

» La poursuite ne peut s'exercer en vertu de juge-
» mens rendus par défaut, durant le délai de l'opposition.
» (Art. 2215.)

» 14°. La poursuite ne peut être annulée sous prétexte
» que le créancier l'aurait commencée pour une somme
» plus forte que celle qui lui est due. (Art. 2216.)

» 15°. Toute poursuite en expropriation d'immeubles
» doit être précédée d'un commandement de payer, fait

» à la diligence et requête du créancier, à la personne
» du débiteur ou à son domicile, par le ministère d'un
» huissier. Les formes du commandement et celles de la
» poursuite sur l'expropriation, sont réglées par les lois
» sur la procédure. » (Art. 2217.)

16°. Une instruction générale, n°. 251, recommande
aux receveurs de se conformer ponctuellement à ces articles ; elle les engage à observer les règles, et leur trace
la conduite qu'ils doivent tenir.

17°. Les articles 673 et suivans du Code de procédure
déterminent les formalités relatives à la saisie : elle doit
être précédée d'un commandement, et ne peut avoir lieu
que trente jours après. Si le créancier laisse écouler plus
de trois mois, il est tenu de réitérer son commandement.

18°. Cependant lorsque le débiteur forme opposition au
commandement, et qu'il s'élève sur cette opposition une
instance qui dure plus de trois mois, le créancier peut
faire saisir sans un nouveau commandement : le retard,
dans l'espèce, est le propre fait du débiteur. (Arrêt de
la cour de cassation, du 7 juillet 1818.)

19°. Le procès verbal de saisie, outre les formalités
communes à tous les exploits, doit contenir l'énonciation
du jugement ou du titre exécutoire, le transport de l'huissier sur les biens saisis, leur désignation, nature, contenance, situation, l'extrait de la matrice du rôle, l'indication du tribunal où la saisie sera portée, et enfin constitution d'avoué, chez lequel le domicile du saisissant
sera élu de droit.

20°. La copie entière du procès verbal doit, avant l'enregistrement, être laissée aux greffiers des juges de paix
et aux maires de la situation des biens : L'original est
visé par eux et fait mention de la délivrance des copies.

21°. C'est contre les syndics ou agens de la faillite
que l'expropriation des biens du failli doit être poursuivie. Le commandement en saisie et tous les actes ultérieurs doivent dès lors être notifiés aux syndics et non

au failli. (Arrêt de la cour de cassation du 2 mars 1819.)

22°. Il n'est point nécessaire que le pouvoir spécial , exigé par la loi pour autoriser un huissier à saisir immobilièrement, soit notifié à la partie saisie : aucune disposition de la loi n'exige cette signification. (Arrêt de la cour de cassation, du 12 janvier 1819.)

23°. Ce n'est pas dans le procès-verbal de saisie, mais dans sa dénonciation, que la première publication doit être énoncée. (Même arrêt.)

§ 2. *Transcription des saisies immobilières.*

1°. « La saisie immobilière sera transcrite dans un re- » gistre à ce destiné, au bureau des hypothèques de la » situation des biens, pour la partie des objets saisis » qui se trouvent dans l'arrondissement. » (Art. 677 du Code de procédure.)

2°. Avant de copier le procès verbal sur le registre , le conservateur doit le lire, et se rendre certain que les immeubles saisis sont situés, en tout ou en partie, dans son arrondissement. S'ils étaient dans le ressort d'un autre tribunal , il refuserait de donner la formalité.

« 3°. Si le conservateur ne peut procéder à la trans- » cription de la saisie à l'instant où elle lui est présentée, » il fera mention sur l'original, qui lui sera laissé, des » heure, jour, mois, et an auxquels il lui aura été re- » mis; et en cas de concurrence, le premier présenté » sera transcrit. » (Art. 678 du Code de procédure.)

4°. Il est indispensable , lorsque l'on ne peut transcrire de suite la saisie, de faire sur l'original présenté au bureau, la mention que la loi indique : sans cette précaution qui est recommandée par l'instruction générale n° 341, la responsabilité du conservateur pourrait être compromise; la priorité de la présentation serait dans le cas d'être contestée par la personne qui viendrait avec une autre saisie.

5°. S'il y a eu précédente saisie , le conservateur « cons-

» tatera son refus en marge de la seconde ; il énoncera
» la date de la précédente saisie, les noms, demeures et
» professions du saisissant et du saisi, l'indication du tribu-
» nal où la saisie est portée, le nom de l'avoué du saisis-
» sant, et la date de la transcription : » (Art. 679 du
Code de procédure.)

6°. Le refus dont il s'agit, est constaté par un certificat
en marge du procès verbal dont la transcription était
demandée.

7°. Si une seconde saisie plus ample, et comprenant
d'autres biens que la première, était présentée, le conservateur la transcrirait, mais seulement pour les propriétés qui ne figuraient point dans la première : il aurait soin, dans son certificat, d'énoncer qu'elle n'est transcrite que pour les objets qui n'étaient pas déja saisis par
un autre procès verbal, dont il rappellerait la transcription. (Art. 720 du Code de procédure. Instruction générale n°. 341.

8°. Le visa des maires et des greffiers, auxquels copie
du procès verbal est remise, fait partie de celui-ci et doit
être transcrit en même temps que lui, puisqu'il est nécessaire à sa perfection.

9°. Dans les relations, certificats et copies relatifs aux
transcriptions de saisies, le conservateur doit exprimer
que la dénonciation au saisi, et la notification des placards
aux créanciers inscrits, ont été enregistrées et mention-
nées en marge de la transcription de la saisie. (Circulaire du 26 novembre 1808.)

10°. Chaque page du registre doit, comme pour les
transcriptions d'actes de mutation, contenir trente-cinq
lignes, et chaque ligne dix-huit syllabes.

11°. Il arrive fréquemment que les saisies renferment
des tableaux en chiffres, qu'on ne peut, sans en dé-
truire l'intelligence, se dispenser de copier : Le conservateur n'est pas obligé, dans ce cas, d'écrire dix-huit syllabes par ligne ; mais il doit toujours se conformer, pour

le nombre de lignes au principe établi. (Voir l'instruc. génér. n°. 942 qui traite cette question pour les droits de greffe.)

§ 3. *Subrogation de saisie.*

1°. Quand le poursuivant néglige d'agir, ou qu'il y a de sa part collusion ou fraude, tout créancier saisissant peut demander la subrogation. (Art. 721 et 722 du Code de procédure.)

Les conservateurs n'ont aucune formalité à remplir à ce sujet.

2°. Lorsqu'une saisie immobilière aura été rayée, le plus diligent des saisissans postérieurs pourra poursuivre sur sa saisie, encore qu'il ne se soit pas présenté le premier à l'enregistrement. (Art. 725 du Code.)

Dans ce cas, les conservateurs ne peuvent refuser les formalités qui leur sont demandées.

§ 4. *Dénonciation de la saisie immobilière.*

1°. En conformité de l'article 681 du Code de procédure, la saisie immobilière transcrite au bureau des hypothèques et au greffe du tribunal où doit se faire la vente, est dénoncée au saisi ; l'original de cette dénonciation est enregistré dans la huitaine, outre un jour pour trois myriamètres de distance, au bureau des hypothèques de la situation des biens : mention en est faite en marge de l'enregistrement de la saisie.

2°. L'enregistrement de la dénonciation et la mention à faire en marge de la transcription de la saisie, sont des formalités simultanées et de rigueur. L'avis du conseil d'état du 18 juin 1809 porte : « que pour l'en- » tière exécution de l'article 696 du Code de procédure, » il suffit qu'en marge de l'enregistrement des saisies, » mention soit faite de l'enregistrement qui aura été fait » des dénonciations et notifications sur un autre registre, » avec indication de la page et du numéro de chaque en- » registrement. » (Instruct. génér. n°. 443.)

§ 5. *Notification de placards aux créanciers inscrits.*

« 1°. Un exemplaire du placard imprimé, prescrit par
» l'article 684, sera notifié aux créanciers inscrits, aux
» domiciles élus par leurs inscriptions, huit jours au
» moins avant la première publication, outre un jour
» pour trois myriamètres de distance, entre la commune
» du bureau de la conservation et celle où se fait la
» vente. » (Art. 695 du Code de procédure.)

« La notification prescrite par l'article précédent sera
» enregistrée en marge de la saisie au bureau de la con-
» servation ; du jour de cet enregistrement, la saisie ne
» pourra plus être rayée que du consentement des créan-
» ciers, ou en vertu de jugemens rendus contre eux. »
(Art 696.)

2°. L'enregistrement en marge de la saisie est indé-
pendant de celui à faire en même temps sur le registre
ouvert à cet effet. Le conservateur, dans sa relation,
comme dans les copies, états, et certificats qu'il délivre,
est tenu d'exprimer que la notification par lui enregistrée, a été mentionnée en marge de la transcription de
la saisie. (Circulaire du 29 novembre 1808.)

3°. L'enregistrement de la notification aux créanciers,
est suffisamment justifié par la mention qu'en a faite le
conservateur des hypothèques sur l'acte de notification.
(Arrêt de la cour de cassation du 22 février 1819.)

4°. Lorsqu'une adjudication n'a pas lieu au jour indiqué, il n'est point nécessaire qu'il soit notifié aux créanciers inscrits un exemplaire des nouveaux placards qui
sont apposés. (Arrêt de la même cour du 23 juillet
1817.)

5°. L'on ne peut entendre par ces mots, *créanciers in-*
scrits, que ceux ayant inscription sur les biens : le poursuivant doit dès lors requérir l'extrait des inscriptions
prises sur l'immeuble, entre les mains du saisi et entre
celles des précédens propriétaires. (Arrêts de la cour

royale de Riom des 8 juin 1811 , 8 août 1815 ; et de la cour de cassation des 27 novembre 1811 , et 13 décembre 1814.)

6°. En prescrivant que les placards soient affichés au principal marché , la loi n'a pas exigé qu'ils le fussent le jour même des marchés.

7°. La notification des placards n'est point nécessaire pour les hypothèques légales non inscrites. (Arrêt de la cour de Rouen du 8 août 1809.)

§ 6. *Radiation des saisies immobilières.*

1°. La radiation s'opère sur le consentement authentique de la partie qui avait fait saisir , lorsque la notification prescrite par l'article 695 du Code de procédure n'a pas été enregistrée au bureau des hypothèques.

2°. Elle peut encore être ordonnée par jugement.

3°. Lorsque la notification des placards aux créanciers inscrits a été enregistrée , la radiation , quand bien même le poursuivant se désisterait , ne peut se faire que du consentement des créanciers , ou en vertu de jugement rendu contre eux. (Arrêt de la cour royale de Nancy du 2 mars 1818.)

4°. D'après ces distinctions , le conservateur , auquel on remet l'expédition authentique du consentement donné ou du jugement passé en force de chose jugée , raye la saisie , et délivre le certificat de radiation.

§ 7. *Incidens sur une poursuite de saisie immobilière.*

« 1°. Toute contestation incidente à une poursuite de » saisie immobilière sera jugée sommairement devant les » tribunaux : les demandes ne seront pas précédées de » citation au bureau de conciliation. » (Art. 718 du Code de procédure.)

2°. Les incidens qui peuvent naître ont été prévus : les articles 719 et suivans du même Code les indiquent et tracent les règles à suivre , soit quand il existe à la fois et devant le même tribunal deux saisies de biens différens , soit lorsqu'une seconde saisie est plus ample que la première , que le poursuivant néglige d'agir , qu'il est formé une demande en distraction , proposé des moyens de nullité contre la procédure, etc.

3°. Le créancier poursuivant l'expropriation est tenu d'élire domicile dans le lieu où siège le tribunal : cette élection spéciale a pour but d'éviter , dans les contestations incidentes , toutes significations à personne ou domicile : dès lors le délai de quinzaine pour appeler en nullité est de rigueur : l'article 1033 du Code de procédure ne lui est pas applicable. (Arrêt de la cour de cassation du 8 août 1809.)

4°. On peut , en matière d'expropriation forcée , mais avant l'adjudication , opposer en cause d'appel une exception qui n'a pas été proposée en première instance, lorsque cette exception a trait au fond du droit en vertu duquel l'expropriation est poursuivie , et tend à l'anéantir. (Arrêt de la cour de cassation du 19 novembre 1817.)

5°. Quand le tiers acquéreur , par contrat sous seing privé non transcrit, a fait des actes publics de propriété, qu'il a une jouissance publique, continue et sans interruption depuis long-temps ; il ne peut être poursuivi en expropriation par un créancier du vendeur, dont le droit ne résulte que d'une hypothèque judiciaire pour billets de commerce postérieurs de dix ans à la vente de l'immeuble. (Arrêt de la cour de Rouen du 4 janvier 1812.)

§ 8. *Adjudications.*

1°. En conformité de l'article 697 du Code de procédure, le poursuivant doit , au moins quinze jours avant la première publication, déposer au greffe le cahier des charges, contenant 1°. l'énonciation du titre en vertu duquel la saisie a été faite, du commandement, de l'exploit de saisie, et des actes et jugemens qui auront pu être faits ou rendus ; 2°. la désignation des objets saisis telle qu'elle a été insérée dans le procès verbal ; 3°. les conditions de la vente ; 4°. et une mise à prix par le poursuivant.

2°. Le cahier des charges, qui, à la suite de la mise à prix, contient les dires, publications et adjudications, doit être publié un mois au moins après la notification du procès verbal d'affiches à la partie saisie (art. 699 et 700), et avant l'expiration des six semaines de ladite notification. (Art. 701.)

3°. Cette publication se fait à l'audience successivement de quinzaine en quinzaine, et trois fois au moins avant l'adjudication préparatoire. (Art. 702.)

4°. L'adjudication est annoncée au moins huit jours d'avance par un extrait inséré au journal : les placards ordonnés par l'article 683, et contenant de plus l'addition manuscrite de la mise à prix, et l'indication du jour où se fera l'adjudication préparatoire, sont de nouveau apposés.

5°. « Dans les quinze jours de cette adjudication, nou-
» velles annonces seront insérées dans les journaux, et
» nouveaux placards affichés dans la forme ci-dessus,
» contenant en outre la mention de l'adjudication prépa-
» ratoire, du prix moyennant lequel elle a été faite, et
» indication du jour de l'adjudication définitive. (Ar-
» ticle 704.)

6°. » Il sera procédé à l'adjudication définitive au jour
» indiqué lors de l'adjudication préparatoire : le délai
» entre les deux adjudications ne pourra être moindre de
» six semaines. (Art. 706.)

7°. » Les enchères seront faites par le ministère d'a-
» voués et à l'audience : aussitôt que les enchères seront
» ouvertes, il sera allumé successivement des bougies
» préparées de manière que chacune ait une durée d'en-
» viron une minute. L'enchérisseur cesse d'être obligé
» si son enchère est couverte par une autre, lors même
» que cette dernière serait déclarée nulle. (Art. 707.)

8°. L'avoué poursuivant l'expropriation n'est pas le mandataire du saisi : dès lors la prohibition d'acquérir, prononcée par l'article 1596 du Code civil, contre le mandataire chargé de vendre, ne lui est pas applicable. (Arrêt de la cour de cassation du 26 mars 1817.)

9°. « Aucune adjudication ne pourra être faite qu'a-
» près l'extinction de trois bougies allumées successive-
» ment : s'il y a enchérisseur lors de l'adjudication prépa-
» ratoire, l'adjudication ne deviendra définitive qu'après
» l'extinction des trois feux sans nouvelle enchère.

» Si pendant la durée d'une des trois premières bou-
» gies, il survient des enchères, l'adjudication ne pourra
» être faite qu'après l'extinction de deux feux sans en-
» chère survenue pendant leur durée. (Art. 708.)

10°. » L'avoué dernier enchérisseur sera tenu, dans
» les trois jours de l'adjudication, de déclarer l'adjudi-
» cataire et de fournir son acceptation ; sinon de repré-
» senter son pouvoir, lequel demeurera annexé à la
» minute de sa déclaration : faute de ce faire, il sera
» réputé adjudicataire en son nom. » (Art. 709.)

11°. L'avoué n'étant qu'un mandataire, la propriété passe de l'exproprié sur la tête de l'acquéreur déclaré, et celui-ci peut encore, dans les vingt-quatre heures, élire un command. (Arrêts de la cour de cassation des 9 août 1811 et 23 avril 1816.)

§ 9. *Surenchères.*

1°. Il n'a point suffi au législateur d'accorder aux indi-vidus faibles ou trompés, le moyen de faire rescinder, pour cause de lésion, les actes de vente et les partages ; il a voulu que les créanciers ne pussent devenir victimes de concerts frauduleux, de collusions, et les a admis à surenchérir le prix des ventes volontaires et forcées.

La loi reconnaît deux espèces de surenchères, l'une du dixième sur le contrat de vente volontaire (art. 2185 du Code civil), et l'autre du quart pour les adjudications définitives sur saisie immobilière ou, dans les cas qui y sont assimilés. (Art. 710, 965, 972 et 988 du Code de procédure). Dans la première espèce, un créancier inscrit sur l'immeuble est seul admis à surenchérir : dans la seconde, toute personne peut user de cette faculté.

2°. Ces deux espèces sont absolument distinctes, et fondées chacune sur des motifs particuliers : la surenchère du quart est un droit extraordinaire dont on ne peut admettre l'exercice que par suite des adjudications ci-dessus indiquées : ce droit est exclusif et ne peut s'appliquer aux aliénations volontairement consenties. (Arrêts de la cour de cassation des 22 juillet et 16 novembre 1819.)

Première espèce.

3°. La vente faite en justice sur publications *volontaires* doit être rangée dans la première espèce : l'article 710 du Code de procédure ne peut lui être appliqué.

4°. Lorsque le nouveau possesseur, par vente volontaire, s'est conformé aux articles 2183 et 2184 du Code civil, tout créancier dont le titre est inscrit peut requérir la mise de l'immeuble aux enchères et adjudications publiques, à la charge, 1°. « que cette réquisition sera signi-
» fiée au nouveau propriétaire dans quarante jours, au
» plus tard, de la notification faite à la requête de ce der-
» nier, en y ajoutant deux jours par cinq myriamètres
» de distance entre le domicile élu et le domicile réel de
» chaque créancier requérant ; 2°. qu'elle contiendra sou-
» mission du requérant de porter le prix à un dixième
» en sus de celui qui aura été stipulé dans le contrat ou
» déclaré par le nouveau propriétaire ; 3°. que la même
» signification sera faite dans le même délai au précédent
» propriétaire, débiteur principal ; 4°. que l'original et
» les copies de ces exploits seront signés par le créancier
» requérant, ou par son fondé de procuration expresse,
» lequel, en ce cas, est tenu de donner copie de sa pro-
» curation ; 5°. qu'il offrira de donner caution jusqu'à

» concurrence du prix et des charges : le tout à peine de
» nullité. » (Art. 2185 du Code civil.)

5°. Les obligations imposées par cet article sont de
rigueur : la cour royale de Paris a décidé , le 19 août 1817,
qu'il y avait nullité, parce que la copie laissée au vendeur
n'avait pas été signée par le créancier requérant la mise
de l'immeuble aux enchères , et que cette nullité profi-
tait à l'acquéreur , encore que la copie délivrée à celui-
ci fût régulière.

6°. Pour être autorisé à surenchérir sur une vente volontaire, il faut avoir une hypothèque dûment inscrite. (Arrêt
de la cour de cassation du 28 décembre 1808.) Il faut
que cette hypothèque frappe sur les biens vendus. (Arrêts des cours de Riom des 8 juin 1811 , 8 août 1815, et
de cassation du 27 novembre 1811.)

7°. Le créancier dont l'inscription a été omise dans le
certificat délivré par le conservateur, n'a point la faculté
de requérir la mise de l'immeuble aux enchères : d'après
l'article 2198 du Code civil , cet immeuble est affranchi
dans la main du nouveau possesseur de toutes les charges
qui , quoiqu'inscrites , sont omises : l'acquéreur a pu
procéder de bonne foi (arrêt de la cour de cassation du
9 nivose an 14.). Mais aux termes du même article , ce
créancier a le droit de se faire colloquer suivant l'ordre
qui lui appartient , tant que le prix n'est pas payé , ou
tant que l'ordre n'est point homologué.

8°. Il n'est pas permis au surenchérisseur , lorsque la
vente a eu lieu en masse, de faire procéder à la revente par
lots. (Arrêt de la cour de Rouen , du 13 juillet 1807.)

9°. Le créancier surenchérisseur est tenu d'offrir non-
seulement le dixième du prix principal , mais encore celui
des pots de vin et autres charges faisant partie du prix : si
les charges n'étaient point estimées, il devrait, ou les évaluer pour déterminer la somme précise qui doit être of-
ferte pour le dixième, ou faire, en termes généraux , sans
déterminer aucune somme, la soumission de porter ou

faire porter l'immeuble à un dixième en sus. (Arrêt de la
cour de cassation du 3 avril 1815.)

10°. Dès que, sur la notification d'un contrat de vente,
il y a eu surenchère, l'acquéreur ne peut, même en offrant de payer toutes les créances incrites sous la réserve
d'en discuter la validité, se soustraire aux suites de la surenchère. (Arrêt de la cour de cassation du 13 avril 1807.)

11°. Quand un acquéreur a fait notifier son contrat aux
créanciers, par plusieurs actes et à des dates différentes,
le délai pour surenchérir court du jour des significations
respectives : la notification postérieure à un créancier, ne
peut prolonger le délai accordé à ceux auxquels la même
notification avait été précédemment faite. (Arrêt de la
cour de Paris du 27 mars 1811.)

12°. Lorsqu'un mari et une femme, séparés de biens,
ont acquis conjointement un immeuble, la notification de
la surenchère doit être faite séparément à chacun d'eux,
quoique celle du contrat n'ait eu. lieu que par un seul
acte et que les époux se soient solidairement obligés.
(Arrêt de la cour de cassation du 14 août 1813, toutes
les chambres réunies sous la présidence du ministre de
la justice.)

13°. Quand il y a subrogation légale à l'hypothèque du
créancier, le subrogé a le droit de surenchérir, sans être
tenu de faire inscrire l'acte de subrogation. (Arrêt de la
cour de Paris du 2 mars 1809.)

14°. La revente sur enchères a lieu suivant les formes
établies pour les expropriations forcées, à la diligence
soit du créancier qui l'a requise, soit du nouveau propriétaire. (Art. 2187 du Code civil.)

15°. Le surenchérisseur est tenu de faire recevoir sa caution dans les trois jours : il ne peut remédier à l'insuffisance de celle-ci en offrant un certificateur de caution.
(Arrêt de la cour de cassation du 29 février 1820.)

16°. Il ne suffirait pas, en requérant la mise de l'immeuble aux enchères, d'offrir de donner caution ; il est

indispensable que cette offre soit réelle, avec assignation à trois jours devant le tribunal pour la faire recevoir. (Arrêt de la cour de cassation du 4 janvier 1809.)

17°. On a la faculté, avant le jugement, de substituer une nouvelle caution à la première. (Arrêt de la cour de Paris du 19 mai 1809.) Mais si le tribunal avait rejeté la caution, il ne serait plus loisible d'en fournir une autre. (Arrêt de la cour de Bordeaux du 30 août 1816.)

18°. « Celui qui ne peut trouver une caution est reçu à » donner à sa place un gage en nantissement suffisant. » (Art. 2041 du Code civil.). La cour de Limoges a en conséquence décidé, le 31 août 1809, qu'un surenchérisseur qui ne pouvait donner caution, avait la faculté de fournir en nantissement, des créances hypothécaires, pourvu que l'hypothè que fût située dans le ressort de la cour qui doit prononcer sur la surenchère.

19°. L'adjudication faite d'après une réquisition de mise aux enchères, est définitive : on ne serait pas fondé à se prévaloir de l'art. 710 du Code de procédure, qui n'est applicable qu'aux expropriations forcées, pour surenchérir encore d'un quart : un arrêt de la cour de Grenoble, qui avait autorisé cette seconde surenchère, a été infirmé en cassation.

20°. « L'acquéreur qui se sera rendu adjudicataire, » aura son recours tel que de droit contre le vendeur, pour » le remboursement de ce qui excède le prix stipulé par » son titre, et pour l'intérêt de cet excédant, à compter » du jour de chaque paiement. (Art. 2191 du Code civil.)

21°. » A défaut par les créanciers d'avoir requis la » mise aux enchères dans le délai et les formes prescrits, » la valeur de l'immeuble demeure définitivement fixée » au prix stipulé dans le contrat, ou déclaré par le nou- » veau propriétaire, lequel est en conséquence libéré de » tout privilège et hypothèque, en payant ledit prix aux » créanciers qui seront en ordre de le recevoir ou en le » consignant. » (Art. 2186 du Code civil.)

22°. La nullité d'une surenchère ne doit être prononcée qu'avec le créancier qui l'a faite : lorsque cette nullité a été déclarée par un jugement dont il n'y a pas eu d'appel, la surenchère ne peut plus profiter à personne ; les autres créanciers n'ont point le droit d'en obtenir la subrogation. (Arrêt de la cour de cassation du 8 mars 1809.)

Deuxième espèce.

23°. Quand il s'agit d'une expropriation forcée, « toute » personne peut, dans la huitaine du jour où l'adjudication » aura été prononcée, faire au greffe du tribunal, par » elle-même, ou par un fondé de procuration spéciale, » une surenchère, pourvu qu'elle soit du quart au moins » du prix principal de la vente. (Art. 710 du Code de » procédure.)

24°. » La surenchère permise par l'art. précédent ne » sera reçue qu'à la charge par le surenchérisseur, d'en » faire, à peine de nullité, la dénonciation, dans les vingt- » quatre heures, aux avoués de l'adjudicataire, du pour- » suivant et de la partie saisie, si elle a constitué avoué, » sans néanmoins qu'il soit nécessaire de faire cette dénon- » ciation à la personne ou au domicile de la partie saisie » qui n'aurait pas d'avoué. La dénonciation sera faite par » un simple acte contenant avenir à la prochaine audience » sans autre procédure. » (Art. 711.)

25°. Lorsque la surenchère a été faite la veille d'un dimanche ou la veille d'une fête légale, elle peut être utilement dénoncée aux avoués de l'adjudicataire, du poursuivant et de la partie saisie, le lendemain du dimanche ou de la fête. (Arrêt de la cour de cassation du 28 novembre 1809.)

26°. On a d'ailleurs, en vertu de la permission accordée par le président du tribunal, la faculté soit de surenchérir, soit de faire notifier la surenchère un jour de dimanche.

27°. Les articles 737, 738 et suivans du Code de procédure déterminent les formes à suivre contre l'adjudicataire qui n'exécute pas les clauses de son adjudication.

§ 10. *Expropriations pour le compte de l'état.*

1°. L'état, comme les simples particuliers, a la faculté de requérir des inscriptions et de diriger des poursuites en expropriation forcée, pour obtenir le recouvrement de ce qui lui est dû : il n'est pas besoin de lois spéciales pour autoriser ses agens; l'autorisation existe de droit dans les lois sur le régime hypothécaire.

2°. Obligé de suivre les mêmes formes que les particuliers, et de faire une mise à prix qui tienne lieu de première enchère, il peut devenir acquéreur des biens : l'adjudication qui, dans ce cas, n'est qu'un effet nécessaire de la mise à prix, est suffisamment autorisée par la loi.

3°. Les préposés ne pourront poursuivre d'expropriation sans y avoir été formellement autorisés par l'administration.

4°. Pareille autorisation leur sera nécessaire pour se rendre adjudicataires, ce qui ne devra avoir lieu que dans des cas fort rares et lorsque la nécessité en sera bien reconnue. (Décisions des ministres de la justice et des finances des 15 et 23 brumaire an 12.)

5°. Les actes de la procédure étant du ministère des avoués, le directeur fait choix de ceux-ci, et prend d'eux la soumission de ne pouvoir réclamer aucuns frais frustratoires et dont le tribunal ordonnerait le rejet. (Circulaire n°. 1903.)

6°. Il était juste de mettre les avoués à même de faire face aux frais qu'entraîne ce genre de procédure; en conséquence, les directeurs, après avoir adressé à l'administration un aperçu des frais de premières poursuites et reçu son autorisation, délivrent aux avoués un mandat de la somme déterminée, payable par le receveur établi près le tribunal où la procédure devra être suivie. (Instruct. génér. n°. 41.)

7°. Les poursuites n'ayant pas pour objet d'acquérir, mais de recouvrer des sommes dues, ce ne sera que lorsqu'il deviendra impossible d'obtenir une enchère, et qu'après avoir épuisé toutes les remises autorisées par la loi, que les directeurs seront obligés de se rendre adjudicataires pour le compte de l'état. (Même instruct.)

8°. Dans ce cas même, il y a lieu à la déclaration de command, si l'on peut trouver quelqu'un qui veuille se charger de l'adjudication. (Même instruct.)

9°. Lorsque l'adjudication demeure définitivement à l'état, l'acte doit être enregistré gratis ; il ne sera dû aucun droit de greffe, ni d'hypothèque, ni salaire du conservateur pour les formalités à remplir : les états et certificats seront visés gratis pour timbre : les feuilles du registre employées à la transcription, seront distraites du compte du conservateur. (Même instruct.)

10°. Les propriétés ainsi acquises sont régies comme les autres domaines de l'état. (Même Instruc.)

CHAPITRE XXVI.

De l'Ordre.

1°. « Le poursuivant prendra l'ordonnance du juge » commis, qui ouvrira le procès verbal d'ordre, auquel » sera annexé un extrait délivré par le conservateur de » toutes les inscriptions existantes. » (Art. 752 du Code de procédure.)

2°. La demande à fin d'ordre et de distribution de prix d'immeuble, est une action réelle qui doit être portée devant le tribunal dans l'arrondissement duquel l'immeuble vendu est situé : c'est ainsi que la cour de cassation l'a décidé pour la vente faite à Paris, d'un immeuble situé en Bourgogne. (Arrêts des 18 avril et 13 juin 1809.)

3°. Elle ne peut, excepté en matière d'expropriation, être formée s'il n'y a plus de trois créanciers inscrits. (Art. 775 du Code de Procédure.)

4°. En matière d'ordre, il suffit que la somme à distribuer excède 1000 fr. pour que le créancier d'une somme inférieure soit autorisé à se pourvoir par appel. (Arrêts des cours d'Angers, de Liége et autres.)

5°. L'extrait à annexer au procès verbal du juge, doit comprendre non-seulement les inscriptions qui frappaient sur l'immeuble dans la main de l'exproprié, mais encore toutes celles qui le grevaient du chef des précédens possesseurs. Plusieurs arrêts, et entre autres celui de la cour de cassation du 27 novembre 1811, l'ont décidé.

6°. Les articles 753, 754 et suivans du Code de procédure déterminent les sommations, les productions à faire, et règlent le mode de statuer sur les contestations qui peuvent naître.

7°. L'acquéreur d'un immeuble susceptible d'être grevé d'inscriptions légales, est fondé à s'opposer à l'ordre et à y faire surseoir jusqu'à l'expiration du délai accordé par l'art. 2194 du Code civil pour inscrire les hypothèques légales. (Arrêt de la cour d'Angers du 16 juillet 1809.)

8°. Les offres faites par un acquéreur, en notifiant son contrat, de payer le prix aux créanciers inscrits, ne préjugent rien sur la légitimité des créances, ni sur la validité des inscriptions. (Arrêt de la cour de cassation du 23 juin 1812.)

9°. Le créancier qui a hypothèque sur plusieurs immeubles peut, à son gré, exercer la totalité de ses droits sur un seul de ces immeubles, ou diviser son action comme il le jugera convenable : les créanciers postérieurs n'ont pas le droit de s'y opposer, surtout quand des ordres sont ouverts en différens temps et en divers lieux. (Arrêt de la cour de Paris du 24 novembre 1814.) Le créancier privilégié sur plusieurs immeubles, a le même droit. (Autre arrêt de la même cour du 31 août 1810.)

10°. Cependant si l'on réglait, par un seul et même ordre, le rang des créanciers relativement à plusieurs immeubles aliénés, on ne devrait pas colloquer le créancier ayant une hypothèque générale, sur l'immeuble qu'il lui plairait de choisir : en se conformant aux principes établis par l'article 2134 du Code civil, il faut donner la préférence à l'hypothèque la plus ancienne, et restreindre de cette manière l'effet de l'hypothèque générale. (Arrêt de la cour de Paris du 28 août 1816.)

11°. Quand divers immeubles ont été vendus par expropriation devant plusieurs tribunaux, on n'est point fondé à demander la jonction des différens ordres et leur renvoi à un seul tribunal : un ordre particulier est ouvert devant chaque tribunal de la situation des immeubles. (Arrêt de la cour de cassation du 13 janvier 1810.)

12°. Le créancier d'une rente viagère ayant une hypothèque générale sur différens immeubles, ne peut se faire colloquer autant de fois qu'il y a d'immeubles : sa collocation dans un premier ordre a, vis-à-vis de la masse des créanciers, spécialisé son hypothèque générale jusqu'à concurrence des sommes colloquées. (Arrêt de la cour de Paris du 31 juillet 1813.)

13°. La nullité de l'inscription requise par le créancier poursuivant l'ordre, ne rend pas irrégulier le procès-verbal d'ouverture. (Arrêt de la cour de Paris du 15 avril 1809.)

14°. L'appel d'un jugement d'ordre, signifié au domicile élu par le bordereau de l'inscription, est valable. (Arrêt de la cour de cassation du 23 avril 1817.) Le créancier qui ne s'est pas présenté, ne peut appeler du jugement qui l'homologue. (Autre du 8 mars 1809.)

15°. Lorsque le juge clôt le procès-verbal d'ordre, il liquide les frais de radiation et de poursuite d'ordre qui sont préférés à toutes autres créances, prononce la déchéance des créanciers non produisans, et ordonne la délivrance des bordereaux et la radiation des inscriptions des créanciers non utilement colloqués. (Article 759 du Code de procédure.)

16°. Dans les dix jours après l'ordonnance du juge commissaire, le greffier délivre les bordereaux qui sont exécutoires contre l'acquéreur. (Art. 771.) (1)

17°. « Le créancier colloqué, en donnant quittance » du montant de sa collocation, consentira la radiation » de son inscription. » (Art. 772.)

18°. « Au fur et à mesure du paiement des collocations, » le conservateur des hypothèques, sur la représenta- » tion du bordereau et de la quittance du créancier, dé- » chargera d'office l'inscription jusqu'à concurrence de » la somme acquittée. » (Article 773.) La quittance portant consentement doit être en forme authentique.

19°. On peut opérer conventionnellement une distribution de deniers ; mais elle ne produit pas les mêmes effets que celle faite en justice : le nouveau possesseur n'y trouve pas la même sécurité.

20°. Quand l'acquéreur s'est libéré d'après un ordre volontairement consenti, et qu'ensuite il est poursuivi par des créanciers auxquels leurs titres donnaient la préférence, cet acquéreur exerce son recours contre les créanciers qu'il a indûment payés : le recours est autorisé par l'article 1377 du Code civil.

C'était à cet acquéreur de veiller à ce que le certificat du conservateur s'étendît à tous les créanciers. (Arrêt de la cour de Colmar, du 16 janvier 1817.)

---

(1) Sous l'empire de la loi du 11 brumaire an 7, l'expropriation ne rendait pas exigibles les créances non échues ; l'acquéreur pouvait continuer de servir les rentes sans être contraint à les rembourser. D'après l'article 2184 du Code civil, il est tenu d'offrir d'acquitter sur-le-champ les dettes, sans distinction de celles exigibles ou non exigibles.

CHAPITRE XXVII.

Majorats.

1°. Pour récompenser des services rendus à l'état, il a été établi des titres héréditaires avec transmission des biens auxquels ils sont affectés. (Décret du 30 mars 1806. Sénatus-consulte du 14 août même année.)

Un décret du 1er. mars 1808 a déterminé qu'il y aurait des majorats duchés, des majorats comtés, des majorats baronies et le titre de chevalier transmissible. (Instruction générale n°. 413.)

2°. Le titre de chevalier n'est soumis à aucune formalité hypothècaire.

3°. Une ordonnance du roi, du 7 octobre 1818, fait connaître qu'il existera aussi des majorats sous les titres de marquis et de vicomtes.

Il y aura dès lors, des majorats de ducs, de marquis, de comtes, de vicomtes et de barons.

4°. Un autre décret du 1er mars 1808 a réglé les formes à suivre de la part de ceux qui sont autorisés à transmettre leur titre, et détermine les effets des créations de majorats quant aux personnes, et quant aux biens.

L'art. 40, porte : «Les biens qui forment les majorats sont » inaliénables ; ils ne peuvent être engagés ni saisis; néan- » moins les enfans du fondateur, qui ne seraient pas rem- » plis de leur légitime sur les biens de leur père, pour- » ront en demander le complément sur les biens donnés » par le père pour la formation du majorat. »

L'art. 41 : « Tout acte de vente, donation ou autre » aliénation de ces biens par le titulaire; tout acte qui » les frapperait de privilége ou d'hypothèque ; tout ju- » gement qui validerait ces actes, hors les cas ci-après » exprimés, sont nuls de plein droit. »

Les notaires ne peuvent recevoir aucun de ces actes;

15

il est interdit aux receveurs de les enregistrer et aux juges d'en prononcer la validité. (Art. 43.)

5°. Si, d'après la faculté qu'en donnent les articles 2,
3, 4 et 5, le majorat était formé avec des rentes sur
l'état et des actions sur la banque de France, ces rentes,
ces actions sont immobilières. Les extraits des inscriptions ont en conséquence un timbre qui annonce qu'elles sont affectées à un majorat : il est défendu à aucun
agent de change, sous peine de destitution, de dommages et intérêts, de les négocier directement ou indirectement (Art. 44.)

6°. Les biens des majorats ne peuvent être grevés d'aucune hypothèque légale ni judiciaire. (Art. 45.)

7°. Si une inscription légale était acquise avant la demande en création d'un majorat, il faudrait d'après l'art.
46, la purger, ou remplacer par d'autres, les fonds
affectés.

8°. La jouissance des biens suit le titre sur toutes les
têtes où il la fixe. La veuve du titulaire a droit à une pension. (Art. 50 et 51.)

9°. Les revenus d'un majorat sont insaisissables hors
les cas et les proportions où ils auraient pu être délégués.
(Art. 51.)

10°. Les instructions générales, n°s. 413, 423, 427,
448, 625, 656, 693, et 863, rappellent les diverses dispositions des décrets et ordonnances que les employés ont
besoin de connaître. Voici, relativement aux conservateurs des hypothèques, les obligations qui leur sont imposées.

11°. Ils doivent remettre à la personne qui se propose
de créer un majorat, un état des inscriptions existantes
sur les biens qui leur sont désignés, ou un certificat qu'il
n'y en a pas.

12°. Lorsque la demande en majorat a été enregistrée,
ils transcrivent l'état indicatif des biens proposés et adressent au procureur général du sceau des titres, quinze

jours après la transcription, un état des inscriptions et copies des transcriptions qui seraient survenues, ou un certificat négatif; la transcription doit être émargée de ces mots : *État indicatif, majorat.*

13°. Les biens désignés dans l'état indicatif ne peuvent, à partir de la quinzaine de la transcription, être aliénés ou frappés de priviléges et d'hypothèques pendant un an. (Art. 13 du deuxième décret du 1er mars.) Conséquémment le conservateur ne peùt transcrire aucun titre d'aliénation de ces biens, ni recevoir des inscriptions qui les grèvent.

14°. S'il était besoin de purger des hypothèques légales, le conservateur, après l'expiration des deux mois du dépôt au greffe de l'état indicatif et des significations, adresserait à M. le procureur général un état des inscriptions requises, ou un certificat négatif.

15°. Si la demande de création n'était pas admise, la transcription de l'acte indicatif serait rayée sur la remise et le dépôt d'une expédition de la réquisition de M. le procureur général du conseil du sceau, signée par lui, et revêtue de son cachet. L'expédition dont il s'agit, devrait être préalablement visée pour timbre et enregistrée en débet : les droits se recouvrent sur la partie. Les biens cessent alors d'être inaliénables.

16°. Outre les majorats sur demande, le roi en crée de son propre mouvement, ou complète, quand cela lui plaît, les dotations : si l'acte de constitution ou le procès-verbal de désignation des biens était présenté au conservateur, il le transcrirait; mais d'après un décret du 3 mars 1810, il paraît que les lettres d'investiture sont seules dans le cas d'être transcrites.

17°. Quand les lettres d'investiture pour les majorats de propre mouvement et les lettres-patentes de création pour ceux formés sur demande, sont délivrées, elles doivent être transcrites, non-seulement dans les greffes des cours royales et des tribunaux de première instance, mais encore dans les bureaux d'hypothèques de la situation des biens.

18°. Le salaire du conservateur est égal à celui du greffier du tribunal de première instance, sans avoir égard à l'étendue des écritures. (Décret du 24 juin 1808, et ordonnance du roi du 7 octobre 1818.)

19°. L'art. 5 d'un décret du 22 décembre 1812, charge les conservateurs des hypothèques de faire mention, tant sur le registre que sur l'expédition de l'acte d'investiture remise à la partie, « que les articles 41 et 43 du 2ᵉ. statut » du 1ᵉʳ. mars 1808, applicables aux donations d'après » l'art. 1ᵉʳ. du décret du 3 mars 1810, déclarent nul de » plein droit, tout acte d'aliénation ou portant hypo- » thèque des biens composant les dotations, tout jugement » qui ordonnerait l'exécution, et défendent aux notaires de » recevoir ces actes, aux préposés de l'enregistrement de » les enregistrer, aux juges d'en prononcer la validité. » Ils transcrivent à la suite de cette mention les deux articles dont il s'agit. (Instruc. génér. n°. 625.)

20°. Lorsque les dotations se composent en tout ou en partie de rentes ou redevances annuelles, les donataires sont obligés de requérir, au nom du domaine de la couronne, des inscriptions sur les débiteurs de ces rentes et sur les biens qui en sont grevés. (Instruc. génér., n°. 625.)

21°. Dans le mois qui précède l'expiration du délai décennal, les conservateurs sont tenus de renouveler d'office et aux frais des donataires, les inscriptions dont il s'agit; ils envoient dans le mois qui suit l'extrait du renouvellement à M. l'intendant-général, et font les annotations convenables. (Art. 8 du décret du 22 décembre 1812.)

Il n'est pas dû de droits d'hypothèque, ni pour l'inscription ni pour le renouvellement; il n'y a lieu qu'aux salaires et au remboursement du timbre. (Art. 11, même instruction.)

DEUXIÈME PARTIE.

DROITS DUS AU TRÉSOR.

CHAPITRE PREMIER.

Remboursement des droits de timbre.

§ 1er. *Principes généraux.*

1º. La prix du timbre des registres destinés aux formalités hypothécaires, est à la charge des requérans, sauf à eux à en obtenir, lorsqu'ils y sont autorisés par l'article 2155 du Code civil, le remboursement des débiteurs.

2º. La valeur est proportionnée au papier réellement employé : elle ne peut être établie que lorsque le conservateur a terminé ses écritures.

3º. Les formalités étant placées les unes à la suite des autres, le prix du papier se calcule par rôle, page, et fraction de rôle ou de page.

4º. Les requérans sont également tenus d'acquitter le prix du papier nécessaire aux extraits, états et certificats. (Circulaire nº. 1539.)

5º. Les conservateurs ne peuvent exiger le remboursement de la partie des registres employée aux arrêtés : c'est une charge de leur emploi. (Décision du ministre des finances du 13 frimaire an 13. Circulaire du 21.)

6'. Ils font les avances du papier pour les inscriptions, à la requête du trésor royal, de la direction générale de l'enregistrement, et pour les autres formalités que cette direction est obligée de remplir, lors des expropriations qu'elle requiert au nom de l'état.

7°. Ils recouvrent, lorsqu'il y a lieu, ces avances sur les débiteurs.

8°. Quand le recouvrement est impossible, soit en raison de l'indigence des redevables, soit parce que les inscriptions auraient été illégalement requises, qu'elles concerneraient un comptable qui ne posséde pas de biens dans l'arrondissement, etc., ils doivent en être remboursés : une décision du ministre, du 17 novembre 1817, porte : « Toutes les fois que des inscriptions de l'espèce » ont été requises au nom de l'état, et que l'insolvabilité » des débiteurs est légalement constatée, il y a lieu de » faire la déduction des droits de timbre au profit des » conservateurs, tant pour le registre de dépôt que pour » celui des inscriptions ».

Pour opérer cette déduction, de manière à ne point entraver la comptabilité du timbre, il faut allouer en dépense les feuilles de registres employées pour les inscriptions dont il s'agit, au moyen d'un état arrêté entre le conservateur et l'inspecteur, et dont le montant sera, comme restitution de droits, déduit des produits passibles de remise. A l'appui de cet état sera, en outre, jointe une copie certifiée de la décision du 17 novembre, et des certificats en bonne forme, attestant l'insolvabilité des débiteurs. (Art. 6007 du Journal de l'Enreg.)

9°. Les registres sont tous de la même dimension et d'un format égal.

Le prix de chaque feuille était, avant la loi du 6 prairial an 7, qui a établi le décime par franc, de. 1 f. 50 c.

Dans l'intervalle de cette loi, à celle du 28 avril 1816, de . . . . 1 f. 65 c.

Et depuis la promulgation de la dernière, de 2 f.

§ 2. *Timbre du registre des dépôts.*

1°. Avant la promulgation du Code civil il existait deux registres de recette, l'un pour les droits d'inscription, l'autre pour ceux de transcription; ces registres étaient exempts de timbre : l'Instruct. gén. n°. 233, détermina qu'ils y étaient sujets , parce qu'ils servaient en même temps à constater les dépôts.

2°. Il était inutile et à la fois dangereux d'avoir deux registres distincts ; il pouvait en résulter des contestations sur la priorité de la remise des pièces. Le ministre décida le 23 pluviose an 12 , qu'il n'y aurait à l'avenir qu'un seul registre de dépôt. (Inst. gén., n°. 206.)

3°. Il fut déterminé que le nombre des dépôts serait de vingt par page, non compris les arrêtés , et que le receveur exigerait deux centimes et le décime pour franc par chaque dépôt, ce qui, avec le timbre de la reconnaissance, formerait 30 cent. (Instruct., n°. 223. La même disposition se retrouve dans celles n°s. 276 et 383.)

4°. Ce mode a duré jusqu'en novembre 1809 , époque à laquelle le registre des dépôts fut distribué par cases imprimées.

Le coût du timbre à exiger des parties demeura alors fixé à cinq centimes , indépendamment de celui de la reconnaissance. (Circulaire du 23 septembre 1809.)

5°. La loi du 28 avril 1816 , ayant augmenté les droits, les conservateurs ont été fondés , depuis sa promulgation, à demander six centimes. (Chaque feuillet contient dix-sept cases.)

6°. Le prix du papier employé à constater la date des rectifications faites , soit en vertu de la loi du 4 décembre 1807 , sur l'époque de l'exigibilité des créances, soit en conformité de l'avis du conseil d'état, du 26 décembre 1810 , est à la charge des parties qui ont commis et fait réparer les omissions ou erreurs. Si au contraire ces erreurs et omissions provenaient de vices matériels dans les écritures du conservateur , c'est à lui à en supporter le coût. (Circulaire du 21 décembre 1807 , et Instruct. gén., n°. 505.)

§ 3. *Timbre du registre des inscriptions.*

1°. Le remboursement du timbre employé aux inscriptions fut d'abord fixé par une circulaire du 24 germinal an 7, n°. 1539, à dix-huit centimes trois quarts, sauf dans le cas où il serait fait usage de plusieurs cases (elles étaient imprimées) pour une inscription, à augmenter le prix du timbre d'après le nombre de cases.

2°. La loi du 6 prairial an 7 ayant ordonné la perception d'un décime pour franc en sus des droits; le remboursement du timbre a été porté à vingt-un centimes.

3°. Pour ne pas circonscrire les écritures des conservateurs dans des limites trop resserrées, et faciliter la transcription littérale des bordereaux, une instruction gén. du 26 juillet 1809, n°. 443, a supprimé la distribution des registres par cases imprimées.

Depuis cette époque le remboursement du timbre a dû se faire proportionnellement à l'emploi du papier. (Circulaire du 23 septembre 1809.)

4°. Le nombre de lignes par page du registre d'inscription, avait en quelque sorte été fixé à trente-cinq, et celui des syllabes à dix-huit par ligne : voici ce qu'on lit dans la circulaire de M. le directeur-général du 23 septembre 1809. « Au moyen de la suppression des cases, le rem-
» boursement du timbre sera proportionnel à la partie de
» la feuille employée, ainsi qu'il est d'usage pour le re-
» gistre de transcription, et pour ceux de formalité des
» saisies immobilières.

» Il suffira donc, pour la liquidation du droit de tim-
» bre, que les conservateurs ne portent sur chaque page
» du registre d'inscriptions, que le nombre de trente-cinq
» lignes de dix-huit syllabes chacune, et qu'ils perçoivent
» pour le timbre trente-sept centimes et demi par page,
» ou proportionnellement à la partie qui en sera em-
» ployée, le tout indépendamment du décime par franc.

» Le mode que j'indique facilite le remboursement du

» timbre, et se concilie parfaitement avec la décision du
» ministre des finances du 10 février 1807, transmise par
» une lettre à MM. les administrateurs, du 16 du même
» mois. »

Si tous les conservateurs s'étaient conformés à cette
circulaire, le remboursement du timbre eût été plus régulier, plus uniforme et surtout plus facile à établir.

Mais les uns ont préféré suivre le mode qu'ils avaient
adopté précédemment, ce qui les oblige à mesurer le papier; d'autres ont pensé qu'il leur serait difficile d'écrire
dix huit syllabes par ligne sur des registres qui renferment plusieurs colonnes et ils font porter cinquante lignes de 12 à 13 syllabes par page, ce qui facilite leur
calcul. (Le prix de la page étant maintenant de cinquante centimes, chaque ligne vaut alors un centime.)

5°. Lorsque les conservateurs exécutent les dispositions de la circulaire du 23 septembre 1809, la manière
d'établir le prix du papier est la même que celle indiquée au paragraphe suivant n°. 2. S'ils portent cinquante lignes à la page, il leur suffit de compter les lignes;
enfin, lorsqu'ils suivent une autre marche, il faut, pour
les fragmens de rôles et de pages, mesurer le papier employé, au moyen d'une échelle qui divise la page en 50
parties, de la valeur chacune d'un centime.

6°. Quoique le droit proportionnel des inscriptions indéterminées ne soit qu'éventuellement exigible, le remboursement du timbre n'en est pas moins payable de suite
par les parties qui requièrent la formalité.

7°. Quand il s'agit d'inscriptions requises par les titulaires de dotations composées de rentes, les droits de timbre sont payés par ces titulaires, et à défaut, recouvrés
sur les débiteurs des rentes, même par voie de contrainte.
(Instruc. génér., n°. 625.)

8°. Le conservateur, qui, pour rectifier des erreurs matérielles dans ses écritures, prend une autre inscription
(avis du conseil d'état, du 26 décembre 1810), supporte

personnellement la perte du timbre. (Instruction générale , n°. 5o5.)

9°. L'inscription d'une demande en révocation de donation ne donne pas lieu à la perception du droit de timbre , puisque ce droit a été acquitté lors de la transcription de l'acte de donation , et que l'inscription est faite en marge.

10°. Ce principe est le même pour les radiations. (Circulaire , n°. 1539.)

§ 4. *Timbre du registre des transcriptions.*

1°. La feuille de papier a successivement coûté 1 fr. 5o c. , et depuis le décret du 6 prairial an 7 , 1 fr. 65 c.; elle vaut aujourd'hui 2 fr. (Loi du 28 avril 1816.)

2°. Chaque rôle de transcription doit contenir soixante-dix lignes, il coûte. . . . . 1 fr. oo c.

Chaque page trente-cinq lignes elle coûte . «   5o

Lorsqu'il y a moins d'un rôle ou d'une page, la valeur du papier est proportionnée au nombre de lignes, de sorte que , par exemple :

Sept lignes, qui forment le cinquième des écritures d'une page , se payent dix centimes qui sont aussi le cinquième du prix de la page.

Quatorze lignes valent 20 centimes : vingt-une lignes 3o centimes , et ainsi de suite.

3°. On perçoit assez généralement un centime et demi par ligne sur les fractions ; mais il vaut mieux avoir un tarif et y recourir , car en exigeant un centime et demi par ligne, on blesse les intérêts des parties. Trente-quatre lignes, qui à raison d'un centime et demi produisent 51 centimes , seraient payées plus que la page qui en contient trente-cinq, et qui ne coûte que 5o centimes.

4°. Les conservateurs ne doivent pas perdre de vue les dispositions qui les obligent à placer *dix-huit syllabes par ligne.* On conçoit bien qu'il serait difficile, et en quelque sorte impossible, que le nombre exact de ces syllabes se trouvât dans chaque ligne , puisqu'il faudrait souvent diviser les mots ; mais il doit s'établir dans les écritures une compensation qui remplisse le vœu de la loi. Lorsque le nombre de syllabes et de lignes est inférieur au tarif , il en résulte , pour les parties , un préjudice dont elles peuvent se plaindre : dans le cas contraire les intérêts du trésor et ceux du conservateur en souffrent.

5°. Quand , pour réparer une omission commise en transcrivant , le conservateur place des renvois en marge, il a bien droit au salaire pour ses écritures ; mais il ne peut calculer le prix du timbre que sur les lignes formant le corps de la transcription : le même papier ne peut être payé deux fois.

§ 5. *Saisies immobilières.*

1°. La perception du droit de timbre est entièrement conforme à celle établie pour les transcriptions ordinaires.

2 . Les conservateurs doivent mettre le même nombre de lignes et de syllabes.

3°. Il n'est pas dû de timbre pour la radiation , puisque le droit a été perçu lors de la première formalité , et que la radiation se place en marge. (Circulaire n°. 1539.)

4°. Les annotations que le conservateur est obligé de faire, des dénonciations et notifications enregistrées sur un autre journal, ne donnent lieu, par le même motif , à aucun remboursement.

§ 6. *Dénonciations de saisies , notifications de placards.*

1°. Le prix du timbre employé aux enregistremens , est proportionné à l'espace que ceux-ci occupent , et se calcule par fractions de page.

2°. Il n'est rien dû pour les annotations et les émargemens ultérieurs : le prix du papier a été payé lors des enregistremens.

3°. Pour établir l'uniformité de la perception, quelques conservateurs suivent dans leurs écritures le mode adopté pour les transcriptions. A ce moyen, la manière de calculer le prix du timbre employé, est la même pour tous les registres, autres que celui de dépôt.

§ 7. *Changemens de domicile, subrogations, annotations ordonnées par les juges.*

1°. Toutes les fois que des écritures quelconques se placent en marge de formalités qui déjà ont acquitté le droit de timbre, il ne peut rien être exigé des parties ; conséquemment, les conservateurs ne doivent demander aucun remboursement de timbre pour les changemens de domicile, les subrogations et autres annotations qu'ils font sur les registres. (Circulaire, n°. 1539.)

2°. Cependant si, à défaut d'espace, on était obligé de porter à la date courante les déclarations des requérans, ou d'autres écritures demandées par ceux-ci, il y aurait lieu au remboursement de la portion du papier employée.

§ 8. *États, certificats, copies, extraits.*

1°. Les états, certificats ou extraits sont délivrés sur du papier de la débite ordinaire : le prix en est indiqué par le timbre de chaque feuille.

2°. A l'exception des copies collationnées d'actes déposés ou transcrits, qui doivent toujours être écrites sur du papier moyen (Décision du ministre des finances, du 10 février 1807), et contenir, comme l'ordonne le tarif, vingt-cinq lignes par page et dix-huit syllabes par ligne, les conservateurs ne sont astreints à employer pour les états, certificats, etc. , que le papier dont la dimension leur paraît convenable.

3°. Leurs écritures ne doivent être ni trop serrées ni trop lâches.

4°. Quand des états ou certificats forment suite à ceux précédemment délivrés, soit à l'expiration de la quinzaine de la transcription, soit lorsque les formalités pour purger les hypothèques légales ont été accomplies, il n'est rien dû pour le remboursement du timbre, à moins qu'il ne faille, à défaut d'espace, ajouter une ou plusieurs feuilles de papier dont la valeur doit, dans ce cas, être remboursée.

§ 9. *Duplicata de quittances.*

1°. S'il y a lieu, soit à l'inscription d'une même créance, soit à la transcription d'un même acte dans plusieurs bureaux, le droit est acquitté en totalité dans le premier bureau. (Art. 3 et 6, de la loi du 9 ventôse an 7.) Le conservateur qui l'a reçu, délivre, indépendamment de la quittance, autant de duplicata que la partie en requiert, moyennant le salaire de vingt-cinq centimes par duplicata, *outre le papier timbré.*

2° Une simple copie de la relation des droits payés n'étant pas suffisante, puisque la nature et l'objet de la créance ou de la mutation ne s'y trouveraient pas désignés, le conservateur doit transcrire sur une demi-feuille de papier timbré l'enregistrement qu'il a fait sur son registre de recette, et fournir toutes les indications convenables. (Circulaire, n°. 1521.)

3°. Les duplicata forment des ampliations soumises au timbre comme la quittance elle-même.

§ 10. *Visa en débet ou gratis des bordereaux, états et certificats qui intéressent le trésor, ou qui sont délivrés en matière de majorats.*

1°. Il est de principe que le gouvernement ne se paye pas des droits à lui-même, pour les formalités et actes qui le concernent directement : il suit de là qu'il ne doit

pas également être tenu de faire l'avance des droits d'hypothèques et autres frais d'inscription que la loi met à
la charge des débiteurs (Circulaire, n₀. 1501.)

2°. Ces mêmes avances n'ont pas lieu pour les inscriptions sur des comptables de deniers publics et sur leurs
cautions. (Même circ.) : Les bordereaux sont visés pour
timbre ; le droit reste en suspens. (Même cir.)

3°. La même mesure s'applique encore aux inscriptions que MM. les procureurs du roi sont tenus, dans
certains cas, de requérir au profit des mineurs, interdits et absens. (Circulaire , n°. 1506.)

4°. Dans ces circonstances, les droits de timbre, ceux
d'hypothèques et les salaires sont recouvrés , s'il y a lieu ,
sur les parties. (Circulaire, n°. 1521.)

5°. Le visa se donne gratis sur les états et certificats
délivrés à MM. les préfets, des inscriptions prises sur
les comptables : on y fait mention de leur destination.
(Décision du ministre des finances du 18 messidor an
9, circulaire n°. 2034.)

6°. Ceux fournis à M. le procureur général du sceau,
dans la quinzaine de la transcription de l'état indicatif
des biens destinés à un majorat, ou après l'expiration du
delai pour purger les hypothèques légales , sont également visés gratis.

§ 11. *Comptabilité du timbre des registres.*

1° Conformément à la circulaire du 24 germinal an
7, n° 1539, les registres ont été timbrés à l'extraordinaire
dans chaque département, et la comptabilité établie en
la même forme que celle usitée pour les autres papiers.
L'inspecteur, en arrêtant les produits, constatait la quantité de feuilles restant en blanc et faisait compter de
celles employées.

2°. La centralisation du timbre ordinaire à Paris,
n'ayant plus permis de laisser subsister ce mode, une
circulaire du 5 vendémiaire an 11, ordonna qu'à comp-

ter du 1ᵉʳ dudit mois , les registres, qui devaient toujours être timbrés à l'extraordinaire , seraient fournis aux conservateurs, sur leur reconnaissance énonciative du montant des droits de timbre en raison du nombre de feuilles, avec obligation d'en faire successivement le remboursement à la fin de chaque trimestre , dans la proportion des feuilles écrites.

Le receveur du timbre extraordinaire enregistrait pour mémoire ces reconnaissances ; il fournissait aux inspecteurs la note du débet de chaque conservateur.

De leur côté les inspecteurs étaient chargés d'établir par un bordereau, à la marge des registres d'hypothèques, le nombre de feuilles écrites pendant chaque trimestre ; ils en recevaient la valeur , la versaient, à leur retour au receveur du timbre extraordinaire et celui-ci en faisait écriture.

Pour l'exécution de cette circulaire , on fit constater les quantités de feuilles restant à employer au 1ᵉʳ. vendémiaire an 11 : elles entrèrent dans le nouveau mode de comptabilité.

3°. Une instruction générale du 8 juin 1810, n°. 477, n'a plus laissé subsister un ordre de choses qui donnait lieu à des irrégularités : les registres, frappés du timbre ordinaire , furent expédiés de l'attelier général de Paris , et leur comptabilité soumise aux mêmes règles que celles suivies pour les autres papiers.

On continua néanmoins jusqu'au 1ᵉʳ octobre 1810 à faire compter , comme précédemment , du timbre des anciens registres : mais, à partir de cette époque, les quantités non employées rentrèrent, au moyen d'un envoi fictif, dans la débite ordinaire. (Circulaire du 13 septembre 1810.)

4°. La comptabilité est donc aujourd'hui la même que pour tous les autres papiers.

5°. Toutefois, quand il s'agit de la transcription d'une adjudication faite au profit de l'état, sur la poursuite des agens de la direction générale , les feuilles employées sont distraites du compte du conservateur par l'inspecteur. (Instruction générale , n°. 202.)

6°. Les conservateurs qui n'ont point dans leurs attributions la débite du timbre , sont obligés, pour les états, certificats , copies etc. qu'ils délivrent , de s'approvisionner , comme les simples particuliers , dans les bureaux où se fait cette débite. (Décision du 28 août 1819.)

§ 12. *Contraventions aux lois sur le timbre.*

1°. Les conservateurs des hypothèques sont, comme les receveurs de l'enregistrement, tenus de se conformer à l'article 25 de la loi du 13 brumaire an 7 , et de constater les infractions aux lois sur le timbre.

2°. Ils encourent, lorsqu'ils ne remplissent pas cette obligation, la peine prononcée par l'article 26.

3°. La formalité des hypothèques ayant été assimilée à celle de l'enregistrement, et par l'article 24 de la loi du 21 ventose an 7 et par la loi du 24 mars 1806, il est hors de doute qu'aux termes de la décision ministérielle du 27 juillet 1818, (Instruction générale, n°. 852.) la prescription biennale n'atteigne toutes les contraventions qui n'auraient pas été constatées dans les deux ans de la formalité.

4°. Les conservateurs ne peuvent donc transcrire, ni une expédition qui contiendrait plus de vingt-cinq lignes par page de moyen papier, ni deux actes indûment faits ou expédiés à la suite l'un de l'autre : il leur est défendu d'inscrire un bordereau placé sur une expédition qui aurait plus de vingt-cinq lignes par page, toute compensation faite , de donner la formalité sur un acte dont le timbre aurait été couvert d'écriture, etc., sans constater ces infractions.

5°. Ils doivent aussi relever les contraventions dans les copies qui leur seraient signifiées par des huissiers et vérifier si elles ne contiennent pas un nombre de lignes excédant celui autorisé par l'art. 1er. du décret du 29 août 1813. (Instruction générale no. 659.)

CHAPITRE II.

Droits d'hypothèques.

§ 1er. *Principes généraux.*

1°. La perception des droits d'hypothèques sur le montant des créances à inscrire et sur le prix des mutations à transcrire, avait d'abord été attribuée aux receveurs de l'enregistrement par l'art. 1er. de l'arrêté du directoire exécutif du 5 frimaire an 7. Le conservateur ne pouvait donner la formalité que sur la représentation de la quittance du receveur. (Circulaire n°. 1454.)

2°. L'art. 3 de la loi du 21 ventose an 7 confia la recette aux conservateurs, et détermina qu'ils toucheraient à l'avenir les droits dont il s'agit.

3°. Il a depuis été dérogé à cet article, mais seulement en ce qui concerne la transcription des actes postérieurs à la loi du 28 avril 1816. Le droit pour les ventes est joint à celui d'enregistrement, et ne forme qu'un avec lui : quant aux autres actes de nature à être transcrits, le droit est exigé en sus de celui d'enregistrement dont ces actes sont passibles. (Art. 52 et 54 de la loi du 28 avril.)

4°. Avant cette loi, la perception se faisait proportionnellement aux sommes et dans toutes leurs fractions, sauf à exiger le centime en entier lorsqu'il était entamé. (Circulaire n°. 1454.)

5°. Ce mode a cessé lors de la promulgation de la loi dont il s'agit. L'art. 60 sur les hypothèques porte : « La perception de ces droits suivra les sommes et valeurs de » vingt francs en vingt francs, exclusivement et sans » fraction. » Ainsi lorsque la somme atteint une série supérieure, le droit est exigé sur cette série comme sur les autres.

6º. Quand les valeurs sont susceptibles d'être estimées, c'est à l'inscrivant à les évaluer dans son bordereau. (Art. 2148 du Code.) S'il s'agissait d'un acte à transcrire, le conservateur suivrait l'estimation donnée lors de l'enregistrement : enfin si, en raison de l'ancienneté de l'acte, il n'avait pas été fait d'évaluation , les parties seraient tenues d'y suppléer.

7º. Les droits doivent toujours être payés d'avance par le requérant. (Article 27 de la loi du 21 ventose an 7.) Le conservateur ne pourrait rien croiser sur ses registres, sous le prétexte qu'ils n'auraient pas été acquittés. (Circulaire nº. 1539.)

8º. Pour éviter toute erreur ou omission dans la liquidation, et pour faciliter les vérifications aux employés supérieurs , les conservateurs doivent porter en gros caractères les sommes sur lesquelles les droits auront été liquidés. (Instruct. génér. nº. 316.)

§ 2. *Droits sur les inscriptions.*

1º. Jusques à la promulgation de la loi du 28 avril 1816, les droits exigibles pour le compte du trésor avaient été fixés par l'article 20 de celle du 21 ventose an 7 , à un pour deux mille du capital de chaque créance antérieure à la loi du 11 brumaire même année, et à un pour mille du capital des créances postérieures.

2º. L'art. 60 de la loi du 28 avril a supprimé cette distinction ; elle détermine qu'il sera exigé un pour mille sur les créances anciennes et nouvelles.

3º. Lorsqu'une inscription en modifie une autre prise antérieurement et qu'elle augmente la durée de l'hypothèque, il est dû un nouveau droit. (Décision du ministre du 5 septembre 1809.)

4º. Il est également exigible sur l'inscription qui, relative à la même créance, frappe néanmoins sur d'autres immeubles que ceux désignés dans le 1er. bordereau. (Décision du ministre du 29 juillet 1806. Instruct. génér. n°. 316. Autre décision du 28 décembre 1813, art. 4810 du Journal de l'enregistrement.)

5°. Il est encore dû lorsque le cohéritier, créancier d'une soulte sur partage, au lieu de faire porter l'inscription sur les biens chargés de la soulte, à par erreur grevé ceux de son propre lot, et que pour rectifier cette erreur il présente un nouveau bordereau. (Art. 6204 du Journal de l'enregistrement.)

6°. Il importe, dans les circonstances de l'espèce, de bien apprécier les effets de l'inscription rectificative, et de ne point faire payer le droit lorsque celle-ci ne forme qu'une seule et même inscription avec la première.

7°. L'inscription prise en exécution de l'art. 1069 du Code civil, pour rendre publiques les dispositions par actes entre vifs ou testamentaires qui transmettent, à charge de restitution, des sommes colloquées avec privilége sur des immeubles, est soumise au droit proportionnel. (Instruct. génér. n°. 196.)

8°. Celle que requiert un vendeur pour sûreté du prix et de ses droits, lorsque le contrat n'a pas été transcrit, en est également passible. (Décision du ministre du 31 juillet 1810. Instruct. génér. n°. 487.)

9°. L'inscription que le même vendeur est obligé de requérir, pour assurer le paiement du prix particulier des meubles transmis avec des immeubles, supporte le droit : celle que le conservateur prend d'office en transcrivant l'acte n'est relative qu'aux droits immobiliers dont le prix était distinct. (Délibération de l'administration du 5 prairial an 8.)

10°. Celles requises par les agens ou syndics contre les débiteurs du failli, sont sujettes aux droits.

11°. Il en est de même de l'inscription qu'ils obtiendraient, en vertu du jugement qui homologue le concordat.

12°. Ce jugement peut toutefois dispenser de faire inscrire ; mais si alors l'inscription qui a eu lieu en vertu de l'art. 500 du Code de commerce continuait de subsister, elle conserverait des créances liquidées, et le droit deviendrait exigible sur le montant de ces créances.

13°. Quand, pour une obligation stipulée avec cautionnement, le créancier n'a d'abord pris inscription que contre le débiteur, et que, par un bordereau subséquent il inscrit sur les biens de la caution, le droit est dû : la seconde inscription est distincte de la première.

14°. Le droit proportionnel est dû pour les inscriptions qui sont renouvelées au moment où va expirer leur durée décennale. (Décision du ministre du 29 juillet 1806. Instruct. génér. n°. 316.)

15°. Il l'est encore lorsque le créancier prévient l'expiration de ce délai et prend par anticipation une inscription en renouvellement. (Même instruction.)

16°. Le renouvellement qui aurait lieu par erreur, trois ans après l'inscription , supporterait le droit : il prolonge la durée de l'hypothèque. (Article 6879 du Journal de l'enregistrement.)

17°. Lorsque le vendeur, le prêteur de fonds, ou le subrogé, renouvellent l'inscription que le conservateur avait prise d'office, en transcrivant les actes, ils sont tenus d'en acquitter le droit. Ce renouvellement est étranger au préposé qui n'est plus chargé de veiller à la conservation du privilége. (Instruct. génér. no. 374.)

18°. Le renouvellement d'une inscription ancienne, et qui n'avait supporté que le droit d'un pour deux mille , est sujet, depuis la loi du 28 avril 1816, à celui d'un pour mille, la distinction qui existait précédemment ayant été abrogée. (Journ. de l'enregist., art. 6096.)

19°. Lorsque l'hypothèque porte sur des biens situés dans plusieurs bureaux, le droit est perçu par le conservateur qui donne le premier la formalité. (Art. 22 de la loi du 21 ventose an 7.) Le créancier prend un ou plusieurs duplicata de la quittance, ou bien il fait placer ce duplicata sur les bordereaux qu'il veut présenter dans les autres conservations ; le préposé auquel le duplicata

est remis le conserve : il indique dans la colonne d'observations sur le registre de dépôt, que le droit a été acquitté à...
le ...... et n'en exige pas d'autre. (Circulaires n°⁵. 1454,
1521, et 1529.)

20°. Quel que soit l'intervalle entre l'inscription prise
au premier bureau et celles requises dans les second et
troisième bureaux, le droit proportionnel n'est exigible
qu'au premier : la loi du 21 ventose an 7 n'a imposé
d'autre condition que celle de justifier du paiement.
(Decision du 7 juillet 1819, art. 6879 du Journal de
l'enregistrement.)

21°. Il est cependant des circonstances où, nonobstant
le paiement du droit dans un premier bureau, ce droit
doit encore être exigé dans le second. Il a été reconnu,
par exemple, qu'il devait être payé pour un capital inscrit d'abord avant la loi du 28 avril, dans une conservation, et postérieurement dans une autre, parce que,
1°. la seconde inscription excédait de 300 fr. la première;
2°. que la durée de l'hypothèque se trouvait prolongée de
trente-quatre mois; 3°. que la dernière avait été prise à
une époque où les droits étaient doublés. (Voir le jour.
de l'enregist., n°. 6096.)

§ 3. *Subrogations.*

1°. Les déclarations de subrogations n'opèrent aucun
droit, à moins que, faites sous la forme d'un renouvellement, elles ne prolongent la durée de l'hypothèque : c'est
alors un renouvellement, et non une subrogation ordinaire. (Décision du ministre du 28 pluviose an 7.)

2°. La subrogation pour une somme fixe à une inscription légale et indéterminée ne pourrait même donner
ouverture au droit, parce que la mention de cette subrogation n'ajoute rien soit à la validité, soit à la durée de
l'inscription : elle confère bien la faculté de participer
à un droit d'hypothèque préexistant et rendu public :
mais elle ne constitue pas un droit hypothécaire.

§ 4. *Inscriptions soumises au droit fixe de 1 fr.*

1°. Conformément aux articles 2 et 4 d'un décret du 27 février 1811, relatif à la vente des maisons urbaines des hospices de Paris, les inscriptions prises pour transporter sur des biens ruraux l'hypothèque dont ces maisons étaient grevées pour des rentes foncières, ne doivent que le droit fixe d'un franc.

2°. D'après les dispositions de la loi du 16 décembre 1807, concernant le desséchement des marais et autres travaux publics, toutes les fois que des formalités hypothécaires peuvent donner lieu à des droits proportionnels on ne peut exiger que celui fixe d'un franc. (Instruct, génér. n°. 464.) Il ne serait dû que le salaire, si l'inscription avait lieu d'office sur un acte transcrit.

§ 5. *Inscriptions. Droits en débet.*

1°. Les créances du gouvernement sont inscrites sans avance des droits; ils restent en suspens, ainsi que les salaires : la relation en indique le montant et en exprime la réserve. (Circulaire n°. 1501. Instruct. génér. n°. 868.)

2°. Les droits sont consignés sur le sommier du bureau : on y énonce ceux du timbre en débet et les salaires. (Circulaire n°. 1506.)

3°. Le conservateur était tenu d'en donner sur le champ avis au receveur de l'enregistrement qui en poursuivait dans les vingt jours la rentrée sur le débiteur : le receveur comptait ensuite au conservateur du montant des salaires. (Loi du 9 ventôse an 7 , art. 5.)

Mais celle du 21 du même mois attribue la recette aux conservateurs, et c'est à eux à agir.

4°. On devait, d'après ces lois (art. 34 de la première, et 23 de la seconde), inscrire en débet les créances appartenant aux hospices et autres établissemens publics; l'article 2155 du Code n'ayant dispensé de l'avance des droits que les inscriptions pour la conservation des hypothèques légales, toutes les autres, prises dans l'intérêt des hospices, des établissemens publics et des fabriques, y restent sujettes et doivent les supporter ainsi que les salaires, au moment même où l'on donne la formalité. (Lettres du ministre des 3 floréal et 4 thermidor an 13. Instruct. génér. n°. 316.)

5°. Les droits d'une inscription faite en débet, ne peuvent pas plus être syncopés que les effets qu'elle a produits. (Délibération du conseil d'administration du 30 mars 1818.)

Ces droits sont dus, tant pour le principal de la créance que pour les intérêts, par le comptable qui, en aliénant ses biens, en a délégué le prix à l'état.

§ 6. *Inscriptions. Droits éventuellement exigibles.*

1°. L'inscription indéfinie, qui a pour objet la conservation d'une hypothèque éventuelle et sans créance existante, n'est point sujette au droit proportionnel établi par les lois des 9 vendémiaire an 6 et 21 ventose an 7; son renouvellement jouit du même avantage. Mais si le droit éventuel qui a donné lieu à l'inscription indéfinie, se convertit en créance réelle, le droit proportionnel est dû sur le capital de la créance. (Art. 1er. et 2 de la loi du 6 messidor an 7.)

2°. L'enregistrement d'aucune transaction ou quittance de paiement de ladite créance ne peut être requis que le droit proportionnel d'inscription n'ait été préalablement acquitté. (Art 3.) « Ainsi lorsqu'un acte de
» cette nature, ou un jugement rendu dans l'espèce, est
» présenté au receveur de l'enregistrement, en même
» temps conservateur des hypothèques de la situation
» des immeubles désignés, il doit, après l'avoir enre-
» gistré, consulter sa table alphabétique et son réper-
» toire des hypothèques, pour vérifier si l'inscription
» indéfinie a été formée : s'il le reconnaît, il consigne l'ar-
» ticle sur son sommier des hypothèques, avertit les par-

» ties de venir acquitter le droit proportionnel, inscrit
» le montant de la créance sur le registre de formalité,
» se charge en recette lors du paiement, à la date cou-
» rante et dans la forme ordinaire, du montant du droit;
» enfin il apostille sur son répertoire et sa table l'é-
» margement de cet article, de ces mots : Droit propor-
» tionnel acquitté, fol. . . . . . vol. . . . du registre de
» recette. Si les parties refusaient, d'après l'avertisse-
» ment, d'acquitter ce droit, le conservateur procédera
» aux poursuites ultérieures par voie de contrainte, ainsi
» qu'il est prescrit pour le recouvrement des droits d'en-
» registrement, et conformément à l'article 24 de la loi du
» 21 ventose.

» Si l'arrêté de compte ou l'acte de liquidation en ques-
» tion est présenté à l'enregistrement dans un bureau au-
» tre que celui du conservateur des hypothèques de la
» situation des immeubles, le receveur émargera son en-
» registrement de ce mot, *renvoi*; il en fera le relevé
» comme il est prescrit à l'article 81 des ordres généraux
» de régie, le remettra à son inspecteur, et celui-ci au
» directeur, qui le fera parvenir au conservateur des hy-
» pothèques de la situation des biens. Lorsque celui-ci
» aura reçu des extraits de cette nature, il les consignera
» sur son sommier des hypothèques, y rappellera le nu-
» méro et la page des registres de formalité, répertoire
» et table, sous lesquels l'inscription indéfinie aura été
» formée ; et il suivra le recouvrement du droit propor-
» tionnel auquel chaque extrait donnera lieu, ainsi que
» nous venons de l'indiquer.

» Ces dispositions s'appliquent également aux décla-
» rations après décès, et aux autres actes qui constate-
» raient une créance certaine au profit de la femme sur
» les biens de son mari, à raison de son contrat de ma-
» riage, ou pour tout autre avantage dérivant des coutu-
» mes ou de la loi. » (Circulaire n°. 1676.)

3°. Lorsque des droits éventuels ou indéterminés ont

été inscrits dans plusieurs bureaux et qu'ensuite ils se réalisent, la perception doit naturellement avoir lieu au bureau où l'on a d'abord inscrit ; c'est une conséquence du mode adopté pour les inscriptions dont les droits ne restent pas en souffrance. Il pourrait arriver que les inscriptions aient été prises le même jour ; dans ce cas le conservateur le plus diligent prévient son collègue de la demande qu'il adresse aux parties.

4°. Quand, en renouvelant l'inscription de droits qui d'abord étaient éventuels ou indéterminés, le bordereau fait connaître que ces droits sont liquidés, et détermine le montant de la créance, non-seulement la perception a lieu sur le renouvellement, mais il faut encore réclamer le droit resté en suspens lors de la première inscription.

5°. Les inscriptions prises pour conserver les hypothèques légales et indéterminées des femmes, des mineurs, des interdits, du trésor et des établissemens publics, sont passibles des droits, aussitôt que les créances deviennent réelles, certaines et exigibles, c'est-à-dire lorsque, 1°. le tuteur est constitué reliquataire par un compte rendu à l'amiable ou en justice, ou qu'il a aliéné les biens des mineurs sans l'accomplissement des formalités prescrites ; 2°. lorsque la femme, au décès du mari ou par suite de séparation, a fait établir ce qui lui est dû, par un acte de liquidation (instruct. génér. n°. 374.); et 3°. pour les comptables lorsque leur débet est fixé.

6°. On n'est pas fondé à exiger les droits, lors de l'inscription prise sur les biens du mari, pour sûreté de la dot constituée en argent ou en valeurs mobilières estimées par le contrat de mariage. Ce n'est qu'au décès de l'un des époux, ou lors de la séparation, que le remboursement de la dot devient exigible, et c'est seulement alors que l'on peut faire acquitter les droits. (Instruc. génér. n°. 374.)

7°. L'inscription prise au nom du gouvernement par

un préfet contre un adjudicataire de travaux de routes, n'a pour objet qu'une créance éventuelle : elle est indéfinie, et ne devient passible des droits que lorsque la créance se réalise. (Art. 4693 du Journal.)

8°. Celle prise par un acquéreur, pour garantie de la restitution du prix, en cas d'éviction, n'est pas assujettie au paiement du droit, sauf à l'exiger si la créance se réalise. (Décision du 31 juillet 1810. Instruct. génér. n°. 487.)

§ 7. *Inscriptions exemptes de droits.*

Sont dispensées des droits, 1°. Les inscriptions d'office. (Circulaires n°⁵. 1539, 1653; et Instruct. n°. 374.)

2°. Celle requise en vertu de l'article 500 du Code de commerce, par les agens ou syndics d'une faillite, lorsque son effet ne se prolonge pas au delà du jugement qui homologue le concordat.

3°. Celle rectificative d'une précédente, dans le bordereau de laquelle on avait oublié d'insérer qu'elle était requise par renouvellement : elle ne prolonge pas la durée de la première, elle ne fait qu'un avec elle; elle rentre dans le cas prévu par l'avis du conseil d'état du 26 décembre 1810. (Délibération du conseil d'administration du 24 février 1819.)

4°. L'inscription qui répare l'omission du nom d'un créancier. (Décision du ministre du 15 mai 1816.)

5°. Celle que le conservateur prend pour rectifier une erreur ou une omission qui était son fait personnel, et celle qui, aussi pour cause d'erreur ou d'irrégularité, serait requise par les parties. (Solution de l'administration du 4 juin 1812.) (1)

6°. Les inscriptions que les titulaires de dotations com-

---

(1) Elle porte : « Si d'après les dispositions de l'avis du conseil d'état, du 11 décembre 1810, il n'y a ni droit ni salaires à exiger des parties, à plus forté raison ne doit-on rien exiger des conservateurs, puisque cet avis est spécial pour les irrégularités et erreurs qui sont de leur fait. » (Art. 4240 du Journal de l'enreg.)

posées de rentes et redevances sont obligés, par le décret du 22 décembre 1812, de requérir sur les biens des débiteurs.

7°. Les renouvellemens que les conservateurs sont tenus de faire des mêmes inscriptions. (Art. 11 du décret.)

CHAPITRE III.

Droits sur les transcriptions.

§ 1er. Principes généraux.

1°. L'art. 25 de la loi du 21 ventôse an 7 veut que le droit sur la transcription des actes emportant mutation de propriété immobilière soit d'un et demi pour cent du prix intégral desdites mutations, suivant qu'il aura été réglé à l'enregistrement.

2°. Le droit de transcription des baux emphytéotiques, lorsque, passés avant le Code civil, ils transmettaient un usufruit, se perçoit sur le capital au denier dix du prix annuel du bail et des charges, pour tous ceux dont la durée n'excède pas trente ans, et sur le capital au denier vingt quand la durée excède trente ans. (Décision du ministre du 19 nivose an 12. Instruc. génér. n°. 198.)

3°. Le particulier qui fait transcrire une vente ou une donation au profit de plusieurs personnes, acquitte la totalité des droits; la transcription d'un acte est indivisible : celui qui la requiert, peut se faire rembourser par ses co-acquéreurs ou co-donataires la portion à leur charge, et qu'il a avancée pour eux. (Lettres des ministres de la justice et des finances, des 17 et 28 mars 1809. Instruc. génér. n°. 433.) Cette décision révoque ce qui avait été dit par la circulaire n°. 1803.

4°. Cependant si un des co-acquéreurs ou co-donataires présentait une expédition *in parte quâ*, pour ce qui le concerne, la transcription n'aurait lieu que pour les objets qui passent dans ses mains, et ne supporterait que le droit qui lui serait propre. (Art. 4446 du Journal de l'enregist.)

5°. Quand des immeubles vendus ou donnés sont situés dans plusieurs arrondissemens, le droit entier est payé au premier bureau où le nouveau possesseur se présente. (Art. 26 de la loi du 21 ventose an 7; instruc. n°. 433.) Le requérant justifie de cet acquit aux autres conservateurs par un duplicata de quittance.

6°. Dans un échange il y a deux ventes, et l'un des copermutans est autorisé, en signant sur le registre une déclaration qui est mentionnée dans la relation et sur le répertoire, à ne faire transcrire que pour ce qui le concerne. (Décisions du ministre des 26 germinal an 7, et 27 ventose an 8 ; circulaires, n°s. 1570 et 1803 ; arrêts de la cour de cassation du 15 février 1813.)

7°. On doit appliquer aux échanges le principe relatif aux ventes ou donations de biens situés dans plusieurs bureaux.

8°. Le conservateur n'a pas, comme le receveur de l'enregistrement, le droit de requérir l'expertise pour déterminer l'insuffisance du prix ou de l'évaluation : ce qui est nominativement accordé par la loi au receveur, est implicitement refusé au conservateur. (Lettre du ministre de la justice du 14 mars 1809.)

9°. Mais le receveur qui a fait constater une insuffisance, ou obtenu volontairement des parties une déclaration qui porte les valeurs à un taux plus élevé, doit donner connaissance au conservateur, soit du jugement qui a homologué le rapport des experts, soit de la déclaration volontaire des parties, et alors le conservateur fait acquitter le supplément de droit sur la transcription. La responsabilité du receveur qui négligerait de remplir cette formalité serait compromise. (Instruc. génér. n°. 433.) (1)

---

(1) De son côté le conservateur doit, lorsqu'il reconnaît une insuffisance dans le prix déclaré, ou dans l'évaluation donnée, en faire part au receveur de l'enregistrement chargé d'agir pour la demande d'un supplément. Il en serait de même pour les erreurs matérielles qui pourraient exister dans la perception.

10°. Le droit de transcription est fixe lorsque, passés depuis la loi du 28 avril 1816, les contrats ont acquitté celui proportionnel en recevant la formalité de l'enregistrement ; et il l'est encore pour quelques actes placés dans des cas d'exception : on l'exige proportionnellement aux sommes et valeurs sur tous les autres contrats.

§ 2. *Droits fixes.*

1°. La loi du 28 avril 1816 détermine qu'en général les droits de transcription seront perçus avec ceux d'enregistrement. Elle porte, art. 52 : « Le droit d'enregistre-
» ment des ventes d'immeubles est fixé à cinq et demi
» pour cent ; mais la formalité de la transcription au bu-
» reau de la conservation des hypothèques ne donnera
» plus lieu à aucun droit proportionnel.

» Art. 54. Dans tous les cas où les actes seront de na-
» ture à être transcrits au bureau des hypothèques, le
» droit sera augmenté d'un et demi pour cent, et la tran-
» scription ne donnera plus lieu à aucun droit propor-
» tionnel.

» Art. 61. Les actes de transmission d'immeubles
» et droits immobiliers susceptibles de transcription ne
» seront assujettis à cette formalité que pour un droit
» fixe d'un franc, outre le droit du conservateur, lorsque
» les droits en auront été acquittés de la manière prescri-
» te par les articles 52 et 54 de la présente loi. »

Ainsi, toutes les fois que le droit pour la transcription a été perçu lors de l'enregistrement, le conservateur ne peut demander qu'un franc fixe.

2°. Dans une vente faite en détail à plusieurs acqué-reurs distincts et non solidaires, il est dû autant de droits fixes qu'il se trouve d'acquéreurs ; il y a dans la réalité, et conformément aux principes rappelés dans l'instruc-tion générale n°. 385, autant de ventes séparées que d'acquéreurs. La transcription entière de l'acte n'est d'ailleurs permise pour tous, que parce que le conservateur n'a pas le droit de refuser ou de retarder la formalité. (Art. 5868 du journal de l'enregist.) Ces principes ont été consacrés par une décision du ministre des finances du 18 mai 1821. (Instruct. génér. n°. 980.)

3°. Le conseil d'administration a délibéré le 16 juillet 1819, qu'il était dû un droit pour chaque lot, lorsque ce lot est acquis par un adjudicataire particulier : conséquemment l'individu qui achète plusieurs lots par un même contrat, n'est tenu de payer qu'un seul droit.

4°. Les actes qui en ratifient d'autres sans augmentation de prix, ou qui ont supporté, lors de l'enregistrement, le droit établi par la loi du 28 avril 1816 sur cette augmentation, ne doivent que le droit fixe, comme salaire de la formalité.

5°. Il en est de même de tous ceux qui servent de complément à des actes déja transcrits.

6°. Le droit d'un franc est encore le seul exigible sur un acte portant réunion de l'usufruit réservé dans un autre acte passé depuis la loi du 28 avril 1816, parce que, lors du premier enregistrement, le droit proportionnel, confondu avec celui de transcription, a été perçu sur la valeur entière.

Dans le cas même où l'acte qui réunit stipulerait une augmentation de prix, ce serait au receveur de l'enregistrement à exiger le droit proportionnel sur cette augmentation. (Art. 7127 du Journ. de l'enregist.)

7°. « Les droits à percevoir au profit du trésor public, » pour la transcription ordonnée par l'article 939 du » Code civil, des actes de donation et d'acceptation, » d'immeubles susceptibles d'hypothèques, ainsi que la no- » tification de l'acceptation faite par acte séparé aux bu- » reaux des hypothèques dans l'arrondissement desquels » les biens donnés sont situés, et le droit d'enregistre- » trement desdites donations sont modérés, en ce qui » concerne les pauvres et les hôpitaux, au droit fixe d'un » franc pour l'enregistrement, et d'un franc pour la tran-

» scription , sans préjudice des droits dévolus au conser-
» vateur. » (Loi du 7 pluviose an 12. Instruct. génér.
n°. 209.)

8°. Cette exception est étendue aux legs et donations
faits à l'université de France : l'article 175 du décret
du 15 novembre 1811 détermine que les dispositions de
la loi du 7 pluviose an 12 leur sont applicables (1).

9°. Les ventes de biens immeubles qui seraient consenties par les hospices, sont sujettes à l'augmentation du droit
d'un et demi pour cent résultant de la loi du 28 avril
1816 : elles n'ont été assimilées aux adjudications des
domaines nationaux, qu'en ce qui concerne la perception
des droits d'enregistrement : les biens des hospices ne
sont pas d'ailleurs francs d'hypothèques, comme les domaines de l'état. (Instruct. génér. n°. 917.)

10°. La transcription que la loi du 16 septembre 1807 ,
relative au desséchement des marais , ordonne afin de
garantir la conservation du privilège accordé aux indemnités pour la plus-value des terrains , n'est passible que
du droit fixe d'un franc. (Décision du ministre des
finances du 19 décembre 1809. Instruc. générale n°. 464.)

11°. Celle des acquisitions faites par le domaine extraordinaire avait été assujettie au droit fixe de trois francs
par un décret du 28 mars 1812. (Instruction 580.) Mais

---

(1) Les exceptions sont toujours limitées aux objets qu'elles embrassent ; on ne peut pas plus les étendre que les restreindre : ainsi la faveur accordée aux donations et legs faits aux hospices , ne s'applique
point aux acquisitions ou échanges qu'ils seraient autorisés à consentir, parce que cette faveur est exclusive, et que les motifs qui l'ont
dictée ne subsistent plus lorsqu'il s'agit d'acquisitions volontaires.

D'après le même principe , les donations, legs, ou acquisitions légalement faits en faveur des congrégations hospitalières (décret du 18 février 1809), les donations et legs au profit des fabriques (décret du
30 septembre même année), et ceux au profit des séminaires diocé-
sains (autre décret du 6 novembre 1813) ne sont pas exempts du droit
proportionnel de transcription : les décrets qui ont modéré à un franc
la perception pour l'enregistrement, ne parlent pas des droits d'hypothèques, et dès lors ceux-ci sont exigibles.

la loi du 15 mai 1818 a réuni le domaine extraordinaire au domaine de l'état. (Instruction n°. 835.)

12°. Lorsqu'une cession de droits successifs indivis est consentie au profit d'un cohéritier, aux risques et périls de celui-ci, et que l'acte, par cette disposition formelle, cesse de produire les effets d'un partage, le droit fixe est le seul exigible, si celui proportionnel d'un franc cinquante centimes par cent a été perçu lors de l'enregistrement.

13°. La transcription des échanges faits sans soulte depuis la loi du 28 avril 1816, d'après laquelle le droit d'enregistrement est porté à trois francs cinquante centimes pour cent, sur l'une seulement des deux parts, continue à être facultative : chaque échangiste, lorsqu'il requiert cette formalité, doit payer un droit fixe d'un franc. (Décision du ministre des finances du 1er. juin 1821. Instruction générale n°. 983.)

§ 3. *Droits proportionnels.*

1°. Le droit proportionnel d'un franc cinquante centimes pour cent, est dû sur les actes passés avant la promulgation de la loi du 28 avril 1816 qui l'a cumulé avec ceux d'enregistrement.

2°. Il est exigible sur les contrats postérieurs, lorsque ceux-ci se rapportent à une mutation qui a précédé la loi, et qu'en raison de cette circonstance, les droits d'enregistrement n'ont été payés qu'abstraction faite de celui de transcription.

3°. Il est dû (si la formalité est requise) sur les soultes de partage et prix de licitation entre cohéritiers, ou codonataires en avancement d'hoirie, puisqu'il n'a point été perçu lors de l'enregistrement de ces actes.

4°. Il l'est encore sur les ventes de droits successifs faites à l'un des cohéritiers, lorsque l'acte conserve la nature du partage, qu'il en produit les effets, et que le cédant reste soumis à la garantie stipulée par le Code civil entre copartageans : le droit d'enregistrement n'a été , dans ce cas , perçu qu'à 4 p. %. (Jugement du tribunal de la Seine du 12 mai 1820. Délibération du conseil d'administration du 15 juillet suivant.)

5°. A l'exception des échanges pour lesquels les parties, en signant une déclaration, peuvent ne faire transcrire que pour ce qui les concerne, les droits sont exigibles sur toutes les transmissions de biens contenues dans une même expédition. (Instruction générale, n°. 433.)

6°. L'acquéreur qui a fait transcrire son contrat, et qui, par suite d'une surenchère, reste acquéreur, n'est pas tenu de payer un droit additionnel sur la somme qui excède le prix ; il ne doit le supplément que dans le cas où il ferait transcrire l'acte qui a fixé la surenchère. (Art. 4446 du Journal de l'enregistrement.) Cette circonstance, à moins de contestations fort longues, ne peut plus, depuis la loi du 28 avril 1816, se présenter.

7°. La faveur accordée par la loi du 22 frimaire an 7 aux contrats de mariage contenant donation, de ne payer que la moitié du droit d'enregistrement, ne s'étend pas à celui de transcription. Le dernier résulte d'une loi spéciale ; il est le salaire d'une formalité particulière et doit toujours être exigé au même taux. (Délibération du 17 décembre 1817, art. 5885 du Journal.)

8°. Lorsque le créancier, sur la notification d'un contrat transcrit, a requis la mise aux enchères, l'adjudicataire de l'immeuble n'est tenu d'acquitter le droit, lorsqu'il fait transcrire, que sur ce qui excède le prix de la première vente. (Circulaire, n°. 1838.)

9°. Quand un particulier requiert la transcription d'un acte portant cession d'actions ou d'intérêt dans une mine, il ne peut se dispenser d'acquitter le droit proportionnel, par le motif que ce droit n'a pas été perçu avec celui d'enregistrement. (Décisions de M. le garde des sceaux et du ministre des finances, des 15 et 18 décembre 1818.)

§ 4. *Transcriptions qui ne donnent lieu à aucun nouveau droit proportionnel.*

1°. La transcription de la déclaration de command, lorsque la vente ou l'adjudication a déjà reçu la formalité. (Article 1585 du Journal de l'enregistrement.)

2°. Elle n'en est pas même passible, lorsqu'à défaut de notification, dans les vingt-quatre heures, au receveur de l'enregistrement, celui-ci a perçu deux droits proportionnels. (Décisions des 13 floréal an 13 et 12 août 1806. Instruct. génér., n°. 316.)

3°. Celle des jugemens qui rescindent les aliénations pour cause de nullité radicale. (Instruction n°. 316, nombre 7.)

4°. Celle de l'acte constatant l'exercice d'un réméré dans le délai convenu. (Même instruct.)

5°. Si le retrait n'avait lieu qu'après l'expiration du délai déterminé, ou par suite d'une prorogation accordée, soit volontairement, soit par les juges, le droit serait exigible : la prorogation n'a d'effet que dans le seul intérêt des parties ; elle ne peut porter aucun préjudice à celui du trésor. (Arrêt de la cour de cassation, du 22 brumaire an 14.)

6°. Il le serait encore si le retrait était exercé par un cessionnaire. (Arrêt de la cour de cassation, du 21 germinal an 12.)

7°. Le rachat peut se faire partiellement ; il suffit qu'on l'opère dans le délai convenu pour être dispensé d'un nouveau droit de mutation : c'est ce qui résulte d'une décision ministérielle du 27 avril 1817. (Article 6268 du Journal de l'enregistrement.)

8°. La transcription des ratifications et autres actes qui ne contiennent que le complément de ceux déjà transcrits sans augmentation de valeur, est dispensée du droit ; il a déjà été acquité.

9°. Les exemptions dont il s'agit ne concernent que le droit proportionnel, le droit fixe paraissant exigible comme prix de la formalité, en exécution de l'article 61 de la loi du 28 avril 1816.

§ 5. *Transcriptions exemptes de droit.*

1°. Les adjudications faites sur expropriation forcée au profit de l'administration de l'enregistrement et des domaines, pour le compte de l'état, ne supportent pas le droit de transcription : ce droit cependant serait exigible si l'immeuble acquis était cédé à un tiers par voie de déclaration de command ou autrement.

2°. Les acquisitions ou échanges concernant le domaine de la couronne, en sont également dispensées. (Instruct. génér., n°s. 366 et 598.)

3°. La transcription des états indicatifs des biens destinés à un majorat, celle des lettres patentes qui le créent, et enfin celle des lettres d'investiture pour les majorats de propre mouvement, ne supportent pas de droits : elles ne doivent que le salaire du conservateur.

§ 6. *Droits de transcription restituables.*

1°. Une décision du ministre des finances, du 21 octobre 1806, porte : « Que la perception des droits proportionnels d'hypothèque doit être réglée par les mêmes » principes que ceux d'enregistrement sur les mutations; » qu'ainsi lorsque, par le défaut de consommation de la » mutation sur laquelle le droit proportionnel avait été » perçu, le droit est restituable, il en doit être de même » de celui de transcription, à l'exception néanmoins des » droits proprement relatifs à la formalité, qui sont ceux » de timbre et le salaire du conservateur.

2°. Dès lors, quand un jugement d'adjudication est annullé sur appel, le droit de transcription qui aurait été acquitté est restituable. Jusque-là il n'y avait pas eu de transmission complète : l'immeuble n'avait point cessé d'appartenir au propriétaire.

3°. La restitution n'a pas lieu lorsqu'une vente est rescindée pour cause de nullité radicale ou de lésion d'outre moitié : la mutation existait lorsque la formalité a été légalement requise, légalement faite ; et quoique cette formalité devienne sans utilité par un effet des circonstances, il n'est pas au pouvoir des parties de l'anéantir. (Voir l'art. 1888 du Journal de l'enregist.)

4°. Lorsque la fixation du prix définitif d'une vente est subordonnée à un arpentage, la perception est provisoire; elle ne devient définitive qu'après l'arpentage, et l'on peut, dans les deux ans, faire payer un supplément de droit si le prix se trouve plus élevé ; comme obtenir, dans le cas contraire, la restitution de ce qui aurait été acquitté de trop. Il faut alors justifier du rapport des experts. Une délibération du conseil d'administration, du 10 fructidor an 12, a consacré ce principe.

CHAPITRE IV.

Attributions au profit du trésor sur le salaire des transcriptions d'actes de mutation.

1°. Une ordonnance du roi, du premier mai 1816, est ainsi conçue : « A partir de la publication de la loi de » finances de 1816, les conservateurs des hypothèques » porteront en recette, pour le compte du trésor royal, la » moitié des salaires fixés par le n°. 7 du tableau annexé » au décret du 21 septembre 1810, pour la transcription » des actes de mutation. »

2°. Cette attribution est tirée hors ligne, à la marge gauche et dans une colonne spéciale, sur le journal des salaires. (Instruct. génér., n°. 716.)

3°. Elle est versée cumulativement avec les autres produits (*Idem*), et fait partie des recettes sujettes à la remise. (Décision du 4 septembre 1816.)

4°. La transcription des saisies immobilières n'est susceptible d'aucune attribution en faveur du trésor. (Art, 733 du Journal de l'enregistr.)

TROISIÈME PARTIE.

REMISES, SALAIRES, MANUTENTION ET RESPONSABILITÉ DES CONSERVATEURS.

Les conservateurs reçoivent de l'état une remise proportionnée aux sommes qu'ils touchent pour le compte du trésor royal.

Il leur est en outre attribué, pour les formalités dont ils sont garans envers les parties, un salaire particulier qui leur est payé par les requérans.

CHAPITRE PREMIER.

Remises.

1°. Les conservateurs ont droit aux mêmes remises que les receveurs de l'enregistrement. (Art. 15 de la loi du 21 ventôse an 7.)

2°. Cependant lorsque les recettes annuelles ne s'élèvent pas à 7,500 fr., ils ne jouissent plus du *minimum* accordé par le décret du 23 mai 1810; dans ce cas, la remise est liquidée à raison de 8 pour 100 des produits. (Ordonnance du roi, du 8 décembre 1819. Instruction générale, n°. 914.)

3°. La remise, pour chacun des neuf premiers mois de l'année, est employée dans les bordereaux par mois, sur le pied du douzième de celle allouée pour l'année précédente; mais dans les bordereaux des trois derniers mois, la remise doit être liquidée exactement d'après les produits effectifs. (Instruct. génér., n°. 1017.)

4°. Les remises se liquident sur les recettes qui en sont passibles, dans la progression suivante :

fr. c.

A 8 p. 100 sur les premiers. . . . . 10,000 »

3 p. 100 sur les sommes qui s'élèvent

        de . . . . 10,000 à 50,000 »

2 p. 100 de . . . . 50,000 à 130,000 »

1 p. 100 de . . . . 130,000 à 300,000 »

$\frac{1}{2}$ p. 100 de . . . . 300,000 à 700,000 »

Et pour les sommes au-dessus de 700,000 fr. à $\frac{1}{4}$ p. 100. (Instruct. génér., n°. 479.)

5°. Les remises, ainsi que les deux tiers des salaires, sont sujets, au profit de la caisse des pensions, à une retenue qui avait été fixée à 4 pour 100 par une ordonnance du roi, du 4 novembre 1814, et qui, d'après une autre ordonnance du 17 janvier 1816, a été portée à 5 pour 100. (Instruct. génér., n°. 707.)

CHAPITRE II.

SALAIRES.

Principes généraux.

10. Le nombre 2, art. 15 de la loi du 21 ventôse an 7, avait fixé les salaires exigibles pour les formalités requises ; mais d'une part, les conservateurs pouvaient se plaindre de la modicité des rétributions ; de l'autre, il ne leur était rien assigné pour les inscriptions d'office, les dépôts, les duplicata de quittance, les copies collationnées, etc. Les codes introduisirent d'ailleurs des formalités nouvelles ; il devenait dès lors indispensable d'établir une autre fixation : le décret du 21 septembre 1810 y a pourvu, par un tarif qui présente en même temps les salaires anciens et ceux actuellement exigibles.

TABLEAU comparatif des salaires dus aux conservateurs des hypothèques, suivant la loi du 21 ventose an 7, et de ceux accordés par le décret du 21 septembre 1810.

FORMALITÉS pour lesquelles il est dû des salaires AUX CONSERVATEURS.	SALAIRES	
	d'après la loi du 21 ventôse au 7.	d'après le décret du 21 septemb. 1810.
	fr. c.	fr. c.
1°. Pour l'enregistrement et la reconnaissance des dépôts d'actes de mutations pour être transcrits, ou de bordereaux pour être inscrits.	» »	0 25
2°. Pour l'inscription de chaque droit d'hypothèque ou privilége, quel que soit le nombre des créanciers, si la formalité est requise par le même bordereau.	0 50	1 00
3°. Pour chaque inscription faite d'office par le conservateur, en vertu d'un acte de propriété soumis à la transcription	» »	1 00
4°. Pour chaque déclaration, soit de changement de domicile, soit de subrogation, soit de tous les deux, par le même acte.	0 25	0 50
5°. Pour chaque radiation d'inscription.	0 50	1 00
6°. Pour chaque extrait d'inscription, ou certificat qu'il n'en existe aucune.	0 50	1 00
7°. Pour la transcription de chaque acte de mutation, par rôle d'écriture du conservateur, contenant vingt-cinq lignes à la page et dix-huit syllabes à la ligne .	0 25	1 00
8°. Pour chaque certificat de non transcription d'acte de mutation	» »	1 00
9°. Pour les copies collationnées des actes déposés ou transcrits dans les bureaux des hypothèques, par rôle d'écriture du conservateur, contenant vingt-cinq lignes à la page et dix-huit syllabes à la ligne	0 25	1 00
10°. Pour chaque duplicata de quittance	0 20	0 25
11°. Pour la transcription de chaque procès verbal de saisie immobilière. (Art. 677 du Code de procédure civile.) Par rôle d'écriture du conservateur, contenant vingt-cinq lignes à la page et dix-huit syllabes à la ligne.	0 25	1 00
12°. Pour l'enregistrement de la dénonciation de la saisie immobilière au saisi, et la mention qui en est faite en marge du registre. (Art. 681 du Code de procédure.)	» »	1 00
13°. Pour l'enregistrement de chaque exploit de notification de placards aux créanciers inscrits (art. 696 du Code), tenant lieu de l'inscription des exploits de notification des procès verbaux d'affiches.	1 00	1 00
14°. Pour l'acte du conservateur, constatant son refus de transcription en cas de précédente saisie. (Article 679 du Code de procédure.).	» »	1 00
15°. Pour la radiation de la saisie immobilière. (Article 676 du Code de procédure.).	» »	1 00

2. Le tableau qui précède, doit être affiché dans un lieu apparent du bureau. (Circulaire du 7 juin 1809.)

3°. Les salaires sont payables d'avance par les requérans. (Circulaire, n°. 1539.)

4°. Le salaire n'est exigible que sur la pièce délivrée, soit état, extrait ou certificat. (Instruct. génér., n°. 530.)

5°. L'article 58 de la loi du 22 frimaire an 7, qui accorde aux receveurs de l'enregistrement un franc pour la recherche de chaque année indiquée, est étranger aux hypothèques ; le conservateur ne doit rien exiger pour les recherches. (Instruct. génér. , n°. 316.)

6°. La recherche et le certificat ne font qu'un et ne donnent lieu qu'au salaire du certificat ; il ne peut rien être demandé pour toutes attestations de clôture. (Instr. génér., n°. 547.)

7°. Il n'est ni dans l'esprit, ni dans la lettre du décret du 21 septembre 1810, d'attribuer aux conservateurs plusieurs salaires distincts pour une même formalité. (Motif d'un avis du conseil d'état, du 10 septembre 1811, instruct. génér., n°. 547.)

8°. Quelle que soit la forme que les conservateurs employent pour en couvrir l'irrégularité, toute perception contraire à cet avis est considérée comme une concussion. (Même instruct.)

9°. L'art. 8 de la loi du 9 ventôse an 7 porte, que ceux qui percevraient de plus forts droits ou salaires que ceux fixés, seront poursuivis comme concussionnaires et punis comme tels.

10°. Ils ont été prévenus par une circulaire du 24 germinal an 7, n°. 1539, que toute perception de salaires, soit à titre de prompte expédition, soit autrement, qui excéderait le tarif serait un délit pour lequel, indépendamment de la perte de leur emploi, ils seraient dans le cas d'être poursuivis suivant la rigueur des lois.

11°. Les conservateurs ne doivent pas se permettre de donner sur papier libre, la note non signée des inscriptions : il en résulterait pour le trésor un préjudice réel, qu'il importe de ne pas tolérer. (Délibération de l'administration, du 26 fructidor an 13. Instruction générale, n°. 316.)

15°. Il y en aurait un autre non moins grave envers les employés admis à la retraite, puisque les salaires sont passibles d'une retenue destinée à acquitter les pensions. (Instruct., n°. 665.) Dès lors, et quand bien même un conservateur voudrait, dans quelques circonstances particulières, abandonner le salaire qui lui est dû, il serait obligé de le porter en recette.

Application du tarif.

Nous allons suivre le tarif dans l'ordre de ses dispositions, et indiquer les solutions rendues sur chaque objet.

ARTICLE Ier.

Enregistrement et reconnaissance des dépôts.

1°. Il est accordé vingt-cinq centimes pour l'enregistrement et la reconnaissance des dépôts d'actes de mutation pour être transcrits, ou de bordereaux pour être inscrits.

2°. Il ne pouvait rien être exigé avant le décret du 21 septembre 1810.

3°. L'enregistrement et la reconnaissance délivrée au requérant, ne font qu'une seule et même opération.

4°. Le salaire n'est dû que lorsque l'insertion au livre des dépôts est nécessaire, et qu'elle a eu lieu : le conservateur ne peut le demander que pour les *bordereaux d'inscriptions et les actes de mutation à transcrire.* Les saisies immobilières, les dénonciations et notifications de toute nature, les déclarations de changement de domicile, celles de subrogation, enfin tout ce qui se fait par annotations en marge des registres, ne doivent aucun salaire de dépôt.

5°. Chaque titre de mutation à transcrire, chaque bordereau à inscrire, donne lieu à un salaire distinct, encore bien que le requérant en dépose plusieurs en même temps et qu'il ne lui soit délivré qu'une seule reconnaissance.

6°. Si l'acte à transcrire était une vente en détail, une donation commune à plusieurs individus, le conservateur, qui pour l'ordre et la perception serait obligé d'employer plusieurs cases, en les réunissant par une accolade, ne pourrait demander qu'un seul salaire de depôt : il n'y a qu'un acte, qu'une formalité, qu'un numéro.

7°. L'art. 958 du Code civil ayant donné le nom d'inscription à la formalité nécessaire lors d'une demande en révocation de donation, et la date de cette formalité ne pouvant être fixée que par le livre des dépôts, le salaire paraît dû.

8°. Quoique le requérant puisse attendre au bureau que la formalité soit donnée, et que dans ce cas il ne lui soit point délivré de reconnaissance, le salaire du dépôt n'est pas moins exigible.

9°. Le reçu que délivre le conservateur, quand les parties l'exigent, des saisies qu'il ne peut transcrire et des dénonciations et des notifications qu'il ne pourrait enregistrer de suite, ne produit aucun salaire ; le tarif n'en attribue pas.

ARTICLE II.

Inscriptions.

1°. L'inscription de chaque droit d'hypothèque ou privilége, quel que soit le nombre des créanciers, si la formalité est requise par le même bordereau, acquitte le salaire d'un franc.

2°. Celle prise en vertu d'un concordat homologué est collective ; tous les intéressés deviennent co-créanciers.

3°. Celle contre plusieurs débiteurs solidaires, associés, ou co-intéressés, ne doit qu'un franc.

4°. On n'a pas la faculté de prendre par un même bordereau plusieurs inscriptions contre des individus qui ne sont ni co-débiteurs ni co-intéressés. (Décision du ministre du 16 floréal an 7.)

Cependant celles qui auraient eu lieu, produiraient autant de salaires qu'il y a de débiteurs distincts. (Même décision.)

5°. La mention que le conservateur fait au courant de son registre, des subrogations et changemens de domicile n'est pas une inscription ; ces changemens et subrogations, quel que soit le mode employé par le préposé, ne doivent que le salaire particulier auquel le tarif les assujettit.

6°. Puisque la formalité voulue par l'article 958 du Code civil est une inscription, et que toute inscription de privilége est soumise au salaire d'un franc, on doit penser que celle d'une demande en révocation de donation en est passible. (Cette opinion n'est point partagée par les éditeurs du journal de l'enregistrement, article 6492.)

7°. Lorsque l'inscription est faite au nom du gouvernement, ou requise, dans certains cas, par MM. les procureurs du roi, et qu'elle a lieu sans avance des droits, les salaires restent en suspens et sont recouvrables sur les parties.

8°. Le salaire et le remboursement du timbre sont exigibles des comptables désignés dans la loi du 5 septembre 1807, lorsqu'en cas de vente ou d'acquisition il est pris des inscriptions sur leurs biens. (Loi du 6 messidor an 7 ; circulaire, n°. 1676 ; et instruction générale, n°. 350.)

9°. Les hospices, les établissemens publics et les fabriques, ne sont dispensés de l'avance des salaires, que pour les inscriptions légales qu'ils requièrent contre leurs receveurs et administrateurs comptables. (Décisions des 3 floréal et 4 thermidor an 13 ; instruc. génér., n°. 316.)

10. Lorsque les salaires n'ont pas été avancés par les conservateurs du domaine extraordinaire ou par les titu-

laires de dotations composées de rentes, ces salaires doivent être recouvrés sur les débiteurs des rentes, même par la voie ordinaire de la contrainte. (Instruction générale, n°. 625.)

11°. L'inscrivant paie le salaire, sauf à lui à s'en faire rembourser par le débiteur. (Art. 2155 du Code.)

ARTICLE III.

Inscriptions d'office.

1°. Le salaire pour chaque inscription faite d'office par le conservateur, en vertu d'un acte translatif de propriété soumis à la transcription, est de 1 fr.

2°. L'inscription d'office qui greve les co-obligés, les maris et femmes, ne peut être divisée, puisque la créance est une : elle ne donne ouverture qu'à un seul salaire. (Circulaire, n°. 1769.)

3°. Il n'est également dû qu'un salaire, pour l'inscription d'office prise contre un acquéreur qui, dans une même vente en détail, s'est rendu adjudicataire de plusieurs articles.

ARTICLE IV.

Changement de domicile ou subrogation.

1°. Chaque déclaration soit de changement de domicile, soit de subrogation, soit de tous deux par le même acte, supporte le salaire de 50 c.

2°. Si au lieu de déclarer qu'il est subrogé, le nouveau créancier prenait une inscription pour opérer le renouvellement de celle précédente, ce ne serait plus le salaire de 50 centimes, mais celui d'un franc qui serait dû : c'est une inscription nouvelle ; le conservateur ne pourrait dans ce cas se prévaloir de la subrogation pour exiger 50 centimes de plus, puisqu'il n'y aurait aucune déclaration écrite et signée.

3°. La déclaration de subrogation faite par le cédant,

opére le même salaire que celle du cessionnaire : ceci est une conséquence de la décision ministérielle du 28 pluviôse an 9.

4°. Quoiqu'une subrogation soit quelquefois requise par plusieurs individus, il n'y a lieu qu'à un seul salaire lorsqu'il n'est opéré qu'une seule subrogation et que les subrogés restent co-créanciers.

5°. Mais s'il résultait de l'acte, que la subrogation attribue une somme distincte à chaque nouveau créancier, et que l'intérêt des subrogés n'est point commun, il n'existerait plus alors d'unité de créance ni d'obligation solidaire, et conformément à la décision du ministre des finances du 16 floréal an 7, relative aux inscriptions, il y aurait lieu à la pluralité des salaires, parce que chaque subrogation est distincte, et qu'on n'avait pas la faculté de les réunir.

6°. Quand par un même acte, un particulier en subroge un autre dans l'effet de plusieurs inscriptions, la pluralité des salaires devient exigible, puisqu'il faut nécessairement une mention en marge de chaque inscription.

7°. Cependant s'il ne s'agissait que de la même créance, et que l'acte indiquât l'inscription première et les renouvellemens qui y font suite, il ne serait dû qu'un seul salaire : l'attention que la partie aurait mise à fournir tous les renseignemens convenables, ne peut lui porter aucun préjudice.

8°. La mention que le conservateur serait tenu de faire en vertu d'un jugement qui ordonnerait, par exemple, qu'une inscription radiée sans cause légitime continuera de subsister, n'a pas été prévue par le tarif ; elle reste dès lors sans salaire (1).

----

(1) Il serait assez juste que ces mentions, et celles relatives aux cessions de priorité, fussent classées parmi les déclarations assujetties au salaire de 5o centimes.

ARTICLE V.

Radiations.

1°. Chaque radiation d'inscription donne lieu au salaire de 1 fr.

2°. La radiation partielle ou réduction doit le même salaire ; elle est assimilée à une radiation ordinaire. (Instruction générale, n°. 233.)

3°. Lorsqu'une inscription a été renouvelée une ou plusieurs fois, la radiation ne s'opère que sur le dernier renouvellement et ne supporte qu'un seul salaire, quand bien même le conservateur émargerait les précédentes inscriptions de la date de la radiation. (Voyez chapitre 21, §. 1er. n° 6, 1ere. partie.)

4°. La radiation qu'auraient consentie par un même acte plusieurs particuliers subrogés dans l'effet d'une inscription, ne donnerait ouverture qu'à un seul salaire : il n'y a là qu'une radiation.

5°. Cependant si ces particuliers avaient pris des inscriptions nouvelles et distinctes, il faudrait les radier divisément ; la pluralité des salaires serait exigible.

6°. La radiation des inscriptions requises par erreur au nom du trésor public, ne produit aucun salaire. (Circulaire, n°. 2034 ; et instruction générale, n°. 176.)

7°. Lorsque la radiation est demandée par des autorités ou administrations dispensées de l'avance des droits, le conservateur poursuit le recouvrement de son salaire sur le grevé, par les mêmes voies que pour le paiement des droits d'hypothèques. (Circulaire, n°. 1669.)

8°. Le certificat de radiation délivré à l'instant où celle-ci s'opère ne doit rien : il est nécessaire au requérant pour faire connaître que la formalité est accomplie. (Instruction générale, n°. 494.)

9°. Si le même certificat était ultérieurement demandé, le conservateur exigerait le salaire d'un franc, ainsi qu'il est dû pour chaque extrait d'inscription ou chaque certificat négatif. (Même instruct.)

ARTICLE VI.

Extraits et états d'inscriptions.

Ire. SECTION.

1°. Le salaire pour chaque extrait d'inscription , ou pour le certificat qu'il n'en existe aucune , est d'un franc.

2°. La recherche et le certificat , soit positif soit négatif, ne forment qu'une même opération, ne supportent qu'un même salaire.

3°. Toute inscription est fournie dans l'état où elle se trouve et avec ses modifications. (Circulaire, n°. 1769.) La copie doit être littérale et entière. (Instruct. génér. n°. 649.) Les radiations partielles, les nouvelles élections de domicile et les subrogations, sont considérées comme faisant partie des inscriptions auxquelles elles ont rapport, et ne peuvent produire un salaire distinct. (Décision des ministres de la justice et des finances, des 13 et 24 septembre 1819.) Ainsi il n'est dû qu'un seul salaire pour la délivrance d'une inscription et des actes qui la modifient. (Instruct. génér. , n°. 902.)

4°. Une inscription rectificative d'une autre prise peu de temps avant, et qui n'ajoute point à la durée de celle-ci, est une modification : elle ne forme qu'une inscription, ne doit qu'un droit, et sa délivrance un seul salaire : l'extrait qu'on remet des deux ne peut, surtout quand l'erreur provient de l'employé, être considéré comme renfermant deux inscriptions.

5°. A moins d'une réquisition par écrit, le conservateur ne peut délivrer une inscription périmée faute de renouvellement. (Lettre du ministre des finances, du 7 septembre 1813; instruction générale, n°. 649.) Cette inscription n'a plus d'existence légale ; son effet a cessé.

6°. Il est défendu de fournir à la fois les inscriptions

qui ont plus de dix années de date, lorsqu'elles ont été renouvelées en temps utile, et celles successives de renouvellement : toutefois si, d'après la réquisition qui leur serait faite, les conservateurs les délivraient, le salaire pour chaque extrait leur serait dû. (Décisions des 13 et 24 septembre 1819.)

7°. Lorsqu'il y a eu un ou plusieurs renouvellemens, c'est seulement la dernière inscription de renouvellement que les conservateurs doivent fournir aux particuliers qui ont besoin de connaître la situation du débiteur et les charges qui grevent l'immeuble. (Instruct. génér., n°. 902.)

8°. La défense qui précède, et les motifs dont elle est étayée, annoncent assez qu'il ne faut qu'un seul extrait pour une seule créance : en délivrer deux, sous le prétexte que l'inscription renouvelée n'a pas encore 10 ans, c'est se mettre en opposition avec le but du régime hypothécaire ; c'est faire supposer deux créances au lieu d'une, doubler les charges dont un immeuble est grevé, (le ministre des finances s'est prononcé, le 28 pluviôse an 9, contre un tel inconvénient. Instruct. génér., n°. 123), et fournir des extraits qui forment double emploi. Le salaire, d'ailleurs, n'est pas seulement accordé à une opération mécanique ; il est aussi le prix de la responsabilité du conservateur : or, quand il n'y a qu'une créance, il ne répond pas de deux (1).

---

(1) Cette question excite encore des débats.

Quelques conservateurs prétendent que si le renouvellement était vicieux, le créancier dont l'inscription primitive ne serait point encore périmée, pourrait en faire usage : ils ajoutent que l'on n'a pas besoin dans le bordereau d'exprimer que l'on renouvelle ; que d'ailleurs le renouvellement peut avoir pour objet la subrogation dans partie d'une créance ; et ils se fondent sur ces moyens pour délivrer, avec leurs renouvellemens, toutes les inscriptions qui n'ont pas dix années.

Sans examiner si le créancier peut à la fois jouir de deux inscriptions, il semble facile de réfuter ces moyens.

Le bordereau annonce que l'inscription est ou n'est pas prise par re-

9°. Le conservateur qui a inscrit d'office pour assurer les intérêts du vendeur ou du prêteur de fonds, et qui a certifié l'accomplissement de la formalité, par sa relation sur l'acte transcrit, n'est point fondé à exiger que les parties prennent l'extrait de l'inscription : c'est à elles à le demander si elles en ont besoin.

2°. SECTION.

Extraits d'inscriptions désignées.

1°. D'après le principe de la publicité des hypothèques, le conservateur doit délivrer à tout requérant, l'extrait des inscriptions que celui-ci lui demande. (Circulaire n°. 1791.)

2°. Il n'est pas permis au préposé de donner de l'extension à la volonté des parties et de leur fournir des extraits qu'elles ne veulent point. (Instruct. génér. n°. 316.)

3°. Le créancier qui a égaré le double de son bordereau obtient un extrait qui le remplace. (Circul. n°. 1791.)

4°. Ces extraits, comme on le voit, ne sont relatifs qu'à une ou plusieurs inscriptions désignées, et ne peuvent en aucune manière suppléer aux états dont il va être parlé.

3°. SECTION.

États et certificats.

1°. Les états demandés aux conservateurs, des inscriptions subsistantes, sont, ou sur individus ou sur immeu-

---

nouvellement (cette dernière circonstance ne se présente, en général, que quand les parties ont des doutes sur la validité de la première inscription). Si le renouvellement est exprimé, les parties en sont instruites par l'extrait du conservateur, et celui-ci se trouve hors d'atteinte. Si l'inscription ne porte pas qu'elle soit en renouvellement, le conservateur à qui rien ne prouve l'identité de la créance (on peut le même jour constituer deux créances de même somme) doit délivrer la première et la seconde. Enfin, quand l'inscription a pour objet la subrogation dans partie d'une créance, il est clair qu'on est fondé à les fournir toutes deux, puisque la première subsiste encore en partie.

18

bles désignés, ou enfin, sur immeubles aliénés par contrats transcrits. Ces importantes distinctions ont été indiquées par les circulaires n°. 1769 et 1791 ; l'Instruction générale n°. 316 prescrit impérativement de les suivre et déclare que tout usage contraire est abusif; l'avis du conseil d'état du 16 septembre 1811, transmis par celle n°. 547, ne laisse aucun doute ; « L'état est » fourni sur individu ou sur immeuble » : enfin l'Instruction générale n°. 655 porte : « Du rapprochement » des articles 2196 et 2197 du Code civil, résulte pour » le conservateur l'obligation de délivrer toutes les in- » scriptions qui existent contre un grevé et sur ses biens, » lorsque l'état est *individuel*, ou toutes celles subsistantes » sur un *immeuble désigné* ou *aliéné*, si l'état n'est de- » mandé que pour cet immeuble. »

2°. L'état individuel fait seulement connaître les inscriptions à la charge d'un ou de plusieurs particuliers; il n'indique pas celles qui grèvent les biens par suite d'hypothèques acquises pendant qu'ils se trouvaient dans la main des précédens propriétaires.

3°. L'état sur immeubles, au contraire, exprime les charges dont cet immeuble est grevé ; il les donne toutes; mais il ne comprend pas celles étrangères à la propriété, et ces dernières sont en général nombreuses, puisque l'hypothèque conventionnelle repose sur la spécialité.

4°. Il est donc bien essentiel aux particuliers de saisir cette distinction, et cependant elle leur échappe presque toujours. Si au lieu de requérir l'état sur un immeuble, ils demandent celui des inscriptions contre un individu, on leur délivre alors toutes les inscriptions sur cet individu; mais on leur laisse ignorer les charges qui peuvent peser sur l'immeuble pendant qu'il était entre les mains des précédens propriétaires ; ils ne sont plus exempts d'inquiétudes ; ils peuvent, soit en acquérant, soit en prêtant, être recherchés, ou primés par les créanciers des anciens possesseurs.

Quand, au contraire, ils demandent un état sur immeuble, l'état contient tout ce qui frappe sur la propriété, tout ce qu'il importe de connaître, rien de plus : il est presque toujours moins étendu et moins coûteux que le premier, et cependant il assure beaucoup mieux les intérêts du requérant, puisqu'il lui garantit que la propriété qu'il a acquise ou qu'il veut acheter, et celle sur laquelle il prête son argent, sont ou ne sont pas libres : il connaît les charges de cette propriété, et n'a pas besoin de rechercher dans un état, souvent volumineux, les inscriptions qui portent ou ne portent pas sur l'immeuble ; il ne peut se tromper.

5°. Les conservateurs, auxquels des individus peu instruits s'adressent fréquement, doivent donc les faire expliquer, les aider, savoir d'eux ce dont ils ont besoin, et ne leur fournir que des états utiles : il faut que ces états se trouvent en harmonie avec le but que le législateur s'est proposé. En général la confiance que la conduite et les procédés inspirent, contribue à augmenter le nombre des formalités ; on redoute moins celles-ci lorsqu'elles ne sont pas oiseuses ; et de facultatives qu'elles étaient, elles deviennent en quelque sorte obligatoires : voilà ce que l'expérience démontre.

6°. Quelques préposés sont dans l'usage, lorsqu'on leur demande un état, de faire souscrire une réquisition, quoique la loi ne parle pas de réquisition écrite (l'art. 2196 du Code porte seulement : Les conservateurs sont tenus de délivrer à tous ceux qui le requièrent), et que les parties puissent se refuser à signer : cet usage a cela d'utile, qu'il peut prévenir des difficultés sur la nature de l'état, sur la manière dont les noms de famille sont écrits, sur les désignations ; et que, les réquisitions étant placées suivant leur rang, chaque individu est servi à son tour.

7°. Les conservateurs ne pourraient toutefois se prévaloir de la forme d'une réquisition qui est assez généralement leur ouvrage, pour fournir des états plus étendus que ceux dont les parties ont besoin. Ce serait un abus qui exciterait des plaintes, et qui ne tarderait pas à être dévoilé.

8°. Les réquisitions ne peuvent d'ailleurs être célées aux employés supérieurs, puisque rien ne doit être pour eux occulte dans un bureau.

9°. Les conservateurs ne sont pas tenus de délivrer des états partiels, ou qui n'embrassent qu'un espace de temps indiqué ; nulle part la loi ne les astreint à remettre un état depuis telle époque jusqu'à telle autre époque, ou qui ne comprenne que partiellement les inscriptions subsistantes : il y aurait pour le public trop de dangers, et les conservateurs verraient leur responsabilité aggravée par la difficulté des recherches. (Instruction générale n°. 655.)

10°. Ce principe souffre des exceptions pour les états qui se délivrent, soit après l'expiration de la quinzaine de la transcription des actes, soit après l'accomplissement des formalités nécessaires pour purger les hypothèques légales. (Voyez état sur contrat transcrit page 284.) (1)

11°. Les inscriptions périmées ne peuvent figurer dans

---

(1) Sans doute il y aurait eu trop d'inconvéniens et de dangers à astreindre les conservateurs à fournir des états qui n'embrassent qu'un espace de temps indiqué ; mais peut-être aussi n'y en a-t-il pas moins à autoriser indéfiniment la délivrance de nouveaux états, et à n'admettre d'exceptions que pour les supplémens qui se fournissent dans la quinzaine de la transcription, ou lorsque les formalités pour purger les hypothèques légales ont été remplies. Les particuliers qui, avant d'acquérir, ont voulu connaître les charges de la propriété, regrettent presque toujours qu'on leur délivre un nouvel état des mêmes charges ; ils voudraient que celui qu'ils ont obtenu quelques jours avant la transcription pût être complété. Le même vœu est formé en matière d'expropriations forcées. L'état qui a servi pour les notifications aux créanciers, n'est plus suffisant lors de la collocation ; il en faut un autre, parce que depuis la délivrance de l'état l'on a pu faire inscrire.

Il faut convenir que ces circonstances semblent aussi provoquer la faveur, et que l'on pourrait sans danger étendre les exceptions à ces espèces.

aucun état. (Arrêt de la cour de Paris du 21 janvier 1814.) Le parties ont cependant la faculté de les obtenir, en souscrivant une réquisition formelle dont le conservateur fait mention. (Instruc. génér. n°. 649.)

12°. L'état que le conservateur délivre doit, pour être parfait, contenir la copie conforme au registre de toutes les inscriptions subsistantes : l'attestation qu'il place à la suite pour déclarer qu'il n'en existe pas d'autres, ne produit aucun salaire. (Circulaire n°. 1769.)

13°. Il est souvent impossible, en raison du grand nombre d'inscriptions dont un état se compose, de le fournir aussitôt que les parties le désireraient : le retard, dans ce cas, résulte de la longueur des écritures, et ne peut donner lieu ni à des plaintes fondées, ni à des dommages intérêts :

Si cependant un conservateur ne voulait point, par des motifs particuliers, se conformer à l'article 2199 du Code qui lui défend de retarder la délivrance des certificats, le requérant serait obligé de faire constater le refus ou le retardement, de la manière indiquée par cet article. Le procès verbal serait dressé, soit par le juge de paix, soit par un huissier ou un notaire assisté de deux témoins.

14°. Peut-on exiger qu'un conservateur atteste qu'une inscription n'a pas été renouvelée ?

Cette question, agitée plusieurs fois, n'est point encore résolue (1). Le ministre des finances, auquel elle avait été soumise, a pensé, le 20 octobre 1820, qu'elle était du ressort des tribunaux.

---

(1) Des conservateurs prétendent que le tarif n'ayant fixé de salaire que pour les certificats constatant qu'il n'existe pas d'inscriptions sur tel individu ou sur tel immeuble, et pour ceux attestant la non-transcription des actes de mutation, on doit en conclure que l'intention du législateur a été qu'il ne fût pas délivré de certificat d'autre nature : ils refusent en conséquence celui dont il s'agit ; ils offrent au surplus de fournir des états généraux au moyen desquels les particuliers

4e. SECTION.

États individuels.

1°. L'état peut être demandé sur un ou sur plusieurs individus.

2°. On commettrait une erreur grave, si, abusant de l'acception du mot *individuel*, on voulait fournir autant

---

pourront reconnaître si une inscription a ou n'a pas été renouvelée. Cette opinion, quoiqu'appuyée de plusieurs suffrages (Journal de l'enregist. , art. 5183 et 6846), laisse cependant des doutes assez sérieux.

1°. L'énonciation, dans le tarif, des salaires dus pour les actes des conservateurs, n'est pas exclusive des autres formalités qui n'y sont point rappelées : ainsi, et malgré le silence du tarif sur l'inscription d'une demande en révocation de donation, l'on n'a jamais refusé d'inscrire ces demandes : donc le tarif ne limite pas les opérations.

2°. Ce même tarif n'offre que des dispositions bursales au profit des conservateurs ; c'est un règlement qui fixe leurs attributions, sans tracer leurs devoirs ; il laisse dès lors la question dans son entier.

3°. L'art. 2196 du Code civil a imposé l'obligation de délivrer à tout requérant copie des inscriptions subsistantes, ou certificat qu'il n'en existe pas : il s'est exprimé d'une manière générale, n'a mis aucune exception ; et nul doute qu'un conservateur, lorsqu'un particulier lui demande l'extrait d'une ou de plusieurs inscriptions, ne soit tenu de les lui fournir.

4°. Cette obligation, commandée en termes exprès, renferme celle de remettre des copies générales ou partielles : générales, lorsqu'un individu veut connaître toutes les hypothèques à la charge d'un autre, et toutes celles grevant un immeuble (l'Avis du conseil d'état du 16 septembre 1811 l'explique suffisamment) ; et partielles, quand on veut avoir l'extrait d'une ou de plusieurs inscriptions que l'on désigne. Ce dernier extrait, d'après le principe de la publicité des hypothèques, ne peut être refusé : l'administration, par sa circulaire du 3 germinal an 8, et par la note au pied du modèle n°. 149 B, qu'elle a donné, le démontre. « L'extrait doit être délivré en faveur de tout tiers qui le re- » quiert, d'après le principe de la publicité des registres des formali- » tés hypothécaires, et plus particulièrement pour tout créancier » inscrit qui aurait égaré le duplicata de son bordereau. Le conserva- » teur ne délivre dans ce cas que l'extrait de l'inscription qui lui est » demandé. Cet extrait diffère de l'état des inscriptions qui comprend » toutes celles faites sur un grevé, ou sur un immeuble désigné ou » aliéné. »

5°. Tout particulier peut donc, en désignant une ou plusieurs ind'états séparés qu'il aurait été désigné d'individus. Une créance est inscrite par un même bordereau contre le mari et la femme, contre des coobligés, des débiteurs et leurs cautions, des associés ; elle peut grever des cohéritiers, ou, quoique prise sous le nom du défunt, être à leur charge, etc. ; de sorte que, si l'on délivrait autant d'états qu'il y a d'individus, il faudrait remettre des extraits séparés qui ne comprendraient que ce qui est relatif à chaque individu.

---

scriptions, voir ces mêmes inscriptions, et en obtenir copie. Celle-ci doit être entière, et renfermer les modifications, subrogations, changemens de domicile, etc. (Circulaire n°. 1769. Instructions, n°s. 649 et 902.)

6°. La conséquence forcée de cette disposition est que le conservateur ne peut se dispenser de remettre, quand on lui en fait la demande, soit les inscriptions primitives, soit un premier ou un second renouvellement.

7°. Si le renouvellement n'avait pas eu lieu, et que les inscriptions fussent périmées, le conservateur ne pourrait délivrer d'extrait : plusieurs arrêts de la cour de cassation le décident. Il serait obligé d'avertir les parties de la caducité de ces inscriptions, et, pour être autorisé à leur en fournir copie, il devrait exiger d'elles une réquisition écrite, et faire mention de cette réquisition dans ses extraits. (Décisions des ministres de la justice et des finances du 7 septembre 1813, instruct. gén. n°. 316.)

D'après cela, si un particulier demande copie d'une inscription périmée faute de renouvellement, le conservateur est tenu de l'avertir qu'elle est caduque, de prendre par écrit une réquisition, et de faire mention qu'il a délivré son extrait d'après cette réquisition.

Ce principe une fois reconnu, les doutes se dissipent ; la question n'offre plus de difficulté. Il suffit de demander au conservateur l'extrait de l'inscription, pour obtenir de lui la preuve écrite qu'elle n'a pas été renouvelée, pour avoir un certificat équivalent à celui qu'il refusait, et même plus positif. Le refus n'a donc aucun fondement ; il repose sur une espèce de jeu de mots, puisque requérir l'extrait certifié d'une inscription, ou requérir un certificat constatant la situation de cette inscription, c'est, dans la réalité, demander la même chose.

Il paraîtra toujours contraire au système des hypothèques, d'obliger un particulier qui veut connaître le sort d'une inscription, et avoir la preuve qu'elle n'est point renouvelée, à lever vingt extraits inutiles : l'état qui lui en sera fourni ne pourra rien lui apprendre que par le silence. Est-ce atteindre le but ?

L'administration, par sa circulaire du 26 pluviose an 8, n°. 1769, s'est prononcée contre cette prétention : « Il peut » être utile à celui qui requiert l'état des inscriptions, » de connaître si le débiteur dont il vérifie la situation, » est tenu conjointement avec d'autres, à tout ou par- » tie des engagemens pour lesquels l'inscription a été » requise. »

L'avis du conseil d'état du 16 septembre 1811 la re- pousse également, puisqu'il interdit d'exiger deux salai- res distincts, l'un en raison du *nombre d'inscriptions*, l'autre à raison du *nombre d'individus* : enfin l'instruction générale n° 547 porte : « Quand l'état est requis sur plu- » sieurs individus..... »

3°. Lorsqu'un particulier veut connaître la situation hypothécaire de plusieurs individus, c'est à lui de voir s'il a besoin d'un seul ou de plusieurs états : son intérêt personnel est de ne point diviser, puisque, quand il de- mande autant d'états qu'il y a d'individus, le préposé qui les lui fournit séparément, est souvent obligé de répéter les mêmes inscriptions dans plusieurs états, ce qui mul- tiplie sans besoin les formalités et les salaires.

4°. Le conservateur qui, en vertu des articles 2196 du Code civil et 752 du Code de procédure, délivre les cer- tificats d'inscriptions, n'a pas droit à deux salaires, l'un à raison du nombre d'inscriptions, l'autre à raison du nom- bre d'individus dont la situation hypothécaire est attestée. (Avis du conseil d'état du 16 septembre 1811.)

5°. Il ne doit considérer que comme un seul individu le mari et la femme, les associées sous une raison com- merciale, les coobligés, les cohéritiers (voir la circu- laire n°. 1769), et ne peut diviser l'inscription requise contre eux pour la faire entrer dans un état particulier à chacun : ce serait violer en même temps le principe de l'unité de la créance et l'avis cité n°. 4.

6°. Lorsqu'un état est demandé cumulativement sur plusieurs particuliers, le conservateur délivre les inscriptions qui les concernent. S'il n'en existe pas, il le certifie, et perçoit autant de salaires qu'il y a d'individus. Si quelques-uns seulement ont des inscriptions à leur charge, et les autres non, il fournit les inscriptions pour les uns et certifie pour les autres qu'il n'en existe pas : il lui est dû un franc pour chaque extrait et un franc pour chaque certificat négatif. (Circulaire n°. 1769, instructions générales n°°. 316, 530.)

7°. Le particulier qui demande l'état des inscriptions sur un autre, est tenu de désigner les nom, prénoms, profession et domicile de celui-ci, et les variations que le domicile et la qualification ont pu éprouver depuis dix ans : il convient que cette indication soit positive, précise : plusieurs individus d'une même famille, ou quelquefois étrangers l'un à l'autre, portent souvent le même nom; ils habitent la même commune, ou celles voisines, de sorte que si le conservateur ne trouve point dans les inscriptions la preuve non équivoque qu'il n'y a pas identité, il les délivre toutes.

8°. On distingue quelquefois des individus ayant un même nom, par celui d'aîné, de jeune etc. : ces indications, lorsquelles sont claires, suffisent au conservateur ; il ne peut se refuser à les admettre, sauf, s'il craint d'être compromis, à insérer, comme plusieurs le font dans leurs certificats, que le requérant est averti de l'existence d'autres inscriptions prises sous le nom de . . . . . demeurant à. . . . . .

9°. Il arrive encore que le nom d'un particulier n'est pas toujours écrit d'une manière uniforme, quoique cependant il y ait une identité apparente. Le conservateur doit en prévenir le requérant et lui délivrer les extraits, sauf dans le cas d'un refus formel, à s'en abstenir et à motiver en conséquence son certificat.

5e. SECTION.

Éтats sur immeubles désignés.

1°. Il est loisible à tout particulier de demander l'état des inscriptions qui grèvent un immeuble désigné : on ne peut le lui refuser.

2°. Quelques conservateurs, sous le prétexte de mettre leur responsabilité à couvert, au lieu de délivrer seulement les inscriptions qui frappaient sur l'immeuble, fournissaient toutes celles à la charge du propriétaire, non-seulement sur cet immeuble, mais encore sur tous ses autres biens. « Cette marche n'est pas régulière ; elle » tend à faire supporter à la partie requérante les droits » de timbre et les salaires résultans de la délivrance » d'inscriptions qu'elle n'a pas l'intention de connaître : » on ne doit lui remettre que l'état des inscriptions gre- » vant cet immeuble dans la personne des propriétaires » actuels et des anciens possesseurs. » (Décision du ministre des finances du 17 ventose an 13. Instruction générale n. 316. Autre Décison du 5 novembre 1811.)

3°. Pour éluder cette obligation, on a objecté que la circonscription de quelques communes n'était pas la même qu'autrefois, ou bien encore, que le nom de ces communes avait changé. Ces objections peuvent être de quelque poids, lorsque les nouvelles démarcations ou dénominations ne remontent pas à plus de dix ans, parce que les inscriptions ont désigné les territoires et les communes, tels qu'ils étaient, tels qu'ils se nommaient à l'époque où elles furent prises ; dans ce cas les particuliers qui demandent un état doivent faire connaître l'ancien et le nouveau nom des communes, l'ancienne et la nouvelle situation des immeubles.

Mais une fois que les changemens de démarcation ou de dénomination remontent à plus de dix ans, l'objection tombe ; les nouvelles inscriptions n'ont pu conserver l'hypothèque qu'en indiquant le nom actuel de la commune , et le territoire sur lequel l'immeuble soumis à l'hypothèque conventionnelle est maintenant situé.

4°. On peut, excepté dans quelques cas particuliers , ne désigner que le propriétaire actuel (les formalités sont facultatives. Instruction , n°. 530.) ; mais alors on ne connaît pas les inscriptions qui auraient été prises sur les anciens possesseurs.

5°. Il est plus conforme aux véritables intérêts du requérant d'indiquer les anciens propriétaires , à moins qu'il n'ait la certitude que l'immeuble était libre entre leurs mains : il est même des circonstances , comme en matière de saisie immobilière , où il devient indispensable de produire l'état des inscriptions sur l'immeuble , non-seulement depuis qu'il appartient au possesseur actuel , mais encore pendant qu'il a été entre les mains des précédens propriétaires : deux arrêts d'une cour royale des 8 juin 1811 et 8 août 1815 , et un troisième de la cour de cassation du 27 novembre 1811 , l'ont ainsi décidé.

6°. Quand le certificat est négatif , il est dû autant de salaires d'un franc , qu'il y a de propriétaires désignés.

7°. S'il n'existait des inscriptions que contre quelques-uns , le conservateur ferait payer un franc par chaque inscription , et un franc par chaque certificat *négatif*. L'état et le certificat ne forment qu'une seule pièce.

8°. Si les inscriptions concernaient en même temps plusieurs d'entre eux , il ne serait dû qu'un franc pour chacune d'elles.

9°. Le salaire d'un franc est le seul exigible , lorsqu'il n'existe qu'une inscription qui grève à la fois le possesseur actuel et les précédens propriétaires : l'état est positif ; il n'est remis qu'un extrait.

10°. L'état sur immeubles désignés comprend les inscriptions requises jusqu'au jour où il est fourni.

11°. En délivrant des états sur les mines concédées ,

le conservateur doit faire attention qu'il y a deux propriétés, celle de la surface et celle de la mine ; que chacune de ces propriétés, qui pourraient se trouver réunies sur la même tête, n'en est pas moins distincte, et que les hypothèques qui grèvent l'une peuvent être totalement étrangères à l'autre.

12°. Tout état ou certificat sur immeuble, doit, dans son intitulé ou dans son contexte, faire connaître d'une manière évidente les propriétés qui en sont l'objet, leur nature, consistance, situation, les noms et demeures du possesseur actuel et des précédens propriétaires, lorsqu'ils ont été indiqués.

6ᵉ. SECTION.

État sur contrat transcrit.

1°. L'état sur contrat transcrit diffère beaucoup de celui sur immeubles désignés : le premier n'est fourni qu'après l'expiration de la quinzaine de la transcription, le second est délivré le lendemain du jour où il est requis : celui-ci comprend toutes les inscriptions prises jusques à sa date ; l'autre renferme non-seulement les inscriptions existantes à l'époque de la transcription, mais encore celles survenues dans la quinzaine : les charges que l'acquéreur a pu imposer à l'immeuble depuis qu'il en est devenu propriétaire, se trouvent dans l'état sur immeubles ; elles ne figurent point dans l'état sur contrat transcrit : l'un n'a d'autres limites que la volonté des parties qui peuvent, selon qu'elles le jugent convenable, ne demander les charges de la propriété que sur tel ou tel possesseur, l'autre, subordonné aux conventions transcrites, s'étend à tous les individus qui ont possédé, à tous les propriétaires anciens et nouveaux désignés dans le contrat.

2°. Quand il fournit un état sur transcription, le conservateur ne doit faire remonter ses recherches qu'aux aliénations qu'il serait nécessaire de purger. (Décision du ministre du 25 juin 1811. Instruct. n°. 530.)

3°. Dès lors si le contrat à transcrire établissait que le vendeur ou le donateur, en acquérant le bien qu'il aliène, a détaché toutes les charges de l'immeuble et qu'il s'est conformé aux articles 2181 et suivans du Code civil, le préposé ne pourrait point rechercher au delà. Il ne délivrerait, dans ce cas, que les inscriptions postérieures ; et à défaut, un certificat négatif.

4°. Quand le requérant veut purger contre les précédens propriétaires, le préposé fait ses recherches sur tous ceux désignés au contrat, et délivre l'état des inscriptions qui grèvent la propriété jusqu'à l'expiration de la quinzaine.

5°. S'il n'existait pas d'inscriptions, il serait dû autant de salaires d'un franc pour certificats négatifs, qu'il y aurait de vendeurs, de donateurs et d'anciens propriétaires. (Décision du 8 thermidor an 8. Circulaire n°. 1877 ; autre du 25 juin 1811. Instruct. génér. n°. 530.)

6°. Les n°s. 7, 8 et 9 de la section précédente , sont applicables aux états sur contrats transcrits.

7°. Il dépend des parties qui font transcrire leurs actes, de demander des états d'inscriptions et des certificats, comme de s'en abstenir : l'accomplissement des formalités hypothécaires est facultatif.

8°. Quand elles requièrent un état, le conservateur est-il autorisé à placer d'abord l'inscription qu'il a prise d'office , lorsque le prix ou une partie du prix reste dû ? Une opinion émise par l'article 6759 du Journal de l'enregistrement (1) détermine qu'ils y sont fondés.

---

(1) Cette opinion n'obtient pas un assentiment unanime. Sans doute le conservateur doit, lorsque l'état est requis par le vendeur, comprendre l'inscription d'office. La formalité que ce vendeur remplit a pour objet d'assurer son privilége ; l'inscription d'office lui est nécessaire (il peut en obtenir, s'il le juge convenable, un extrait) ; on pense même que dans ce cas l'état étant requis contre le nouveau possesseur,

9°. Toutes les inscriptions qui grèvent réellement l'immeuble sont portées par ordre de date.

10°. Si plusieurs acquéreurs d'objets distincts dans une adjudication en détail s'étaient réunis pour ne faire transcrire en commun qu'une seule expédition, on ne pourrait les obliger à payer les salaires d'autant d'états qu'il y a d'acquéreurs. (Instruct. 530.)

11°. Ce principe est applicable aux aliénations faites par licitation , donation , ou par toute autre voie que ce puisse être. (Même instruct.)

12°. Aucun certificat sur transcription d'actes , ne doit être délivré qu'après l'expiration de la quinzaine accordée par l'article 834 du Code de procédure , aux créanciers pour inscrire utilement. (Instruct. génér. n°ˢ. 530 et 655.)

13°. L'état des inscriptions peut cependant, et *sur la demande des parties* , être exigé avant cette expiration. (Décision du ministre de la justice du 21 septemb. 1808.)

---

il conviendrait d'y ajouter les inscriptions que celui-ci aurait, depuis son acquisition , consenties sur l'immeuble, parce que le certificat doit indiquer celles subsistantes (Art. 2196 du code.) L'état est alors fourni sur le possesseur actuel.

Mais lorsqu'après la transcription l'état est, comme il arrive presque toujours , demandé par l'acquéreur, cet état ne doit contenir que les charges grevant l'immeuble dans la main du vendeur et dans celles des précédens propriétaires. Les décisions ministérielles du 25 juin 1811 (Instruct. n°. 530) ne parlent que des « vendeurs ou anciens proprié- » taires sur lesquels il serait encore nécessaire de purger » : elles veulent que les états ou certificats de non inscription soient délivrés sur ces vendeurs et anciens propriétaires ; elles ne disent nullement que l'on fournira un état ou un certificat sur l'acquéreur ; et cependant, en adoptant l'idée que l'inscription d'office doive figurer avec les autres, il faudrait bien admettre celle qu'en raison du paiement du prix et de la radiation opérée avant l'expiration de la quinzaine , le conservateur serait tenu de donner un certificat négatif sur l'acquéreur.

Si l'on examine ensuite l'arrêt de la cour de cassation du 27 novembre 1811 , et ceux d'une cour royale des 8 juin même année et 8 août 1815, l'on voit qu'il n'est toujours question que des vendeurs et précédens propriétaires. Enfin , les art. 2182 , 2183 et suivans du Code civil ; ceux 749 , 750 et suivans du Code de procédure , ne désignent que les créanciers du vendeur et des précédens propriétaires. Le tableau voulu par

Mais dans ce cas il n'est point définitif ; il a besoin d'un complément, et celui-ci ne forme avec lui qu'un seul et même état. (Mêmes instruct.)

14º. Il est plus régulier de ne le délivrer qu'après l'expiration des quinze jours. (Mêmes instruct.)

15º. Le certificat de clôture ne donne lieu à aucun salaire. (Avis du conseil d'État du 10 septembre 1811 ; instruct. génér. nº. 547.)

16º. « Il n'y a pas de raison de s'opposer à ce que l'ac-
» quéreur qui a déjà levé l'état général des inscriptions
» qui grèvent l'immeuble acquis, ne jouisse, pour les
» inscriptions qui peuvent être prises dans les deux mois
» de l'exposition du contrat contre les maris et les tuteurs,
» de la faveur qui lui est accordée pour l'état des inscrip-
» tions survenues dans la quinzaine de la transcrip-
» tion. » (Délibération du conseil d'administration du 18
mars 1818.)

L'état supplétif fourni après l'expiration des deux mois, s'identifie avec celui délivré à l'époque de la transcription ;

---

l'art. 2183 du code civil ne se compose que des inscriptions prises *contre eux*, et non de celles *à leur profit*.

Le motif que l'on a voulu puiser dans l'ordonnance du juge qui procède à la distribution du prix n'est pas fondé : ce juge ne doit point ordonner la radiation de l'inscription d'office ; il lui serait impossible de le faire, lorsque le prix dont il opère la distribution est plus que suffisant pour solder les créances : aucun article de loi ne l'y oblige. D'un autre côté, les frais de radiation de l'inscription d'office ne peuvent, comme ceux des autres radiations, être prélevés sur le prix (Art. 759 du Code de procédure), ce serait affaiblir les créances inscrites par des frais qui ne les concernent point.

On objecte encore que l'inscription d'office avertira les créanciers de l'acquéreur depuis l'acquisition. Mais alors l'état cesse d'être sur vente ; on le place dans la catégorie de ceux sur immeubles désignés, et l'on sort évidemment de la question. Quand un acquéreur veut purger, il n'est pas obligé d'avertir ses créanciers personnels ; il n'a rien à leur faire signifier ; on ne peut lui imposer une condition que la loi repousse.

Par ces motifs, on pense que l'inscription d'office ne doit pas être délivrée lorsque c'est l'acquéreur qui, en faisant transcrire, demande l'état des charges.

il est placé à la suite de ce dernier, il lui sert de complément.

17º. Il arrive souvent que le nouveau possesseur, en faisant transcrire son contrat, ne demande pas de suite l'état des inscriptions : il veut attendre, ou que le délai pour inscrire soit expiré, ou que son vendeur ait fait radier : dans ce cas, le conservateur ne devra délivrer l'état que lorsqu'il lui sera demandé (1).

18º. Il est interdit aux conservateurs de faire entrer dans les états qu'ils remettent, les inscriptions périmées, celles radiées, celles prises après la quinzaine de la transcription, toutes celles enfin qui n'atteignent point l'immeuble. (Instruct. génér. nº. 649.)

19º. Les inscriptions judiciaires et celles légales qui, à moins de stipulations contraires, frappent sur la généralité des biens, doivent y figurer.

20º. Il y a deux manières de purger les hypothèques légales non inscrites, selon que les individus sont ou ne sont pas connus.

Individus connus.

Lorsque les formalités voulues par les art. 2193, 2194 et 2195 du Code, et rappelées dans les deux avis du conseil d'état des 9 mai 1807 et 5 mai 1812, ont été remplies, et que les deux mois sont expirés, le conservateur fait les re

---

(1) Quelques conservateurs, lorsque l'acquéreur n'avait demandé l'état des charges qu'après avoir rempli les formalités nécessaires pour purger les hypothèques légales, délivraient d'abord un état général de toutes les inscriptions ; puis, par un second certificat placé au pied de l'état et sous la même date, ils attestaient qu'il n'avait été pris aucune inscription pour hypothèques légales, et percevaient un second salaire proportionné au nombre d'individus contre lesquels on avait purgé légalement.

Les principes établis par la circulaire nº. 1769 repoussent une telle prétention. « L'état ne peut être parfait s'il ne comprend toutes les » inscriptions subsistantes, et s'il n'est exact, tant sous le rapport de » la conformité de la copie au registre, que sous celui du nombre » complet des inscriptions. »

cherchés nécessaires sous les noms désignés dans les significations , et délivre l'état ou le certificat négatif.

Individus non connus.

Si le nouveau possesseur, ne connaissant point les individus, avait été obligé d'employer la voie des journaux
et de déclarer, par la signification au procureur du roi, que
ceux du chef desquels il pourrait être formé des inscriptions
pour raison d'hypothèques légales existantes indépendamment de l'inscription , n'étant pas connus , il fait publier
la susdite signification dans les formes prescrites par
l'art. 683 du Code de procédure : cette signification deve-
nant générale , le conservateur doit étendre ses recherches
à ceux des vendeurs et précédens propriétaires contre
lesquels on aurait pu inscrire (1).

21°. Il s'en abstiendrait, pour les précédens propriétaires, si déjà les inscriptions légales avaient été purgées contre eux ;

22°. Il n'aurait point à comprendre dans son certificat
les enfans mineurs en puissance de tutelle et non mariés ,
puisqu'ils ne peuvent être sujets à aucune inscription légale.

23°. Le conservateur doit , dans ses états et certificats
(excepté le cas où l'acquéreur aurait purgé les hypothèques légales sans donner son contrat à transcrire),
faire mention de l'acte , énoncer la date à laquelle il a été
transcrit , le volume, l'article , et se conformer , pour la
désignation des biens et des propriétaires , à ce qui est
exprimé au contrat.

---

(1) Pour purger l'hypothèque légale d'une personne connue , et à laquelle ils avaient fait faire la notification prescrite, des acquéreurs ont
surabondamment employé la voie des journaux , et rempli des formalités qui n'étaient point nécessaires. Les conservateurs en ont induit
que l'on voulait purger contre tous les individus désignés dans le titre ,
et ils ont , en conséquence , délivré des états ou certificats sur les vendeurs et sur les précédens propriétaires.

Il importe dès lors que les parties restreignent leurs diligences aux
personnes dont elles redoutent l'hypothèque légale.

24°. Il n'est dû aucun salaire pour la rédaction de l'intitulé, ou si l'on veut, de l'analyse du titre : il fait partie intégrante de l'état ; il est indispensable à sa perfection.

25°. Si un immeuble avait été aliéné sans que le contrat fît connaître les précédens propriétaires, l'état des inscriptions à leur charge devrait néanmoins être délivré dans le cas où l'acquéreur, qui voudrait purger entièrement la propriété ou appeler tous les créanciers à un ordre ouvert, requerrait cet état séparément, en donnant au conservateur les désignations nécessaires. (Arrêts de la cour de Riom des 8 juin 1811, 8 août 1815 et de celle de cassation du 27 novembre 1811.)

ARTICLE VII.

Transcription.

1°. Pour la transcription de chaque acte de mutation, par rôle d'écriture du conservateur contenant vingt-cinq lignes à la page et dix-huit syllabes à la ligne, il est dû 1 franc.

2°. Les registres étant formés sur papier d'une dimension supérieure, chaque rôle doit contenir soixante-dix lignes et chaque page trente-cinq : à ce moyen le salaire est pour une page de o fr. 70 c.

3°. Le salaire pour les rôles ou pages entamés, se fractionne à raison de deux centimes par ligne. (Lettre du ministre des finances à celui de la justice du 9 avril 1811.)

4°. Si le conservateur en transcrivant s'était trompé et que pour réparer l'omission de quelques dispositions d'un acte, il ait porté celles-ci par un renvoi en marge, il ne pourrait alors compter comme pleines, des lignes qui n'auraient pas dix-huit syllabes : l'usage, en raison du peu d'espace que contient la marge, est de placer neuf syllabes par lignes et de prendre deux lignes pour une.

5°. A partir de la publication de la loi du 28 avril 1816 la moitié des salaires fixés pour la transcription des actes

de mutation appartient au trésor royal. (Ordonnance du
1er. mai 1816, instruction générale n°. 719.)

ARTICLE VIII.

Certificat de non transcription.

1°. Le salaire pour chaque certificat de non transcription d'acte de mutation est de 1 fr. 00 c.

2°. La pluralité des salaires est exigible, lorsque les
recherches sont demandées sous les noms de particuliers
étrangers l'un à l'autre, ou ayant des droits distincts.

Le principe établi à ce sujet pour les inscriptions, est applicable aux transcriptions. (Solution du 11 juillet 1809.)

ARTICLE IX.

Copies collationnées.

1°. Pour les copies collationnées des actes déposés ou
transcrits, par rôle d'écriture du conservateur contenant vingt-cinq lignes à la page et dix-huit syllabes à la
ligne, il est attribué 1 fr. 00 c.

2°. Le salaire pour les rôles non complets est calculé
d'après le nombre de lignes, à raison de deux centimes
l'une.

3°. On ne peut exiger que les conservateurs délivrent
de simples extraits; il ne sont pas tenus d'analyser les
actes, le tarif ne parle que de copies collationnées. (Journal de l'enregistrement, art. 4725.)

ARTICLE X.

Duplicata de quittance.

1°. Le conservateur reçoit pour chaque duplicata (1)
de quittance. » fr. 25 c.

____

(1) Les articles 22 et 26 de la loi du 21 ventose an 7 n'autorisent à
délivrer des duplicata de quittances, que quand les bordereaux ou
actes sont susceptibles d'être inscrits ou transcrits dans plusieurs conservations. Le duplicata est fourni pour éviter aux parties le paiement

2°. Lorsque ce duplicata est délivré dans l'intérêt du trésor, et que le droit reste en suspens, le salaire demeure également suspendu. Le conservateur en fait mention et l'annote sur le sommier. (Circulaire n°. 1521.)

ARTICLE XI.

Transcription de saisie.

1°. Pour la transcription de chaque procès verbal de saisie immobilière, il est attribué, par rôle d'écriture du conservateur contenant vingt-cinq lignes à la page et dix-huit syllabes à la ligne. 1 fr. 00 c.

2°. D'après la dimension actuelle des registres, chaque rôle renferme soixante-dix lignes et chaque page trente-cinq, de sorte que le salaire pour un rôle est de 1 fr 40 c. Et pour une page, de. » fr. 70 c.

3°. Les fractions se calculent à raison de deux centimes par lignes.

4°. Le salaire pour les saisies immobilières n'est passible d'aucune attribution en faveur du trésor.

ARTICLE XII.

Dénonciation de saisie.

1°. Pour l'enregistrement de la dénonciation de la saisie et la mention qui en est faite en marge du registre, le salaire est de. 1 fr. 00 c.

2°. Un préposé s'était cru autorisé à multiplier le salaire d'une seule dénonciation faite par un seul exploit

---

d'un nouveau droit proportionnel : sa délivrance n'a pas évidemment d'autre objet.

On pense dès lors que les conservateurs, après avoir transcrit une seule expédition d'une vente en détail, et avoir apposé leur certificat au pied, ne peuvent ensuite attester, sur les extraits partiels délivrés à chaque acquéreur, que la formalité a été remplie, et percevoir autant de salaires qu'il y a d'extraits. Ce n'est plus, dans l'espèce, un duplicata de quittance, mais de formalité ; et le tarif n'alloue rien pour le duplicata d'une formalité.

à cinq héritiers du saisi, d'après le nombre de ces héritiers : sa prétention a été rejetée par une décision du ministre des finances, du 12 janvier 1813. Instruc. n°. 619.)

ARTICLE XIII.

Notification de placards.

1°. Pour l'enregistrement de chaque exploit de notification de placards aux créanciers inscrits, tenant lieu de l'inscription des exploits de notification des procès verbaux d'affiches, il est dû 1 fr.

2°. Quel que soit le nombre des créanciers auxquels la notification a été faite par un seul et même exploit, il n'est dû que 1 franc.

Il ne peut y avoir lieu à la pluralité des salaires, d'après le nombre des créanciers. (Décision du ministre, du 12 janvier 1813. Instruct. génér. n°. 619.)

3°. Quand, à raison de la multiplicité des créanciers ou de l'éloignement des domiciles élus, l'huissier rédige plusieurs actes séparés, il est fait autant d'enregistremens, et perçu autant de salaires qu'il y a d'actes ; mais lorsque d'un seul et même contexte, et cependant sous des dates différentes, par exemple, le deux, le trois, le quatre du mois de . . . . ., un huissier notifie les placards à ces créanciers, il n'est dû qu'un seul salaire, parce qu'il n'y a qu'un acte.

ARTICLE XIV.

Refus de transcrire une seconde saisie.

1°. Pour l'acte du conservateur, constatant son refus de transcription en cas de précédente saisie, il lui est alloué 1 fr.

2°. Excepté dans cette circonstance qui a été prévue, les conservateurs n'ont droit à aucun salaire pour la déclaration qu'ils se refusent de remplir d'autres formalités, comme par exemple, d'inscrire, radier, transcrire, etc.

quand les pièces qui leur sont présentées, ne le leur permettent pas.

ARTICLE XV.

Radiation de saisie.

1°. Enfin le salaire pour la radiation d'une saisie immobilière, est de 1 fr.

2°. Quoique plusieurs particuliers, ayant le même intérêt, aient fait saisir, en vertu du même acte ou de plusieurs actes qui les concernent en commun, il n'est dû qu'un seul salaire.

3°. Si une saisie était opérée simultanément sur deux débiteurs solidaires, il ne serait également dû que 1 fr.

CHAPITRE III.

Formalités dont les salaires restent en débet, ou qui n'en doivent pas.

§ 1er. *Salaires en débet.*

1°. Lorsque les inscriptions et autres formalités sont requises pour le compte du trésor et qu'elles se font sans avance, les conservateurs ne reçoivent leurs salaires que lors du recouvrement des droits.

2°. Il y a exception pour les inscriptions requises en vertu de la loi du 5 septembre 1807 sur les comptables qui aliènent ou qui acquièrent. Le salaire est exigible de ces comptables.

3°. Les conservateurs sont autorisés à recouvrer les salaires en débet, par les mêmes voies que celles usitées pour la rentrée des droits d'hypothèques.

4°. Ces salaires appartiennent au conservateur en exercice à l'époque du paiement des droits, et non à celui qui a inscrit. (Délibération de l'administration du 8 prairial an 10, journal n°. 1232.)

5°. Quand des salaires ne sont pas de nature à être recouvrés, soit parce que les inscriptions auraient été mal à propos requises, soit parce qu'à défaut de titres, il serait impossible d'obtenir le paiement des rentes ou créances, les conservateurs ne peuvent en faire la demande; il ne leur est pas dû non plus de salaire pour la radiation. (Circulaire n°. 1676, solution de l'administration du 28 pluviose an 9.)

§ 2. *Formalités pour lesquelles il n'est point dû de salaires.*

1°. Il n'est point dû de salaires pour les rectifications des erreurs que les conservateurs ont commises dans leurs écritures, et qu'ils réparent d'office par de nouvelles formalités.

2°. On ne peut même en exiger pour les rectifications qui seraient demandées par les parties. (Voyez chap. 2, § 7, 2°. partie.)

3°. Il ne leur en appartient point pour les états et certificats qu'ils fournissent à MM. les préfets, des inscriptions sur les comptables : ces états ou certificats doivent être délivrés gratuitement. (Décision du ministre des finances, du 18 messidor an 9, circulaire n°. 2034.)

4°. Les acquisitions faites sur expropriations forcées pour le compte de l'état, sont transcrites sans droits ni salaires. (Instruction, n°. 202.)

6°. Le tarif et les règlemens ultérieurs, qui ont fixé les salaires auxquels donnent lieu quelques formalités déterminées par des lois spéciales, sont limitatifs et ne doivent pas recevoir d'extension : c'est ainsi qu'avant le décret du 21 septembre 1810, les conservateurs ne touchaient rien pour les dépôts, pour les inscriptions d'office, les copies collationnées, etc. Dès lors toutes les fois qu'une formalité quelconque n'a point été tarifée, le préposé ne peut exiger aucun salaire.

CHAPITRE IV.

Salaires relatifs aux majorats.

§ 1er. *Majorats sur demande.*

1°. L'état des inscriptions, ou le certificat constatant qu'il n'en existe pas, sur les biens qu'un particulier destine à un majorat, supporte le salaire ordinaire.

2°. La transcription de l'état indicatif de ces biens, doit aussi le salaire accoutumé pour toute espèce de transcription.

3°. L'état ou le certificat fourni à M. le procureur général du sceau, à l'expiration de la quinzaine de cette transcription, se délivre gratis.

4°. Celui que le conservateur lui adresse, lorsque le délai pour purger les hypothèques légales est révolu, jouit de la même faveur.

5°. La radiation de la transcription de l'acte indicatif, lorsque la demande en majorat est rejetée, se fait en débet : le salaire d'un franc est ensuite recouvré sur la partie.

6°. La transcription des lettres patentes portant création, acquitte, sans avoir égard au plus ou moins d'étendue des écritures, le salaire fixe :

Pour les majorats, duchés, de. . . . . 12 francs.

Pour ceux de comtes et de marquis . . 8

Pour ceux de barons et de vicomtes . . 4

§ 2. *Majorats de propre mouvement.*

1°. Si l'on faisait transcrire le procès verbal de désignation des biens, le salaire ordinaire serait exigible.

2°. La transcription des lettres d'investiture donne lieu au même salaire que celle des lettres patentes portant création. (Voir le n°. 6 du § précédent.)

CHAPITRE V.

Tenue du journal des salaires.

1°. D'après la circulaire du 7 juin 1809, les conservateurs doivent porter au journal, article par article, jour
par jour et par suite de numéros, tous les salaires qu'ils
perçoivent, et indiquer en marge de leurs quittances le
n°. du journal.

2°. L'instruction générale n°. 494 renouvelle les mêmes
ordres, et charge les employés supérieurs, non-seulement de vérifier si les conservateurs se renferment dans les
bornes du tarif, mais d'étendre leur surveillance sur tout
ce qui compose la conservation des hypothèques soit pour
la loi, soit pour les particuliers, soit pour l'administration.

3°. Il serait très-utile, pour les vérifications des employés supérieurs, et pour les recherches que les conservateurs voudraient ultérieurement faire, qu'en inscrivant
le salaire des états individuels ou sur immeubles, on indiquât toujours le volume et l'article du répertoire : cette
attention dispenserait de recourir à la table et faciliterait
les examens.

4°. Afin de laisser aux conservateurs plus de temps pour
remplir les fonctions dont ils sont chargés, une circulaire
du 17 septembre 1812 détermine qu'à compter du 1er. octobre suivant, ils ne porteront qu'à la fin de chaque mois,
en une seule ligne, 1°. le nombre des articles enregistrés
au journal des dépôts et le montant en masse des salaires
pour ces articles ; 2°. le nombre des inscriptions faites
pendant le mois, et la totalité des salaires perçus pour
ces inscriptions.

5°. Il est facile d'établir le nombre de dépôts et d'inscriptions par la série des numéros dont ils sont émargés :
on distrait du dernier numéro du mois, le dernier numéro du mois précédent.

6°. Il importe toutefois de vérifier si les séries sont régulières, et s'il ne se trouverait pas, ou des lacunes ou des numéros répétés. Il faut aussi distraire les dépôts et les inscriptions pour lesquels le conservateur n'a pas reçu de salaires, soit parce qu'ils restent en débet, soit parce qu'ils ne seraient pas dus. D'un autre côté il est nécessaire, pour les inscriptions qui auraient été mal à propos requises par un seul bordereau à la requête de plusieurs créanciers distincts, ou contre plusieurs débiteurs étrangers l'un à l'autre, de faire attention que la pluralité des salaires était exigible. (Décision du 16 floréal an 7.)

7°. Les inscriptions pour demande en révocation de donation étant placées à la marge des actes transcrits, doivent encore être jointes au nombre des autres.

8°. Enfin lors du recouvrement des salaires en débet, le conservateur est obligé d'en faire article au journal, et de comprendre les dépôts, quand les inscriptions sont postérieures au décret du 21 septembre 1810, au nombre de ceux portés en masse.

A l'égard des inscriptions antérieures, les dépôts ne donnaient lieu à aucun salaire et ils ne doivent pas figurer dans le résumé : quant aux inscriptions pour lesquelles l'ancien tarif n'accordait que 50 centimes, il convient d'en faire une mention distincte.

9°. Une colonne particulière a été établie en conformité de l'instruction générale, n°. 719, à l'effet d'y inscrire la moitié attribuée au trésor royal par l'ordonnance du Roi du 1er mai 1816, des salaires perçus pour les transcriptions d'actes de mutation.

CHAPITRE VI.

*Délivrance d'états et de certificats. Leur forme. —
Modèles. — Collation de pièces. — Relations. —
Paraphe.*

§ 1ᵉʳ. *Délivrance.*

1°. Les conservateurs ne peuvent retarder les formalités
que les parties requièrent.

2°. Dans quelque temps que des états ou certificats leur
soient demandés, ils doivent les délivrer. (Lettre du ministre de la justice du 21 septembre 1818.)

3. Il importe cependant, pour prévenir toute contestation, de ne remettre les états d'inscriptions ou les certificats de non-inscription, que le lendemain du jour où
la formalité aura eu lieu. (Lettre du ministre des finances,
du 26 thermidor an 12, instruction générale, n°. 255.)

4°. Sans cette précaution, les conservateurs se compromettraient : il serait possible que le jour même de la délivrance, et après celle-ci, on vînt prendre des inscriptions qui se trouveraient nécessairement omises et qui
cependant seraient valides, puisque l'article 2147 du
Code n'établit aucune distinction entre les formalités données le matin ou le soir.

5°. Ainsi un état individuel ou sur immeuble, et à défaut d'inscriptions, un certificat négatif, ne peuvent être
délivrés que le lendemain de leur date : celui sur vente,
ou son supplément, s'il avait déjà été fourni, que le sei-
zième jour après la transcription, enfin celui nécessaire
pour les hypothèques légales, que le 1ᵉʳ. jour du 3ᵉ. mois.

6°. Aux termes du sénatus-consulte du 22 fructidor an
13, le calendrier grégorien a force de loi : conséquemment les mois sont réglés comme ils se trouvent dans ce
calendrier et abstraction faite de leur durée réelle. (Arrêt
de la cour de cassation, du 12 mars 1816.)

§ 2. *Forme des états et certificats à fournir par les conservateurs.*

1°. Par une circulaire du 3 germinal an 8 , n°. 1791 , l'administration, pour rendre régulière et uniforme la dé-livrance des états et certificats, en a transmis des modèles.

2°. L'article 2183 du Code civil, qui prescrit la forma-tion d'un tableau sur trois colonnes , est étranger aux conservateurs , et ne s'oppose point à ce que le modèle donné soit suivi : c'est aux parties à dresser ce tableau , d'après l'état indicatif des inscriptions que le conserva-teur leur remet. (Lettre du ministre de la justice du 19 mai 1810.)

3°. Quand on délivre la copie d'un acte transcrit ou d'une inscription , il ne faut pas omettre d'exprimer que la formalité a été signée par tel conservateur sur le re-gistre : en négligeant la mention de la signature, on peut induire le public à erreur , et lui faire supposer qu'une formalité n'est point régulière. Il importe d'ailleurs qu'il connaisse le conservateur contre lequel il aurait besoin d'agir.

4°. Les états et certificats délivrés par les conservateurs sont écrits sur papier timbré ; mais ils sont dispensés de la formalité de l'enregistrement ; on peut en faire usage en justice et les déposer sans être enregistrés. (Décision du 21 mars 1809, Instruct. n°. 433.)

§ 3. *Modèle des certificats de radiation.*

Nº. 149. A.

CONSERVATION DES HYPOTHÈQUES.

<table>
<tr><td>

DIRECTION

GÉNÉRALE

de l'enregistrem^t.

et des domaines.

Département d

Bureau d

(1) Indiquer si le ti-
tre de la radiation
est définitif ou con-
ditionnel, ou por-
tant des réserves.
(2) Désignation du
titre.
(3) Rappeler som-
mairement, s'il y
a lieu, les réserves
et conditions.

</td><td>

Le soussigné, conservateur des hypothèques, au bureau de
certifie à tous qu'il appartiendra, que l'inscription
faite à la requête de   le   contre   a
été radiée cejourd'hui (1)   des registres à ce destinés;
en conséquence d   (2)   en date du   rap-
porté et déposé audit bureau, et que ladite inscription ne subsiste
plus auxdits registres (3).

En foi de quoi j'ai délivré le présent à   ce
an

Reçu pour droit de timbre
et pour salaire

</td></tr>
</table>

Modèle d'extraits d'inscriptions.

Nº. 149. B.

CONSERVATION DES HYPOTHÉQUES.

Extrait des registres des inscriptions des charges et créances
hypothécaires, prises au bureau des hypothèques de
vol.   nº.

Du

(Il faut copier littéralement l'inscription et les déclarations ou
radiations qui l'auraient modifiée.)

Nota. Cet extrait doit être expédié en faveur de tous tiers qui
le requiert, d'après le principe de la publicité des registres des
formalités hypothécaires, et plus particulièrement pour tout créancier inscrit qui aurait égaré le duplicata de son bordereau.
Le conservateur ne délivre, dans ce cas, que l'extrait de l'inscription qui lui est demandée. Cet extrait diffère de l'état des inscriptions, qui comprend toutes celles faites sur un grevé, ou sur
un immeuble désigné, ou aliéné.

Modèle du certificat indéfini de non inscription.

Nᵒ. 15o.

CONSERVATION DES HYPOTHÉQUES.

Le conservateur des hypothèques, soussigné, certifie à tous qu'il appartiendra, qu'il n'existe jusqu'à ce jour, sur ses registres et répertoire, aucune inscription de créances et charges hypothécaires ni privilégiées contre

Indiquer ici s'il s'agit de tous les immeubles du grevé, ou d'un seul immeuble.

et sur

à lui appartenant, dans l'arrondissement du bureau des hypothèques, établi à

En foi de quoi il a délivré le présent aux termes de la loi.

A   ce   an

Reçu pour droit de timbre
et pour salaire

Modèle du certificat de non inscription sur vente d'immeubles.

No. 15o. A.

CONSERVATION DES HYPOTHÈQUES.

Le conservateur des hypothéques, soussigné, certifie à tous qu'il appartiendra, qu'il n'existe sur ses registres et répertoire aucune inscription de créances et charges hypothécaires ou privilégiées contre
portant sur
par lui vendu

Nota. Désignation et date du titre de la vente.

par

Le

Déposé et transcrit au bureau des hypothèques de
le   an

En foi de quoi il a délivré le présent aux termes de la loi.

A   ce   an

Reçu pour droit de timbre
et pour salaire

Modèle d'un état des inscriptions individuelles.

No. 15i.

CONSERVATION DES HYPOTHÈQUES.

État de toutes les inscriptions hypothécaires, prises jusqu'à ce jour, au bureau des hypothèques de   en exécution des lois, et subsistantes contre la personne et sur les biens immeubles de

(Désigner les noms, prénoms, qualités et demeures.)

SAVOIR :

Du

On copie toutes les inscriptions, les unes à la suite des autres, en indiquant les volumes et articles.

Modèle d'un état sur contrat transcrit.

No. 15i. A.

CONSERVATION DES HYPOTHÈQUES.

État d'inscriptions sur ventes d'immeubles.

État de toutes les inscriptions hypothécaires, subsistantes au bureau des hypothèques de

en exécution de la loi du 11 brumaire an 7.

Sur (1)

Ledit immeuble vendu par l;   dit   à

moyennant la somme de   payable

Par (2)

Du   déposé et transcrit audit bureau

le   vol.   n°.

SAVOIR :

Du   vol.   n°.

---

(1) Désignation détaillée de l'immeuble vendu, et indication des précédens propriétaires (d'après le titre de mutation), en commençant par le plus ancien, et remontant jusqu'au décret volontaire ou forcé, aux lettres de ratification, et finissant par le vendeur actuel, et sauf pour le passé, la vérification des inscriptions, pour douaires ou substitutions que les lettres de ratification ne purgeaient pas, d'après les articles 32 et 33 de l'édit de juin 1771.

(2) Titre de la vente.

Nota. Il sera réservé du blanc pour la clôture de l'état.

Indiquer séparément ce qui aura été perçu pour droit de timbre et pour salaire.

§ 4. *Collation des pièces avec les registres.*

1°. Avant de remettre aux parties les actes, bordereaux, copies, extraits, etc., les conservateurs doivent
les collationner avec les registres pour s'assurer de l'exactitude de leurs écritures : cette précaution est nécessaire ;
sans elle il pourrait exister des erreurs, des omissions
qui les compromettraient.

2°. Si la comparaison leur fait découvrir quelques défectuosités, ils doivent les réparer, soit en se conformant
à l'avis du conseil d'état du 26 décembre 1810, lorsque la
transcription est inexacte, soit en approuvant formellement les mots qu'il aurait fallu rayer et qui doivent rester
lisibles, et ceux qui ayant été omis seraient ajoutés.

3°. On pense même que la mention des mots rayés,
rectifiés, ou ajoutés doit se trouver à la suite de la transcription et faire partie du contexte des écritures. Rien
ne prouverait, si on avait là faculté de placer des renvois
en marge du registre, ou des états et des copies collationnées, qu'ils n'ont pas été écrits postérieurement ; les
transcriptions doivent être telles qu'on ne puisse ultérieurement rien y changer, puisque ce serait, comme le
porte l'Instruction générale n°. 505, renverser les bases
sur lesquelles repose le régime hypothécaire.

§ 5. *Relations au pied des actes et bordereaux.*

1°. Les conservateurs doivent dans la relation d'une
formalité quelconque, énoncer distinctement le montant
des droits, celui du timbre et les salaires : chaque somme
est mentionnée séparément et en toutes lettres. (Art. 27
de la loi du 21 ventose an 7.)

2°. Ils sont tenus, lorsqu'ils ont délivré une reconnaissance de la remise des pièces, d'exprimer le coût du
timbre de cette reconnaissance. (Instruct. génér. n°s. 316
et 433.)

3°. Ils ne peuvent se permettre d'employer ces expressions. . . . . *outre le timbre des registres.* Ces mots ne font rien connaître ; ils s'opposent à ce que le créancier puisse obtenir le remboursement de ce qu'il a avancé pour le débiteur.

4°. « Ne pas délivrer de quittance pour les salaires et » le remboursement du timbre, ne pas libeller celles qui » s'expédient, en confondre le montant avec celles des » droits d'hypothèques, ou se borner à une note en chif- » fres, sont autant d'infractions à l'ordre qui est imposé » aux conservateurs. Ces infractions ne parviendraient » point à la connaissance de l'administration sans être » bientôt suivies de mesures sévères. » (Instruct. génér. n°. 494.)

5°. Il convient d'écrire les dates d'une manière très-apparente et qui en rende l'altération impossible. L'expérience a démontré que des particuliers qui, postérieurement à la délivrance des états, avaient emprunté des sommes assez considérables et pour lesquelles les créanciers s'étaient fait inscrire, ont essayé, en altérant la date du certificat, de tromper les tiers avec lesquels ils voulaient contracter. Si les altérations n'étaient pas reconnues, les conservateurs pourraient se trouver compromis.

§ 6. *Paraphes des états, actes ou copies.*

Lorsque des états, copies, actes, etc., contiennent plusieurs rôles, il importe à la sécurité du conservateur qu'il cote et parafe chaque rôle : sans cette précaution, on pourrait substituer une feuille à une autre.

CHAPITRE VII.

Refus par le conservateur de remplir quelques formalités.

1°. Les conservateurs sont souvent obligés de se refuser à l'accomplissement des formalités que les parties demandent : ces formalités peuvent leur paraître contraires aux dispositions des lois, n'être pas appuyées de titres suffisans, etc. Dans ces circonstances, la crainte de compromettre leur responsabilité est ordinairement le motif du refus.

2°. En général les refus ne doivent avoir lieu que quand la loi prohibe : c'est aux parties de veiller à ce que les formalités qu'elles requièrent atteignent leur but : le conservateur ne pourrait même dans les cas prévus par les articles 2109, 2110 et 2111 du Code, retarder les inscriptions qui seraient régulièrement requises. (Instruc. gén. n°. 233.)

3°. Excepté lorsqu'il s'agit de transcrire une seconde saisie, le conservateur n'est pas obligé de donner un certificat de refus : le moyen de faire constater celui-ci est indiqué aux parties par l'article 2199 du Code. (Voyez le chapitre qui suit, § 1er, n°. 4.)

4°. On peut sans doute , quand le conservateur veut bien fournir une déclaration motivée de son refus, et dispenser le requérant d'employer la voie des procès verbaux, ne pas se servir de juges et d'officiers publics ou ministériels ; mais la déclaration n'est alors qu'un acte officieux, qui ne détermine aucune perception de salaire.

5°. Lorsque, par un acte extra-judiciaire, il est formé opposition, soit à une radiation, soit à l'accomplissement de quelqu'autre formalité , ou que les parties font sommer le conservateur d'inscrire, de transcrire etc. , il importe que les significations soient classées avec soin pour y recourir ; peut-être même serait-il utile de les annoter sur le répertoire : mais on ne pense pas que l'on puisse en faire mention sur les registres des formalités , parce que ces registres ne doivent rien contenir d'étranger à leur objet.

CHAPITRE VIII.

Responsabilité du conservateur.

§ 1ᵉʳ. *Envers le public.*

1°. Le cautionnement fourni en immeubles par le conservateur demeure spécialement et exclusivement affecté à sa responsabilité pour les erreurs et omissions dont la loi le rend garant envers les particuliers. (Art. 8 de la loi du 21 ventose an 7.)

2°. Les conservateurs sont responsables du préjudice résultant, 1°. « de l'omission sur leurs registres des trans-
» criptions d'actes de mutation, et des inscriptions re-
» quises en leur bureau ; 2°. du défaut de mention dans
» leurs certificats d'une ou de plusieurs des inscriptions
» existantes, à moins, dans ce dernier cas, que l'erreur
» ne provînt de désignations insuffisantes qui ne pour-
» raient leur être imputées. » (Article 2197 du Code civil.)

3°. « L'immeuble à l'égard duquel le conservateur au-
» rait omis dans ses certificats une ou plusieurs des charges
» inscrites, en demeure, sauf la responsabilité du con-
» servateur, affranchi dans les mains du nouveau posses-
» seur, pourvu qu'il ait requis le certificat depuis la trans-
» cription de son titre ; sans préjudice néanmoins du droit
» des créanciers de se faire colloquer suivant l'ordre qui
» leur appartient, tant que le prix n'a pas été payé par
» l'acquéreur, ou tant que l'ordre fait entre les créanciers
» n'a pas été homologué. » (Art. 2198.)

4°. « Dans aucun cas, les conservateurs ne peuvent re-
» fuser ni retarder la transcription des actes de mutation,
» l'inscription des droits hypothécaires, ni la délivrance
» des certificats requis, sous peine des dommages et in-
» térêts des parties ; à l'effet de quoi, procès verbaux des
» refus ou retardemens seront, à la diligence des requé-

» rans, dressés sur-le-champ, soit par un juge de paix,
» soit par un huissier audiencier du tribunal, soit par
» un autre huissier ou un notaire assisté de deux témoins. »
(Art. 2199.)

5o. L'omission d'une des indications *essentielles* contenues dans le bordereau, équivaut à l'omission totale de
l'inscription, et donne lieu à la même responsabilité : le
conservateur en demeure garant, comme ne s'étant pas
conformé à l'article 2150 du Code, qui veut qu'il fasse
mention sur son registre du contenu aux bordereaux.
(Arrêt de la cour de Bordeaux, du 24 juin 1813.)

6°. L'effet de la garantie est déterminé par le préjudice
que les parties éprouvent : suivant l'article 1149 du
Code, les dommages et intérêts dus au créancier sont en
général de la perte qu'il a faite et du gain dont il a été
privé.

7°. Dès lors le créancier, dont l'inscription a été omise
dans un état délivré par le conservateur, a contre celui-ci
le même droit qu'il avait contre son débiteur.

8°. Si, en supposant qu'il n'y ait aucun vice de forme
de la part du préposé, la créance n'avait pas été inscrite
de manière à pouvoir être colloquée, le conservateur serait à l'abri du recours.

9°. Il le serait encore si l'inscription omise était, pour
vice de rédaction du bordereau, entachée de nullité radicale : elle n'aurait produit aucun effet contre les tiers ;
elle ne peut en produire contre le conservateur.

10°. Si l'inscription nulle par la faute du préposé
n'avait pu produire, (en supposant que le contenu au bordereau eût été transcrit), qu'une partie de son effet, il y
aurait lieu à faire constater la somme pour laquelle le
créancier aurait été colloqué, et c'est de cette somme que
le conservateur répond. (Arrêt de la cour de Bordeaux,
du 24 juin 1813.)

11°. En général les dommages et intérêts ne sont dus
que quand l'inscription est nulle par la faute de l'employé,

et il faut encore que cette nullité porte préjudice au créancier (1).

12°. Lorsqu'en vertu d'une collocation amiable, une inscription, dans laquelle le conservateur avait omis de mentionner l'époque de l'exigibilité exprimée au bordereau, a été radiée, et qu'ensuite, et d'après l'inscription d'une hypothèque légale, il est procédé par une ouverture d'ordre à la distribution du prix de l'immeuble vendu, le créancier dont l'inscription avait été radiée, et qui n'a pu être colloqué en raison de l'irrégularité de celle-ci, est fondé à exercer son recours contre le conservateur. (Arrêt de la cour de cassation du 28 avril 1818.)

13°. Le préposé n'est pas même, dans ce cas, autorisé à faire valoir que la radiation est antérieure à la loi du 4 septembre 1807, qui lui accordait un délai pour rectifier. (Même arrêt.)

14°. Le conservateur qui délivre un certificat constatant qu'il n'existe pas d'inscription contre un individu, tandis qu'il y en a, est tenu des dommages et intérêts envers les tiers qui, sur la foi du certificat, contracteraient avec cet individu.

15°. Sa condition serait la même, s'il attestait qu'un acte qui a été transcrit ne l'est pas.

16°. Il répond des omissions faites dans les transcriptions des contrats, et demeure garant du préjudice qu'elles peuvent causer.

17°. S'il avait négligé de prendre d'office des inscriptions en faveur des vendeurs, prêteurs de fonds, ou que

---

(1) En inscrivant le bordereau d'un renouvellement, un conservateur avait omis la date et la nature du titre, quoiqu'elles fussent indiquées par ce bordereau : on l'appela en garantie ; mais attendu que l'inscription était prise par renouvellement, et qu'elle rappelait celle primitive dans laquelle se trouvaient énoncées la date et la nature du titre, un tribunal de première instance a prononcé la validité du renouvellement, et déchargé le conservateur du recours que l'on tentait d'exercer contre lui.

ces inscriptions fussent irrégulières , il en serait responsable.

18°. La responsabilité est toutefois moins étendue pour les inscriptions d'office que pour les autres : aux termes de l'article 2108 du Code civil, la transcription du contrat conserve le privilége du vendeur et du prêteur de fonds ; elle vaut inscription pour eux; de sorte que, malgré, les erreurs et même l'omission qu'aurait faites le préposé, la simple transcription assurerait suffisamment le privilége dans son intégrité. (Arrêt de la cour de Paris des 31 août 1810 et 31 mai 1813.) Le conservateur n'est tenu , d'après le même article , que des dommages et intérêts envers les tiers auxquels l'erreur ou l'omission porterait préjudice.

19°. Le préposé est responsable , lorsqu'ayant rectifié d'une manière tardive les erreurs de son fait, il a occasioné quelques pertes aux parties.

20°. Par un arrêt de la cour de Paris du 14 juillet 1810, il fut statué que la responsabilité serait partagée par moitié, entre le conservateur, qui dans une inscription n'avait pas fait mention de l'époque de l'exigibilité exprimée au bordereau, et son successeur qui, ayant pu réparer cette omission quand la loi l'y autorisait, l'avait laissé subsister.

21°. Le conservateur contre lequel il est utilement exercé un recours, prend la place de celui qui exerce ce recours : il est de fait subrogé à ses droits et peut les faire valoir.

22°. Il a dès lors la faculté de remplir les formalités qui lui paraissent nécessaires pour les assurer.

23°. C'est aux parties à établir et à prouver le préjudice qu'elles éprouvent; car encore bien qu'un conservateur se soit trompé, qu'il ait omis quelques inscriptions dans un état , ou négligé de transcrire, d'inscrire d'office, etc. , il serait possible qu'en raison de la solvabilité des parties, il ne résultât de ces oublis aucun inconvénient , aucune perte , ce qui rendrait illusoire la responsabilité : pour être tenu de réparer un dommage, il faut que celui-ci ait une existence positive et réelle.

24°. Le conservateur n'est point responsable de l'omission d'une ou de plusieurs inscriptions dans les états qu'il délivre, lorsque cette omission résulte de fausses dénominations ou de désignations insuffisantes. (Arrêt de la cour de Colmar du 16 janvier 1817.)

25°. Un arrêt de la cour de Paris du 5 décembre 1810 a fait l'application de ce principe : il décharge le conservateur du recours que l'on voulait exercer contre lui pour avoir omis, dans un état sur contrat transcrit, une inscription prise contre la dame Aglaé DAULNOY, femme divorcée du sieur DELAVALETTE : cette dame dans le contrat de vente s'était nommée Joséphine - Adélaïde - Charlotte - Aglaé CHARLARY ; elle ne prit dans ce contrat, ni le nom de *Daulnoy*, ni la qualité de *femme divorcée*.

L'employé ne peut être victime d'un dol et de tout moyen illicite qui aurait été mis en usage pour le tromper. (Voir les arrêts des cours de Paris du 18 février 1809, et de Douai du 10 janvier 1812.)

26°. Mais de légères dissemblances, et même quelques énonciations différentes, ne le mettraient point à l'abri : la cour de Paris a jugé le 13 février 1813 qu'il y avait désignation suffisante de l'immeuble et de la personne, dans une inscription prise contre Brice FORTI, *dit Lamarre, habitant de Louvre, sur une maison située à Louvre, servant d'auberge, sous l'enseigne de la* Bonne - Femme, et que le conservateur qui, en délivrant l'état sur la vente faite par Brice FORTI, *dit Lamarre, se disant marchand de vin à Paris, d'une maison sise à Louvre, Grande rue, servant d'auberge, portant l'enseigne de la* Femme sans tête, avait omis l'inscription dont il s'agit, en était responsable.

Aux motifs tirés de l'identité de la personne et de l'immeuble, on doit ajouter que le contrat transcrit indiquait la créance dont l'inscription fut omise, et qu'averti de son existence , le conservateur aurait du reconnaître qu'elle grevait l'immeuble.

L'arrêt prouve au surplus qu'on ne doit avoir égard qu'aux formalités substantielles, et qu'il ne faut jamais se déterminer par des inductions qui leur soient opposées. Le changement de domicile et d'enseigne n'empêche pas l'individu et l'immeuble de rester les mêmes.

27°. Il est des circonstances plus difficiles : un immeuble grevé d'hypothèque ne conserve pas toujours l'*espèce* sous laquelle il est désigné dans les registres. Un champ se convertit en vigne, un jardin en maison, etc. Les inscriptions prises sur le jardin , sur le champ , atteignent la maison, la vigne, et cependant l'identité n'est plus apparente, le préposé ne la réconnaît pas. Il serait injuste alors que le conservateur fût rendu responsable des erreurs qu'il n'aurait pu éviter : c'était aux parties à indiquer l'origine de la propriété, à signaler les variations que l'*espèce* avait éprouvées, et à ne point se borner à une désignation insuffisante.

28°. Quand le débiteur porte un nom commun à plusieurs familles , le créancier est plus étroitement tenu d'ajouter une désignation individuelle et spéciale, telle que le conservateur puisse, dans tous les cas, reconnaître ce débiteur. L'obligation dont il s'agit s'accroît encore, lorsque le créancier ayant une hypothèque judiciaire se dispense de spécifier les héritages qu'il entend frapper d'hypothèque. En consacrant ces principes par un arrêt du 25 juin 1821, la cour de cassation a déclaré qu'il n'y avait pas entre les noms Louis DUBOIS , et Louis-Joseph DUBOIS , une identité suffisante pour rendre le conservateur responsable : elle a ajouté qu'il serait contraire , tant à l'intérêt de l'acquéreur qu'à celui des créanciers du vendeur, que le conservateur délivrât à chaque acquéreur d'un individu qui porterait le nom de Dubois, les inscriptions existantes sur tous les nommés Dubois, puisqu'il faudrait faire prononcer le rejet de toutes celles étrangères au vendeur , ce qui exigerait beaucoup de soins, de frais , et retarderait le paiement des créanciers véritables.

§ 2. *Responsabilité envers la direction générale.*

1°. Le conservateur, comme employé comptable , est soumis à la même responsabilité que les receveurs de l'enregistrement.

2°. Il demeure garant des omissions de droits, des erreurs de calculs, des perceptions irrégulières ou insuffisantes , des droits qu'il a laissé prescrire, et des supplémens qu'il n'a point exigés dans le délai utile. (Instruct. génér. n°. 316.)

3°. Sa responsabilité ne s'éteint que par trente ans , puisqu'elle dérive, dans ce cas, d'actions personnelles.

§ 3. *Responsabilité pour les erreurs commises par les précédens conservateurs.*

1°. Chaque conservateur est responsable, vis-à-vis du public, des erreurs qu'il a commises dans les formalités; dès lors celui en exercice n'est garant que des vices qui ont eu lieu pendant sa régie.

2°. Le conservateur actuel ne répond pas des erreurs , défaut de signature , omission de date, etc. , antérieurs à sa gestion, dans les cinq registres, dont la tenue est prescrite par le Code civil. Il lui était interdit d'y faire aucun changement : il ne peut devenir garant des opérations de son prédécesseur. (Décision du 9 septembre 1809.) (1)

3°. Mais si une omission ou une autre erreur provenait de l'inexactitude du répertoire et de la table, et que cette inexactitude fût le fait du conservateur précédent, son successeur n'en serait pas moins responsable : c'était à

______

(1) Voyez, pour le cas où la responsabilité est partagée entre les deux conservateurs, le n°. 20 du § 1er.

lui à s'assurer par une collation fidèle, que les répertoires et les tables étaient complets : il a dû les rapprocher des registres de formalité, les comparer avec eux et rectifier les erreurs et omissions. (Décision du 15 thermidor an 9.)

4°. Cette responsabilité vis-à-vis du public, ne s'oppose point au recours que le préposé pourrait avoir droit d'exercer contre son prédécesseur. (*Idem.*)

5°. Elle ne place pas, au surplus, les conservateurs dans une classe d'agens particuliers et indépendans : ils exercent au nom de l'administration, qui conserve la principale direction de cette partie, et opèrent d'après ses instructions. En les rendant immédiatement responsables, le législateur a voulu que l'intérêt personnel les obligeât d'apporter à leur travail la même vigilance que pour leurs propres affaires. (Instruct. génér. n°. 362.)

§ 4. *Durée de la responsabilité des conservateurs vis-à-vis du public.*

1°. « Le cautionnement demeure spécialement et exclu-
» sivement affecté à la responsabilité du préposé à la con-
» servation des hypothèques, pour les erreurs et omissions
» dont la loi le rend garant : cette affectation subsistera
» pendant toute la durée des fonctions, et dix ans après ;
» passé lequel délai les biens servant de cautionnement
» seront affranchis de plein droit de toutes actions de re-
» cours qui n'auraient point été intentées dans cet in-
» tervalle. » (Art. 8 de la loi du 21 ventose an 7.)

2°. Le terme assigné à la responsabilité est donc celui de dix ans après la cessation des fonctions.

3°. Quelques conservateurs avaient prétendu que la durée de leur responsabilité ne pouvait excéder celle des inscriptions, et que l'une et l'autre avaient été fixées à dix ans. C'est une erreur : la loi n'affranchit le cautionnement que dix années après la cessation des fonctions ; elle est précise et ne permet pas de tirer de l'art. 2154 du Code (« les inscriptions conservent l'hypothèque et le

» privilége pendant dix ans , ») quelque induction favorable à ce système. Sans doute la responsabilité du conservateur cesse si une inscription est périmée; mais si le créancier a renouvelé son inscription en temps utile , et que par la faute du préposé qui, dans la formalité primitive, aura omis quelque disposition essentielle, il vienne à perdre son rang et sa créance, la responsabilité subsiste.

4°. Ce principe a été établi par deux arrêts de la cour de Caen des 31 janvier et 14 décembre 1814 , dans une affaire où le conservateur avait cessé ses fonctions depuis moins de dix ans : « Attendu que la prescription décen- » nale invoquée par l'ex-conservateur n'était fondée sur » aucun texte de loi , et qu'elle était même repoussée par » l'art. 2257 du Code civil qui, en matière de garantie, ne » fait courir la prescription que du jour où l'éviction a lieu.»

Sur le pourvoi, la cour de cassation après un délibéré en la chambre du conseil, a confirmé l'arrêt : « Attendu » qu'il est établi que lors de la garantie exercée contre le » conservateur, il ne s'était pas écoulé dix ans depuis la » cessation de ses fonctions , et qu'en décidant que la » durée de la responsabilité des conservateurs est proro- » gée à dix ans après la cessation de leurs fonctions, la » cour de Caen a fait une juste application des lois. » (Arrêt du 2 décembre 1816.)

5°. On avait voulu , d'un autre côté, augmenter le délai accordé pour le recours : on soutenait que toute action qui tend à obtenir la réparation d'un dommage peut être exercée pendant trente ans; que si la loi enlève à ceux qui ont à se plaindre d'un conservateur qui a cessé ses fonctions depuis plus de dix ans , l'hypothèque qu'ils avaient sur les biens du cautionnement , elle ne leur ôte pas et leur laisse par conséquent, contre ce fonctionnaire, l'action personnelle qui leur est acquise.

Ces raisonnemens n'ont point été accueillis par la cour suprème.

« Considérant que , suivant l'article 7 de la loi du 21

» ventose an 7, le cautionnement que le conservateur est
» obligé de fournir subsiste pendant toute la durée de sa
» responsabilité ;

» Que ces expressions énoncent clairement que la du-
» rée du cautionnement et celle de la responsabilité sont
» choses corrélatives et indivisibles ; qu'ainsi le conserva-
» teur doit un cautionnement pendant tout le temps qu'il
» est responsable, et lorsqu'il ne doit plus de cautionne-
» ment, il cesse d'être responsable ;

» Qu'aux termes de l'article 8, le conservateur étant
» libéré de son cautionnement dix ans après la cessation
» de ses fonctions, il suit qu'après ce délai il est égale-
» ment libéré de sa responsabilité, et que par conséquent
» il est affranchi de toutes actions, soit réelles, soit per-
» sonnelles, puisque la loi n'en réserve, et ne pouvait,
» dans le système qu'elle a adopté, en réserver aucune. »
(Arrêt du 22 juillet 1816.)

6°. Que signifient les mots *cessation de fonctions ?* Ex-
priment-ils l'idée d'une cessation absolue ou seulement
d'une cessation relative?... En d'autres termes, la responsabilité du conservateur qui est appelé d'un arrondissement dans un autre peut-elle durer plus de dix ans à
partir du jour où il a été remplacé dans le premier bureau? Cette question est encore agitée.

On prétend d'un côté, que le passage d'un bureau dans
un autre ne fait point cesser les fonctions, puisque le
conservateur les exerce toujours; on soutient en conséquence qu'il y a continuité; on ajoute que l'article 10 de
la loi du 27 ventose an 7, ayant déterminé que le cautionnement fourni pour un premier bureau subsistera pour
tous les autres, il en résulte que ce cautionnement n'est
pas anéanti par le laps de dix années, et que la responsabilité qui lui est corrélative ne peut s'éteindre avant qu'il
soit affranchi.

Les partisans de l'opinion contraire disent : Il n'y a
pas continuité de fonctions; loin de statuer qu'il n'y aurait

qu'un seul cautionnement, le législateur a reconnu que le passage d'un conservateur à un autre bureau, pouvait entraîner l'obligation de fournir un cautionnement nouveau, et par cela seul, il a suffisamment établi que le changement de bureau produit une discontinuité de fonctions.

On entend par continuité une liaison non interrompue : or, quand un conservateur sort d'un arrondissement, il cesse ses fonctions; celles-ci sont momentanément suspendues : il y a donc une discontinuité réelle.

Cette discontinuité pour le conservateur est, à la vérité, d'une courte durée; mais relativement aux administrés de sa précédente conservation, elle est totale, définitive; il existe pour eux un nouveau préposé ; l'ancien n'est plus en exercice ; il n'a plus caractère ; son mandat a pris fin, et dès lors les obligations que ce mandat lui imposait cessent dans le délai fixé par la loi.

On peut, à ce sujet, consulter l'Instruc. génér. n°. 986 et l'art. 7135 du Journal de l'enregistrement.

§ 5. *Étendue de la responsabilité.*

Il y a, entre la durée de la responsabilité et son étendue, cette différence que l'une finit au terme qui lui est positivement assigné, tandis que l'autre n'est pas exclusivement restreinte au cautionnement. La responsabilité s'éteint par le laps des dix années qui ont suivi la cessation des fonctions ; la prescription est alors acquise.

L'étendue n'est point limitée à la somme que le cautionnement a pour objet : la fixation de ce cautionnement n'est là que comme une mesure d'ordre , comme une assurance générale donnée au public ; elle n'exclut pas toute autre espèce de recours, et ne s'oppose point , lorsque le cautionnement est épuisé , à ce que les parties puissent poursuivre le conservateur dans ses autres ressources. Le législateur a simplement arbitré le *minimum* des valeurs ; mais il n'a point donné de limites à l'étendue de la garantie ; et celle-ci ne peut pas plus , dans l'espèce, être restreinte , qu'elle ne l'est pour les erreurs envers le trésor, par le cautionnement fourni en numéraire.

§ 6. *Recours en garantie contre les tiers.*

« Tout fait quelconque de l'homme, qui cause à autrui » un dommage , oblige celui par la faute duquel il est » arrivé à le réparer. » (Art. 1382 du Code civil.)

Dès lors, si un conservateur était rendu responsable d'une erreur qui eût nécessairement sa source dans le fait d'un tiers , il exercerait utilement un recours personnel contre celui-ci. Il ne peut être la victime d'une supposition de nom , d'une qualification fausse , etc. , etc.

§ 7. *Peines indépendantes de la responsabilité des conservateurs.*

1°. Le conservateur qui ne se conforme point aux dispositions de l'article 2200 du Code civil, et qui n'inscrit pas jour par jour et par ordre numérique les remises qui lui sont faites d'actes de mutation ou de bordereaux , encourt pour la première fois une amende de 200 francs à 1000 francs , et pour la seconde la destitution.

2°. Les mêmes peines lui sont applicables, lorsqu'il n'arrête pas chaque jour les registres qui doivent l'être. (Art. 2202.)

3°. L'article 2203 lui inflige une amende de 1000 fr. à 2000 fr. s'il ne porte pas de suite sur les registres, sans aucun blanc ni interligne, les mentions de dépôt, les inscriptions et les transcriptions.

4°. Il est passible de l'amende de 50 fr. lorsqu'il contrevient à l'article 25 de la loi (1) du 13 brumaire an 7 sur le timbre.

---

(1) La perception des droits d'hypothèque est assimilée à celle des droits d'enregistrement : l'arrêté du directoire exécutif du 5 frimaire an 7 , les lois du 21 ventose an 7 , 24 mars 1806 et 28 avril 1816 ; enfin,

CHAPITRE IX.

Recouvrement des droits et des salaires. — Délai pour les réclamer. — Poursuites. — Instances. — Prescription.

§ 1er. *Recouvrement.*

1°. Hors quelques cas d'exception, les droits et les salaires dus pour les formalités hypothécaires sont payés d'avance par les requérans. (Art. 27 de la loi du 21 ventôse an 7.)

2°. Aux termes de l'article 24 de la même loi, lorsqu'une inscription a eu lieu sans avance des droits et des salaires, le préposé est tenu d'en suivre le recouvrement sur les débiteurs : « Les poursuites s'exerceront suivant » les formes établies pour le recouvrement des droits » d'enregistrement. »

3°. Cette disposition n'ayant pour objet que les droits et salaires restés en souffrance, et ne déterminant aucun délai pour les demandes en supplément ou en restitution auxquelles donneraient lieu les perceptions irrégulières, une loi du 24 mars 1806 a posé les principes à suivre ; elle porte : « les dispositions de l'art. 61 de la loi du 22 » frimaire an 7, concernant la perception des droits d'en- » registrement, seront, à compter de la publication de » la présente, applicables aux droits d'inscriptions et de » transcriptions hypothécaires établis par les chapitres 2 » et 3 de la loi du 21 ventôse an 7. »

---

la décision ministérielle du 27 juillet 1818, ne laissent pas à douter que l'on doit suivre le même mode, les mêmes règles ; et l'on semble fondé à en conclure que le conservateur qui, dans une relation, n'exprime pas distinctement la quotité de chaque droit perçu, est, aux termes de l'art. 57 de la loi du 22 frimaire an 7, punissable d'une amende de 10 francs par chaque omission. Cependant l'instruction générale n°. 494, qui prescrit de distinguer les perceptions, ne parle pas d'amende, et son silence annonce qu'il n'en est pas dû.

4°. Les lois relatives à l'enregistrement reçoivent donc leur application, 1°. pour le recouvrement des droits et salaires sur des inscriptions faites en débet; 2°. pour les demandes en supplément ou en restitution sur des perceptions insuffisantes ou excessives.

§ 2. *Délai pour réclamer les droits et les salaires.*

1°. Quand il s'agit d'inscriptions faites sans avance des droits et des salaires, le préposé doit en suivre le recouvrement sur les débiteurs dans les vingt jours après la date de l'inscription. (Art. 24 de la loi du 21 ventôse an 7.)

2°. L'exécution de cet article peut avoir lieu, lorsque la créance qui a motivé l'inscription est liquide et n'est point contestée : mais il arrive souvent que cette créance fait l'objet d'un litige, qu'elle résulte d'un droit encore incertain, d'un jugement par défaut qui condamne à une amende, à des frais de justice, etc., et alors le préposé se trouve dans l'impuissance d'agir : la demande qu'il formerait serait prématurée : elle le serait encore pour les inscriptions indéfinies et pour toutes celles dont l'effet dépend d'un événement. Dans ces circonstances, le droit et les salaires restent forcément suspendus.

3°. L'obligation de réclamer, dans un délai fixe, les droits et salaires en débet est donc subordonnée à la nature, à la qualité de la créance inscrite : la loi n'indique au surplus cette obligation que comme un devoir de l'employé; elle n'attache, au défaut d'accomplissement, rien qui puisse profiter aux parties.

4°. La demande des supplémens de droits sur perceptions insuffisantes, a des limites plus fixes : l'art. 61 de la loi du 22 frimaire an 7 n'accorde, pour la faire, que deux ans, à partir du jour où les actes ont reçu la formalité.

Ce délai est le même pour les restitutions auxquelles les parties croiraient avoir droit.

5°. Quand l'insuffisance de perception résulte d'une expertise provoquée par le receveur de l'enregistrement, ou lorsque, pour éviter l'expertise, les parties augmentent les valeurs par une déclaration volontaire, le délai de deux années ne court que du jour du jugement qui a homologué le procès verbal des experts et prononcé la condamnation, ou bien du jour où le nouveau possesseur a volontairement acquitté un supplément.

Les receveurs de l'enregistrement doivent, à cet effet, faire les renvois nécessaires aux conservateurs. (Instruct. génér. n°. 316.)

§ 3. *Poursuites.*

1°. Après avoir adressé un avertissement aux parties, les conservateurs décernent une contrainte qu'ils font rendre exécutoire par le juge de paix de leur canton. Cette contrainte est notifiée par un huissier.

2°. Si les parties ne se libèrent point, ou qu'elles ne forment pas une opposition valable au commandement, il est, dans les dix jours, procédé à la saisie-exécution et ensuite à la vente du mobilier.

3°. Ce mode de poursuites, résultant de lois spéciales, ne peut s'appliquer qu'aux objets désignés par le législateur, c'est-à-dire aux droits et salaires sur inscriptions en débet et aux supplémens de droits sur inscriptions et transcriptions (1).

§ 4. *Instances.*

1°. « L'exécution de la contrainte ne pourra être inter-

---

(1) Les conservateurs ne peuvent donc, pour obtenir le paiement des salaires, autres que ceux qui résultent des inscriptions en débet, employer les moyens que la loi spéciale a indiqués. Les actions qu'ils auraient à intenter pour être payés de leurs émolumens, lorsqu'ils ne les ont pas exigés d'avance, ou lorsque les fonds qui leur ont été remis se trouvent insuffisans, rentrent dans la classe de celles ordinaires : ils agissent alors dans leur intérêt personnel, et pour leur propre compte.

On ne peut cependant disconvenir que le salaire ne soit un acces-

» rompue que par une opposition formée par le rede-
» vable et motivée, avec assignation, à jour fixe, devant
» le tribunal civil : dans ce cas, l'opposant sera tenu
» d'élire domicile dans la commune où siége le tribunal.
» (Art. 64 de la loi du 22 frimaire an 7.) L'instruction
» des instances se fera par simples mémoires respective-
» ment signifiés. » (Art. 65 de la même loi.)

2°. Les parties qui demandent la restitution d'un droit irrégulièrement perçu, ont deux moyens pour y parvenir ; elles peuvent s'adresser à l'administration à laquelle l'article 63 de la loi attribue la solution des difficultés qui peuvent s'élever avant l'introduction des instances : cette juridiction tutélaire, et qui n'exige aucuns frais, a toujours offert aux particuliers une garantie contre les erreurs des employés.

3°. Elles ont, en second lieu, et indépendamment de ce moyen, la faculté d'agir devant les tribunaux, pourvu que leurs demandes soient signifiées et enregistrées avant l'expiration des deux ans que l'art 61 leur accorde pour réclamer.

4°. Les jugemens rendus sur le rapport d'un juge, fait en audience publique, et sur les conclusions du procureur du roi, sont sans appel, et ne peuvent, aux termes de l'article 65 de la loi, être attaqués que par voie de cassation.

§ 5. *Prescriptions.*

1°. D'après la loi du 24 mars 1806, la prescription s'acquiert suivant les principes établis par l'art. 61 de la

---

soire de la formalité et du paiement des droits ; que la perte de ceux-ci, par la prescription ou de toute autre manière, n'entraîne avec elle celle du salaire ; qu'il n'y ait entre eux une connexité telle, qu'aujourd'hui la moitié du salaire des transcriptions forme un droit au profit du trésor ; que ce droit qui, par erreur, pourrait avoir été exigé d'une manière insuffisante, ne soit recouvrable par voie de contrainte ; et que, dans ce cas, il faudra une action double, l'une pour le trésor, l'autre pour le conservateur.

loi du 22 frimaire an 7 : dès lors 1°. il y a prescription après deux ans, à compter du jour où la formalité a été donnée, lorsqu'il s'agit d'un supplément de perception insuffisamment faite ; 2°. les parties ne sont plus recevables, après le même délai pour toute demande en restitution de droits perçus ; 3°. les prescriptions qui sont suspendues par des demandes signifiées et enregistrées avant l'expiration des délais, demeurent irrévocablement acquises si les poursuites commencées sont interrompues pendant une année, sans qu'il y ait instance, et encore bien que le premier délai pour la prescription ne soit pas expiré.

2°. Ces dispositions interdisent donc de réclamer un supplément, comme de demander une restitution, après deux années, et elles éteignent toute action quelconque lorsque des poursuites commencées ont été interrompues pendant un an, sans qu'il y ait instance : mais elles laissent indécise la question de savoir quel est le délai requis pour prescrire les droits et les salaires en débet.

3°. L'art. 24 de la loi du 21 ventôse, en déterminant que le conservateur doit les réclamer dans les vingt jours, n'établit point en cela un mode de prescription : il serait d'ailleurs impossible, dans un grand nombre de circonstances, d'exiger des droits dont la quotité reste incertaine, jusqu'à ce que les créances aient été liquidées ou qu'elles deviennent exigibles.

L'on ne peut non plus se prévaloir de la durée d'une inscription, pour soutenir que le droit et les salaires s'éteignent par dix ans, puisque le renouvellement conserve les effets de l'inscription et que le défaut de renouvellement n'anéantit pas la créance.

Il faut donc, dans l'absence d'une disposition spéciale, s'en rapporter aux règles fixées par le Code civil, et d'après l'article 2262 la prescription ne doit être acquise que par trente ans.

CHAPITRE X.

Contestations et instances personnelles au conservateur.

1°. L'accomplissement des formalités hypothécaires donne lieu à des difficultés nombreuses : les conservateurs sont exposés à se voir intenter, par les parties, des actions que leur intérêt personnel ou l'intérêt des tiers leur fait un devoir de soutenir en justice : d'un autre côté il s'engage entre les particuliers des instances qui peuvent ne pas leur être étrangères.

2°. Il faut, en général, éviter de se rendre partie dans les discussions qui s'élèvent entre les particuliers, et n'intervenir que sur les assignations qui seraient données : tel est le vœu de l'instruction, n°. 197.

3°. La bienséance exige cependant que le conservateur se présente, sur l'invitation que lui en auraient faite les magistrats : il peut d'ailleurs remettre des observations ; la lettre ministérielle du 27 frimaire an 13 l'y autorise. (Instruction générale, n°. 264.)

4°. Le mode de procéder devant les tribunaux dépend de la nature et de l'objet de l'instance. On avait d'abord pensé que, considérés comme officiers publics pour l'accomplissement des formalités hypothécaires , ainsi que pour le recouvrement des droits , les conservateurs devaient, sous ce double rapport, jouir du mode de procéder dont les lois spéciales accordent le privilége en matière d'enregistrement : en conséquence , le ministre des finances après s'être concerté avec celui de la justice, avait décidé le 2 janvier 1808 , 1°. « qu'un conservateur
» des hypothèques , devant être considéré comme revêtu
» d'un caractère public, doit être admis à jouir du mode
» de procéder dont les lois accordent le privilége à l'ad-
» ministration de l'enregistrement , puisqu'il est son pré-
» posé , et qu'il est censé agir d'après ses instructions ;

» 2°. qu'il doit néanmoins se présenter toujours en per-
» sonne, dans les référés, parce que c'est souvent le
» moyen de prévenir les procès, par les explications po-
» sitives des parties ; 3°. qu'il y a lieu cependant de dis-
» tinguer les cas où le conservateur serait cité pour ob-
» jets généraux de ses fonctions, ou pour omissions et
» erreurs purement personnelles; que, dans les premiers,
» il doit jouir du mode de procéder établi pour l'admi-
» nistration qu'il représente, et que dans les seconds, il
» doit se servir des formes prescrites entre particuliers. »
(Instruc. gén., n°. 362.)

5°. Des doutes se sont élevés depuis sur l'application
de cette décision : on a reconnu que la distinction établie
entre les instances à soutenir pour objets généraux des
fonctions d'un conservateur, et celles qui naissent d'omissions ou d'erreurs personnelles, n'était point assez précise, et d'après une lettre de M. le sous-secrétaire d'état
au ministère de la justice, et les explications adoptées par
le ministre des finances, il a été établi en principe que
les conservateurs étant chargés par la loi, 1°. « de l'exé-
» cution des formalités civiles prescrites pour la conser-
» vation des hypothèques et la consolidation des muta-
» tions de propriétés immobilières ; 2°. de la perception
» des droits établis au profit du trésor royal pour cha-
» cune des formalités ; » ils devaient, au premier cas,
stipuler pour leur propre compte, plaider par le ministère d'un avoué, et suivre les formes de la procédure
entre particuliers ; et qu'au second, l'action concernant
les intérêts de l'état, ils étaient dispensés de constituer
avoué, l'instruction de l'instance devant alors se faire
conformément à l'article 65 de la loi du 22 frimaire an 7.
(Instruc. gén., n°. 959.)

6°. Une distinction aussi formelle ne peut laisser de
doute : s'agit-il de la perception des droits ? l'affaire est
suivie d'après le mode indiqué au précédent chapitre.
Est-il question de l'exécution des formalités ? le conser-

vateur défend ses propres intérêts ; il n'agit pas dans ceux du trésor, il est tenu de se servir d'un avoué ; l'instance, qui lui devient entièrement personnelle , est soumise aux règles ordinaires de la procédure ; elle subit tous les degrés de juridiction dont elle est susceptible.

7°. « Les actions auxquelles les inscriptions peuvent » donner lieu contre les créanciers, seront intentées de- » vant le tribunal compétent , par exploits faits à leur » personne , ou au dernier des domiciles élus sur le re- » gistre ; et ce , nonobstant le décès, soit des créanciers , » soit de ceux chez lesquels ils auront fait élection de do- » micile. » (Art. 2156 du Code civil.)

8°. Toute action en matière réelle doit , aux termes de l'article 59 du Code de procédure , être portée devant le tribunal de la situation de l'objet litigieux : les juges, dans le ressort desquels se trouvent les biens grevés d'hypothè- ques, sont donc ceux qui connaissent du litige.

9°. Ce principe est applicable aux successions vacantes : c'est au tribunal de la situation des biens, et non à celui du lieu où la succession est ouverte , à prononcer sur la validité d'une inscription. (Arrêt de la cour de cassa- tion du 7 décembre 1807.)

10°. Le conservateur peut cependant , par suite d'une demande incidente , être mis en cause devant un autre tribunal que celui de sa résidence , lorsque déjà la con- testation entre les parties était engagée devant cet autre tribunal. (Arrêt de la cour de cassation du 30 juin 1808.)

11°. Quand les conservateurs refusent de donner des formalités qui se rattachent à l'exécution d'un titre exé- cutoire ou d'un jugement , ils ne peuvent , malgré les dispositions des articles 806 et suivans du Code de pro- cédure, être traduits par voie de référé devant les prési- dens des tribunaux : le provisoire en cette matière n'est pas réparable en définitive ; une radiation d'inscription ne peut se juger par voie d'urgence, et par conséquent en forme de référé. (Arrêts de la cour royale de Rouen, des 27 septembre et 22 octobre 1819.)

12°. Lorsqu'en première instance le conservateur n'a pas fait valoir un moyen tiré de la nullité du bordereau, il a la faculté, en appel, d'user de ce moyen : ce qui tient au fonds peut, en tout état de cause, être proposé. (Arrêt de la cour de Bruxelles, confirmé le 4 avril 1810 par le rejet du pourvoi.)

CHAPITRE XI.

Intérim.

1°. Plusieurs motifs peuvent déterminer la vacance momentanée d'un bureau : elle a lieu pour cause de mort, de maladie, d'absence, de suspension etc. Par un arrêté du 8 vendémiaire an 12, le gouvernement a statué que la cessation du travail pour cause de maladie, n'emportait pas la privation du traitement pendant la durée de cette cessation (1); mais que, dans tous les autres cas, l'employé perdait son traitement.

2°. D'après l'article 5, les frais de bureau des receveurs restent à leur charge; ces frais, qui ont été fixés au tiers de la remise appartenant au temps de l'absence, se prélèvent sur la même remise.

3°. Les deux autres tiers sont dévolus au fonds de retraite et versés à la caisse des dépôts. (Instruction générale, n°. 170.) Cette attribution ayant lieu sur des traitemens courans, elle ne prive le trésor d'aucune somme : on ne peut d'ailleurs la considérer que comme un tribut imposé aux titulaires; tribut que plusieurs ordonnances royales ont affecté aux fonds des retraites. (Instruction générale, n°. 1016.)

---

(1) L'appel du conservateur, soit aux fonctions de juré, soit comme témoin, doit rentrer dans la même classe. Le déplacement est commandé par l'intérêt public.

4°. Le prélèvement du tiers doit être fait en faveur des receveurs absens par congé, pour les indemniser des frais de loyers, commis, bois et lumières, et tous autres frais de bureau qu'ils doivent supporter. (Instruct. gén., n°. 295.)

5°. Un arrêté réglémentaire du 29 ventose an 13, indique les formalités à remplir, suivant les motifs qui peuvent donner lieu à la demande du congé, ou à la cessation des fonctions.

6°. Quand la vacance a lieu par mort, démission, destitution, changement ou suspension, le tiers des remises est attribué à l'employé supérieur qui régit le bureau par intérim et qui demeure chargé de tous les frais : les deux autres tiers avaient, en exécution de l'article 3 de l'ordonnance du Roi du 4 novembre 1814, été affectés aux fonds des pensions de retraite : mais, conformément à une décision du ministre des finances du 7 décembre 1821, le produit des vacances d'emplois appartient aux fonds généraux du trésor, et à ce titre l'article 20 de la loi du 15 mai 1818 s'oppose à ce que la caisse des retraites puisse en profiter. En conséquence ces deux tiers n'ont pu, à partir du mois de janvier 1822, figurer en dépense pour le compte du trésor, ni en recette pour la caisse des pensions. (Instruction générale, n°. 1016.) Si l'intérim était confié à un surnuméraire, celui-ci toucherait la totalité des remises. (Instruct. gén., 295.)

7°. Une délibération du conseil d'administration du 1er. juillet 1813 a fixé ces principes d'une manière positive. (Voir l'article 5944 du Journal de l'Enregistrement.)

Ainsi le conservateur malade ne perd point ses remises, et il en touche le tiers, à charge de faire les frais du bureau lorsqu'il s'absente en vertu d'un congé.

8°. Quant aux salaires, si la vacance du bureau a eu lieu par mort, démission, destitution, changement ou suspension, l'employé chargé de l'intérim les touche et répond de sa gestion. (Art. 13 de la loi du 21 ventôse an 7.) Il les touche encore lorsque la vacance résulte d'un congé, parce qu'aux termes de l'article 12 de la même loi, il est responsable envers le conservateur, et celui-ci envers le public. Les salaires sont une conséquence de cette responsabilité ; ils en forment le dédommagement ; mais celui qui remplace un conservateur malade n'y a aucun droit (1). (Délibérations des 7 janvier et 30 mai 1806, approuvées le 21 juin suivant par le ministre des finances.)

CHAPITRE XII.

Surveillance des employés supérieurs.

§ 1er.

Les devoirs des employés supérieurs ont été tracés par diverses instructions générales et circulaires.

1°. Celle n°. 316 porte : « Les employés supérieurs ne » négligeront aucune des vérifications et recherches né- » cessaires pour prévenir toute irrégularité, tant dans la » manutention des conservateurs que dans la perception » des salaires : ils ne perdront pas de vue que, dans une » matière où tout est de rigueur, l'uniformité de prin- » cipes et d'exécution doit être sévèrement maintenue. »

2°. Une circulaire du 7 juin 1809 leur prescrit de rap-

---

(1) Ces délibérations ne parlent point des frais de commis, et l'on doit penser, puisque les retenues pour les pensions de retraite n'ont lieu que sur les deux tiers des salaires (l'autre tiers est déduit pour frais de commis), que l'employé supérieur chargé de l'intérim n'a droit qu'aux deux tiers, à moins qu'il ne supporte personnellement les frais. Fondée sur l'équité, cette opinion est une conséquence de l'Instruction gén. n°. 295. Le tiers des remises, dans les bureaux des hypothèques, est ordinairement fort au-dessous de la dépense que leur tenue exige, et il serait peu juste que, privé de tout traitement, le conservateur fût obligé de suppléer de ses propres deniers à l'insuffisance. L'employé supérieur qui jouit des avantages doit acquitter les charges auxquelles ils donnent lieu.

procher le registre des salaires des autres registres de la conservation , et d'employer tous autres moyens extérieurs , pour s'assurer s'il y a eu, ou non , des omissions d'enregistrement ou des excès de perceptions : elle oblige en outre les inspecteurs de faire connaître , par trimestre, le montant des salaires et le nombre d'articles portés au journal.

3°. La surveillance des employés supérieurs est commandée, en termes plus formels encore, par l'instruction générale n°. 494 ; « leurs vérifications ne doivent pas seu- » lement se porter sur les perceptions qui se font pour » le trésor public , ni se borner à savoir si les conserva- » teurs se renferment dans le règlement de leurs salaires ; » il faut qu'elles s'étendent sur tout ce qui compose la » conservation des hypothèques , soit pour la loi , soit » pour les particuliers , soit pour l'administration. Ils doi- » vent examiner les enregistremens , les rapports entre » les registres , les répertoires et les tables , les trans- » criptions pour s'assurer si elles sont nettes et entières , » en un mot , ne rien omettre de l'ensemble de cette ma- » nutention. »

La même instruction charge les vérificateurs , les inspecteurs et les directeurs qui doivent , à différentes époques , vérifier la situation des bureaux du chef-lieu , d'en rendre compte.

4°. L'examen à faire par les directeurs, qui en rendent compte , doit avoir lieu au moins deux fois par année. (Circulaire du 14 novembre 1821.)

5°. Une circulaire du 20 décembre 1811 a de nouveau prescrit aux inspecteurs de rapprocher le registre des salaires des autres registres , et de faire usage des moyens extérieurs pour s'assurer s'il n'y aurait pas des omissions.

6°. Beaucoup d'autres circulaires et instructions appellent également les soins sur la manutention , sur la vérification des droits en débet, la régularité des écritures , le placement des registres , etc. Toutes prouvent que, du moment où une obligation est imposée au conservateur, l'employé supérieur est tenu de veiller à ce qu'elle s'accomplisse.

7°. Il convient cependant de remarquer que si, pour ce qui concerne les droits dus au trésor, le conservateur est obligé d'exécuter les ordres qu'il reçoit, il n'en est pas de même quand il est question de formalités qu'il accorde, ou qu'il refuse à des tiers. Responsable envers le public des fautes qu'il peut commettre, il est justiciable des tribunaux; c'est là qu'il doit être actionné. Dans ce cas, l'employé supérieur se borne à des conseils, et rend compte de ce qu'il a remarqué.

§ 2.

1°. Indépendamment des obligations déterminées par les ordres généraux pour le vu d'arrivée (1), l'examen des arrêtés sur les registres, la situation de la caisse, celle des recettes, etc.; les employés supérieurs ont, pour les bureaux d'hypothèques, des vérifications spéciales à faire. On résume ici celles qui excitent ordinairement leurs soins.

2°. *Dépôts.* — Ils doivent s'assurer si le registre, tenu par ordre de dates et de numéros, ne contient que les actes de mutations à transcrire, et les bordereaux à inscrire, et s'il les comprend tous.

Ils voient si le conservateur a indiqué en marge les articles pour lesquels il n'a pas délivré de reconnaissance : les pièces qui se trouveraient encore au bureau peuvent éclairer cet examen.

Il faut ensuite comparer le registre avec ceux d'inscrip-

---

(1) On pense que ce vu devrait toujours être mis sur le journal des salaires, qui sert en même temps de registre de recette pour les attributions du trésor. L'importance du livre des dépôts, et la garantie qu'il offre au public, semblent interdire d'y placer des écritures étrangères à son objet. Il en résulte d'ailleurs une perte de timbre pour les conservateurs.

tion et de transcription, et se convaincre que les sommes et valeurs, sur lesquelles le droit a été perçu, sont les mêmes. Enfin, et en veillant à ce que les colonnes soient remplies conformément à leur titre, il importe d'établir le nombre de dépôts effectués par mois, et de reconnaître que, déduction faite des articles laissés en souffrance, le conservateur les a exactement portés au journal des salaires, et qu'il y a ajouté les anciens dépôts restés en débet et dont le recouvrement aurait eu lieu.

3°. *Inscriptions*. — Toutes les fois que des droits ne sont point payés, soit parce qu'il s'agit d'inscriptions en débet (dans ce cas l'article du sommier doit être placé dans la colonne d'observations), soit parce que ces droits auraient été acquittés dans un premier bureau (l'enregistrement est alors émargé du nom de ce bureau et de la date de la quittance dont le duplicata reste déposé), soit enfin parce que les créances seraient légales, éventuelles, et que l'époque du paiement des droits se trouverait subordonnée à un événement, à une liquidation, les employés supérieurs se rendent certains qu'ils n'étaient pas exigibles.

Il importe d'examiner les écritures, les renvois, les surcharges; de vérifier si les inscriptions ont été faites à la date des dépôts, si elles sont distinctement portées au répertoire sous les noms des débiteurs, et si le nombre total de ces inscriptions a été constaté sur le journal des salaires : on opère comme pour les dépôts.

4°. *Transcriptions*. — Il est essentiel, pour les actes transcrits, de vérifier d'abord si les perceptions faites à l'enregistrement sont régulières, puisque le droit proportionnel de transcription devient exigible lorsqu'il n'a pas été acquitté avec celui d'enregistrement, et ensuite si celles du conservateur sont conformes au tarif. Cet examen a cela d'utile, qu'il sert de contrôle aux opérations des receveurs de l'enregistrement.

L'employé supérieur s'assure qu'il a été pris, quand il

en était besoin , des inscriptions d'office , que les écritures sont nettes , que les pages contiennent trente-cinq lignes et les lignes dix-huit syllabes , que les reports au répertoire ont été faits , et que les salaires, exactement calculés , figurent sur le registre spécial , à la date de la transcription , moitié pour le compte du trésor, et moitié pour celui du conservateur.

5o. *Transcriptions de saisies.* — La vérification se borne à examiner les écritures sous le rapport de leur régularité , sous celui du nombre de lignes par page, et de syllabes par ligne ; à voir si les mentions convenables ont été faites sur le répertoire ; et à se rendre certain , par les enregistremens des dénonciations et des notifications de placards , que les annotations prescrites par la circulaire du 26 novembre 1808 ont eu lieu.

Les salaires, qui appartiennent totalement au préposé , doivent être portés à la date où la formalité a été donnée. On peut, au surplus, vérifier par les registres des greffes si leur perception et celle du timbre sont régulières.

6°. *Dénonciations de saisie.—Notifications de placards.* — L'enregistrement de chacun de ces actes est distinct : il opère , par acte , un salaire fixe et qui n'est point proportionné au nombre des parties. On le porte à sa date sur le journal des salaires. Il faut veiller à ce que les émargemens ordonnés soient faits.

7°. Les vérifications qui précèdent sont faciles : les élémens se trouvent sous la main de l'employé ; des rapprochemens lui suffisent. Mais il n'en est pas ainsi pour les subrogations , changemens de domicile et les radiations : les mentions qui ont lieu sur les registres , sont quelquefois disseminées dans cent volumes ; de sorte qu'il devient impossible , lors d'une tournée par trimestre , d'en faire la recherche. Pour obvier à cet inconvénient , il importe d'exiger que toutes les pièces produites au soutien des écritures soient enliassées dans l'ordre de leur présentation , et même qu'elles rappellent les volumes et les articles qui en sont l'objet ; à ce moyen, et en vérifiant d'ailleurs celles des formalités que l'on rencontre, on acquiert la conviction de l'exactitude du conservateur.

8°. Les obstacles augmentent, lorsqu'il s'agit de la délivrance de copies collationnées, de duplicata de quittance, d'extraits, de certificats et d'états de toute nature. Les registres et les pièces déposés au bureau ne fournissent aucune trace de cette délivrance ; et il devient impossible d'obtenir la preuve que des articles auraient été omis au journal des salaires, sans se livrer à des vérifications dans les dépôts publics, dans les greffes, et sans faire des démarches extérieures.

Les démarches, dont il s'agit, exigent beaucoup de prudence et de circonspection, parce qu'il importe de ne point atténuer la confiance dont les conservateurs ont besoin pour exercer utilement leurs fonctions. On peut d'ailleurs, pour s'assurer de l'exactitude du journal des salaires, profiter des pièces qui se trouveraient encore au bureau, et se faire représenser les réquisitions et les demandes qui auraient eu lieu par écrit.

9°. L'examen des salaires perçus pour un état, oblige d'abord à voir si cet état est sur individus, ou sur immeubles désignés, ou sur contrat transcrit. La nature de l'état doit être indiquée au journal. Dès qu'elle est connue, il est facile, en consultant le répertoire, et, au besoin, les inscriptions, de faire les vérifications convenables.

10°. La perception des droits de timbre des registres, nécessite une surveillance d'autant plus grande, que les parties ne peuvent calculer ce qu'elles doivent. Il est indispensable, pour acquérir la certitude qu'il n'est rien exigé de trop, de comparer les relations avec les registres, et d'examiner quelquefois les pièces avant qu'elles soient remises aux parties. Les vérifications extérieures, et plus particulièrement celles dans les greffes des tribunaux, ajouteront à ce moyen.

11°. Le conservateur qui, pour le timbre, ou pour les salaires, aurait dépassé le tarif, alléguerait vainement à l'employé supérieur que les tiers qui ont requis les formalités ne se plaignent point, et que c'est à eux à agir : toutes les perceptions quelconques sont du domaine de l'administration, chargée de maintenir les principes et de faire redresser les erreurs, soit qu'elles la concernent, soit qu'elles regardent les administrés, elle veille dans l'intérêt de la loi, du trésor et des parties, et ne souffre aucun abus.

12°. Enfin, la vérification du répertoire, qui ne doit offrir qu'un seul compte ouvert pour le même individu ; l'examen de sa table et de celle des créanciers ; le classement du double des bordereaux, celui des actes remis au soutien des subrogations, changemens de domicile, radiations, et en général tout ce qui concerne l'ordre et la manutention, commandent les soins et la surveillance.

TABLEAU des sommes à rembourser pour le prix du timbre des registres ayant 35 lignes à la page, 70 au rôle, et pour le salaire des transcriptions d'actes et de saisies.

La proportion rigoureuse du prix du timbre, au coût des salaires de transcription, est comme 5 est à 7.

ROL. LIG.		TIMBRE.		SALAIRES.		ROL. LIG.		TIMBRE.		SALAIRES.	
		fr.	c.	fr.	c.			fr.	c.	fr.	c.
»	1	»	2	»	2	»	27	»	39	»	54
»	2	»	3	»	4	»	28	»	40	»	56
»	3	»	5	»	6	»	29	»	42	»	58
»	4	»	6	»	8	»	30	»	43	»	60
»	5	»	7	»	10	»	31	»	45	»	62
»	6	»	9	»	12	»	32	»	46	»	64
»	7	»	10	»	14	»	33	»	47	»	66
»	8	»	12	»	16	»	34	»	49	»	68
»	9	»	13	»	18	»	35	»	50	»	70
»	10	»	15	»	20	»	36	»	52	»	72
»	11	»	16	»	22	»	37	»	53	»	74
»	12	»	17	»	24	»	38	»	55	»	76
»	13	»	19	»	26	»	39	»	56	»	78
»	14	»	20	»	28	»	40	»	57	»	80
»	15	»	22	»	30	»	41	»	59	»	82
»	16	»	23	»	32	»	42	»	60	»	84
»	17	»	25	»	34	»	43	»	62	»	86
»	18	»	26	»	36	»	44	»	63	»	88
»	19	»	27	»	38	»	45	»	65	»	90
»	20	»	29	»	40	»	46	»	66	»	92
»	21	»	30	»	42	»	47	»	67	»	94
»	22	»	32	»	44	»	48	»	69	»	96
»	23	»	33	»	46	»	49	»	70	»	98
»	24	»	35	»	48	»	50	»	72	1	01
»	25	»	36	»	50	»	51	»	73	1	02
»	26	»	37	»	52	»	52	»	75	1	04

ROL.	LIG.	TIMBRE fr.	c.	SALAIRES fr.	c.	ROL.	LIG.	TIMBRE fr.	c.	SALAIRES fr.	c.
»	53	»	76	1	6	9	»	9	»	12	60
»	54	»	77	1	8	10	»	10	»	14	»
»	55	»	79	1	10	11	»	11	»	15	40
»	56	»	80	1	12	12	»	12	»	16	80
»	57	»	82	1	14	13	»	13	»	18	20
»	58	»	83	1	16	14	»	14	»	19	60
»	59	»	85	1	18	15	»	15	»	21	»
»	60	»	86	1	20	16	»	16	»	22	40
»	61	»	87	1	22	17	»	17	»	23	80
»	62	»	89	1	24	18	»	18	»	25	20
»	63	»	90	1	26	19	»	19	»	26	60
»	64	»	92	1	28	20	»	20	»	28	»
»	65	»	93	1	30	21	»	21	»	29	40
»	66	»	95	1	32	22	»	22	»	30	80
»	67	»	96	1	34	23	»	23	»	32	20
»	68	»	97	1	36	24	»	24	»	33	60
»	69	»	99	1	38	25	»	25	»	35	»
1	»	1	»	1	40	26	»	26	»	36	40
2	»	2	»	2	80	27	»	27	»	37	80
3	»	3	»	4	20	28	»	28	»	39	20
4	»	4	»	5	60	29	»	29	»	40	60
5	»	5	»	7	»	30	»	30	»	42	»
6	»	6	»	8	40	40	»	40	»	56	»
7	»	7	»	9	80	50	»	50	»	70	»
8	»	8	»	11	20						

TABLEAU des droits proportionnels

D'INSCRIPTION à 1 pour 1000.

SOMMES.	DROITS	SOMMES.	DROITS
fr.　　fr. c.	fr.　c.	fr.　　c.	fr.　c.
20 et au-dessous.	» 2	11,000 »	11 »
20 à 40 »	» 4	12,000 »	12 »
40 à 60 »	» 6	13,000 »	13 »
60 à 80 »	» 8	14,000 »	14 »
80 à 100 »	» 10	15,000 »	15 »
100 à 120 »	» 12	16,000 »	16 »
120 à 140 »	» 14	17,000 »	17 »
140 à 160 »	» 16	18,000 »	18 »
160 à 180 »	» 18	19,000 »	19 »
180 à 200 »	» 20	20,000 »	20 »
300 »	» 30	30,000 »	30 »
400 »	» 40	40,000 »	40 »
500 »	» 50	50,000 »	50 »
600 »	» 60	60,000 »	60 »
700 »	» 70	70,000 »	70 »
800 »	» 80	80,000 »	80 »
900 »	» 90	90,000 »	90 »
1,000 »	1 »	100,000 »	100 »
2,000 »	2 »	200,000 »	200 »
3,000 »	3 »	300,000 »	300 »
4,000 »	4 »	400,000 »	400 »
5,000 »	5 »	500,000 »	500 »
6,000 »	6 »		
7,000 »	7 »		
8,000 »	8 »		
9,000 »	9 »		
10,000 »	10 »		

Il suffit, comme on le voit, de calculer, par série de 20 fr. en 20 fr. et de retrancher les trois derniers chiffres de la somme, pour avoir le montant du droit.

Ainsi, 1945 fr. 25 c. sont considérés comme. . 1960 fr. 00 c. ôtez les trois derniers chiffres sur la droite, vous trouverez le droit qui est de 1 fr. 96 cent.

DE TRANSCRIPTION à 1 fr. 50 c. p. 100.

SOMMES.	DROITS.	SOMMES.	DROITS.
fr.　　fr. c.	fr.　c.	fr.　　c.	fr.　c.
20 et au-dessous.	» 30	11,000 »	165 »
20 à 40 »	» 60	12,000 »	180 »
40 à 60 »	» 90	13,000 »	195 »
60 à 80 »	1 20	14,000 »	210 »
80 à 100 »	1 50	15,000 »	225 »
100 à 120 »	1 80	16,000 »	240 »
120 à 140 »	2 10	17,000 »	255 »
140 à 160 »	2 40	18,000 »	270 »
160 à 180 »	2 70	19,000 »	285 »
180 à 200 »	3 »	20,000 »	300 »
300 »	4 50	30,000 »	450 »
400 »	6 »	40,000 »	600 »
500 »	7 50	50,000 »	750 »
600 »	9 »	60,000 »	900 »
700 »	10 50	70,000 »	1,050 »
800 »	12 »	80,000 »	1,200 »
900 »	13 50	90,000 »	1,350 »
1,000 »	15 »	100,000 »	1,500 »
2,000 »	30 »	200,000 »	3,000 »
3,000 »	45 »	300,000 »	4,500 »
4,000 »	60 »	400,000 »	6,000 »
5,000 »	75 »	500,000 »	7,500 »
6,000 »	90 »		
7,000 »	105 »		
8,008 »	120 »		
9,000 »	135 »		
10,000 »	150 »		

On calcule par série de 20 fr. en 20 fr. Il faut, pour déterminer le droit, ajouter à la somme moitié de celle-ci, et retrancher les deux derniers chiffres.

Ainsi, 1,042 fr. 50 c. sont pris
pour . 1,060 fr. » c.
ajoutez
moitié. 530 fr. » c.
———
1,590 fr. » c.

ôtez les deux derniers chiffres et vous aurez . . . . . 15 fr. 90 c.

Application des Tarifs par quelques exemples.

		fr.	c.
1°. Inscription d'une créance de 1,151 fr. 45 c. pour laquelle il a été employé une page du registre et délivré une reconnaissance.	Il est dû pour le timbre du registre de dépôt. .	»	6
	Pour celui de la reconnaissance.	»	35
	Idem du registre d'inscriptions	»	5o
	Droits à 1 pour 1000 . . 1 16 / Décime pour franc. . . » 12	1	28
	Salaire du conservateur, pour le dépôt . . . . . » 25 / Pour l'inscription. . . . 1 »	1	25
	Nota. S'il n'était pas délivré de reconnaissance, il y aurait 35 c. de moins à payer.		
		3	44
2°. Inscription indéterminée, ou dont l'effet dépend d'un événement, et pour laquelle il a fallu une demi-page sur le registre.	Timbre, dépôt	»	6
	Id. de la reconnaissance.	»	35
	Id. du registre.	»	25
	Salaire du dépôt . . . . » 25 / *Id.* de l'inscription. . . 1 »	1	25
		1	91
3°. Transcription d'une vente faite avant la loi du 28 avril 1816, moyennant 1,151 fr. 45 c. payés comptant et pour laquelle il a été employé sur le registre un rôle trente-trois lignes.	Timbre du dépôt. . . .	»	6
	Id. de la reconnaissance si elle est délivrée. . .	»	35
	Id. du registre	1	47
	Droit à 1 fr. 5o c. p. 100. 17 40 / Décime pour franc . . . 1 74	19	14
	Salaire du dépôt . . . . » 25 / *Id.* de la transcription. 2 6	2	31
		23	33
4°. Autre de même valeur, mais dont le prix n'est pas payé, ce qui a nécessité une inscription d'office qui contient trois quarts de page.	Outre la somme de . . .	23	33
	Il est dû pour le timbre de l'inscription d'office.	»	38
	Et pour salaire de cette inscription	1	»
		24	71

		fr. c.
	Timbre du dépôt. . . .	« 6
	De la reconnaissance, si elle est délivrée	» 35
	Du registre.	1 47
5°. Autre de semblable vente faite au comptant depuis la loi du 28 avril 1816.	Droit fixe . . . . 1 » Décime . . . . » 10	1 10
	Salaire du dépôt. . . . . » 25 De la transcription. . . 2 6	2 31
		5 29

| 6°. *Idem* lorsque le prix n'a pas été payé, et que le conservateur a fait d'office une inscription contenant trois quarts de page. | Outre la somme de. . .
Il est dû pour timbre de l'inscription . . . . . . » 38
Et pour le salaire. . . . 1 » | 5 29
1 38 |
| | | 6 6 1/7 |

7°. Saisies immobilières. — Transcription d'un procès verbal qui occupe six rôles soixante-deux lignes.	Ne doit pas être porté sur le journal des dépôts. Timbre du registre.	6 89
	Salaire	9 64
		16 53
	Si le requérant avait exigé un reçu, il aurait à payer pour le timbre	» 35

8°. Dénonciation de saisie pour l'enregistrement de laquelle il a fallu vingt lignes (dans l'hypothèse où il en serait placé trente-cinq par page.)	Timbre du registre.	» 29
	Salaire.	1 »
		1 29

9°. Notification de placards aux créanciers, si l'enregistrement a exigé 29 lignes. Chaque exploit est enregistré séparément et opère un droit de timbre et un salaire distincts.	Timbre du registre.	» 42
	Salaire.	1 »
		1 42

| 10°. Subrogation lorsque le bordereau est représenté. | Il n'est dû que le seul salaire de. . . . .
à moins qu'à défaut d'espace il n'ait fallu écrire la subrogation à la date courante du registre : dans ce cas, le timbre de la partie employée, doit être remboursé : en supposant qu'il y ait quinze lignes, il serait dû, à raison de 70 c. par page . . | » 50
» 22 |

<table>
<tr><td></td><td></td><td>fr.</td><td>c.</td></tr>
<tr>
<td>11°. Si le bordereau n'était pas représenté, ou si, la subrogation étant partielle, le subrogé demandait l'extrait de l'inscription.</td>
<td>Il serait dû, outre ce qui précède, pour l'extrait que délivrerait le conservateur. . . . .
Et pour le timbre de cet extrait.

Le certificat de la mention de subrogation est placé à la suite de l'extrait.</td>
<td>I
»</td>
<td>»
35</td>
</tr>
<tr>
<td>12°. Changement de domicile.</td>
<td>Même salaire.</td>
<td></td><td></td>
</tr>
<tr>
<td>13°. Subrogation et changement de domicile faits en même temps.</td>
<td>Même salaire.</td>
<td></td><td></td>
</tr>
<tr>
<td>14°. Radiation d'une inscription, ou d'une saisie immoblière.</td>
<td>Timbre du certificat . . . .
Salaire. . . . .
Si la radiation était placée à la suite du certificat de transcription, il ne serait pas dû de timbre.</td>
<td>»
I</td>
<td>35
»</td>
</tr>
<tr>
<td>15°. État de trois inscriptions sur un individu.</td>
<td>Salaire . . . .
Timbre (suivant le papier.)</td>
<td>3</td>
<td>»</td>
</tr>
<tr>
<td>16°. Autre sur quatre individus, dont un a cinq inscriptions, le second trois, et les deux autres n'en ont point.</td>
<td>1°. Cinq extraits. . . . .
2°. Trois idem. . . . .
3°. Deux certificats négatifs. . .
(Outre le coût du papier.)</td>
<td>5
3
2</td>
<td>»
»
»</td>
</tr>
<tr><td></td><td></td><td>10</td><td>»</td></tr>
<tr>
<td>17°. Autre pour quatre individus, sur lesquels il existe trois inscriptions qui les grèvent collectivement.</td>
<td>Il n'est dû pour trois extraits que</td>
<td>3</td>
<td>»</td>
</tr>
<tr>
<td>18°. Sur quatre individus : les deux premiers sont grevés ensemble d'une inscription et en ont de plus chacun deux particulières ; le troisième en a une personnelle ; il n'en existe pas sur le quatrième.</td>
<td>1°. Un extrait, ...
2°. Quatre idem . . . .
3°. Un extrait . . . .
4°. Un certificat négatif. . . . .</td>
<td>I
4
I
I</td>
<td>»
»
»
»</td>
</tr>
<tr><td></td><td></td><td>7</td><td>»</td></tr>
<tr>
<td>19°. État sur un immeuble désigné, avec indication du propriétaire, lorsque l'état est négatif.

S'il contient des inscriptions.</td>
<td>Il est dû. . . . .

Il est dû autant de fois un franc qu'il y a d'inscriptions non périmées et frappant l'immeuble.</td>
<td>I</td>
<td>»</td>
</tr>
<tr>
<td>20°. Idem, sur un immeuble appartenant à quatre individus : il est grevé d'une seule inscription prise contre ces quatre individus.</td>
<td>Un extrait. . . . .</td>
<td>I</td>
<td>»</td>
</tr>
<tr>
<td>21°. L'un de ces quatre propriétaires l'a grevé de trois inscriptions ; les autres n'ont point consenti d'hypothèque.</td>
<td>Trois extraits . . . .
Trois certificats négatifs. . . . .</td>
<td>3
3</td>
<td>»
»</td>
</tr>
</table>

22°. État sur vente par un seul individu, sans que les précédens propriétaires soient désignés.

S'il n'y a pas d'inscription.   { Il est dû un franc pour le certificat.

S'il en existe une.   { Il est dû un franc pour l'extrait.

S'il s'en trouve plusieurs.   { Il est exigé autant de fois un franc qu'il y a d'inscriptions,

23°. Si l'état requis, lors de la transcription, n'est délivré que dans la quinzaine, le conservateur, qui y fait entrer les inscriptions survenues, { Perçoit un franc pour chaque extrait d'inscription requise dans les quinze jours. Le certificat de clôture ne donne lieu à aucun salaire.

24°. Quand, sans attendre l'expiration de la quinzaine, les parties demandent la délivrance de l'état, et qu'après les quinze jours elles le représentent, le conservateur complète cet état. { Il est dû autant de fois un franc qu'il est ajouté d'inscriptions prises depuis l'état.

S'il n'a été requis aucune inscription, { Il est exigé un franc pour le certificat.

25°. Lorsqu'après avoir fait transcrire et obtenu l'état de quinzaine, le nouveau possesseur, qui a rempli les formalités pour purger les hypothèques légales de son vendeur, représente son état, le conservateur le complète. { Il est dû un franc par chaque inscription légale dont l'extrait est ajouté au premier état.

S'il n'en existe point, le conservateur exige un franc pour le certificat négatif.

26°. Certificat sur la purgation des hypothèques légales, lorsque le titre n'a pas été transcrit. { S'il n'y a qu'un individu contre lequel on ait fait purger, il est dû un franc, pour le certificat lorsqu'il est négatif, ou bien un franc par chaque extrait d'inscription légale.

S'il y a plusieurs individus, il est dû un franc par chacun d'eux pour le certificat, lorsqu'il est négatif, ou bien un franc par chaque extrait d'incription.

27°. Si le titre avait été transcrit, { Les salaires seraient les mêmes.

28°. Quand les précédens propriétaires sont désignés, l'état sur vente comprend toutes les inscriptions non périmées qui grevaient la propriété dans leurs mains. { Il est dû autant de salaires d'un franc qu'il y a d'extraits.

S'il n'existe pas d'inscriptions, et qu'il y ait, on suppose, quatre précédens propriétaires, { Il est dû quatre francs pour le certificat négatif sur les quatre individus.

Les salaires indiqués n°. 15, 16 et 17, sont applicables à tous ces états.

FIN.

SUPPLÉMENT.

Il a paru, pendant l'impression de cet ouvrage, deux instructions relatives aux hypothèques : l'une, sous le n°. 1045, contient le modèle de l'acte de cautionnement à fournir par les conservateurs.

L'autre, sous le n°. 1046, relative à la délivrance des états et certificats d'inscriptions, contient les dispositions suivantes :

« Les conservateurs devront délivrer les états partiels » ou supplémentaires qui leur seront demandés, soit » d'inscriptions prises à partir d'une époque déterminée, » jusqu'à telle autre époque également indiquée par les » requérans, soit d'inscriptions pour hypothèques, tant » *spéciales* que *générales*, existantes sur un immeuble » désigné.

» Mais il importe, dans l'intérêt de la responsabilité » des conservateurs, et pour éviter toute méprise dans » l'usage que les parties pourraient faire des états partiels » d'inscriptions, que, lors de la délivrance de ces états, » les conservateurs aient soin de constater, en termes for- » mels, sur chaque état, qu'il ne comprend, selon la » volonté exprimée des parties, que les inscriptions re- » quises depuis tel jour jusqu'à tel autre jour inclusi- » vement, ou qu'il ne contient que les inscriptions qu » grèvent l'immeuble désigné. »

Ces dispositions abrogent celles de l'instruction géné- rale, n°. 655, rappelée au chapitre 2 de la 3e. partie, article 6, 3e. section, n°. 9.

TABLE DES MATIÈRES.

OBSERVATIONS PRÉLIMINAIRES ET DIVISION.

PREMIÈRE PARTIE.

CHAPITRE Ier.

CHAPITRE II.

CHAPITRE III.

349

Pages.

CHAPITRE XXVI.

CHAPITRE XXVII.

DEUXIÈME PARTIE.

CHAPITRE Ier.

CHAPITRE II.

CHAPITRE III.

CHAPITRE IV.

TROISIÈME PARTIE.

FIN DE LA TABLE DES MATIÈRES.

9 782014 068931